倾听力

吴怀尧 著

黑暗的深处有什么？一颗倾听的好奇心

十三年前，我问自己：人生有一万种可能，为什么我不能用自己喜欢的方式，去认识这个世界？

十三年前，我二十三岁。世界于我是一颗糖，充满甜蜜的梦想，我想和一些心仪已久的人聊一聊，听一听他们的人生经历和奇思妙想。

十三年前，一个两手空空的年轻人，不依附任何新闻机构，不追逐任何新闻热点，单枪匹马，只凭热爱，如何才能让文化领域符号性人物敞开心扉？

这本书的诞生，就是这些问题获得的空谷回音。历经一次又一次的沟通，我逐渐发现，沟通的"秘诀"在于倾听——人与人在沟通过程中，聆听、理解和领悟对方话语的能力，我称之为"倾听力"。

倾听力不只是简单的倾听，还包含着高效沟通的四个原则：心怀温柔，对人真正尊重和关心，让对方感受到自己很重要和被需要；站在对方的立场思考，不指责不抱怨不排斥；沟通时尽量多微笑；提出问题后，让对方多说话。

倾听力，感觉多么平常、多么简单、多么神奇。

"倾听力"从此成为我的沟通法门，越来越多初次见面的人，从此成为金石之交，建立了深厚的友谊。

这些通过报纸杂志、互联网媒体广泛流传的"倾听力案例"，不久获得首届"新汉语文学传媒大奖"贡献奖。2009年1月结集出版，同年被媒体评为"年度十大好书"。

面对不虞之誉，我知道真正的原因——我倾听的这些人，这些有血有肉的人和我们一样，他们经历过孤独迷茫，遭遇过人生低谷，怀揣着暗夜星火，最终冲破了重重艰难，成长为自己想要的模样。

他们看上去是别人，其实也是不甘平庸的我们自己。

他们心智成熟的历程、人生经验和说话之道，为我打开了新思路，相信也会让您耳目一新。

阅读，是一种无声胜有声的倾听。感谢即将开始阅读这本书的您。感谢书中出现的每一个人。感谢中国人民大学出版社、浙江文艺出版社、时报文化出版公司，相继在两岸华人读者中传递这本书。

愿每一颗倾听的心，都能遇到对的人。

清秋于白马

沟通之难与倾听之美

人与人之间的区别远大于人与猿猴的区别。

区别在于沟通之难。

《圣经》中说,人类本来要造一座通天塔上天,因为被上帝破坏了语言而不能彼此沟通,最终不得不半途而止。

《古文观止》打头一篇,说的是郑庄公与母亲武姜因王位继承产生隔阂,郑庄公发誓,不到黄泉,不见母亲。不久他后悔了,但不知道该如何挽回。智慧老人颖考叔给郑庄公出了个主意,让他挖一条地沟,放上水,乘船见到了母亲。

因为这条沟,通向了爱,郑庄公与母亲恢复了母子之情。我没有考证过,总觉得"沟通"这个词语,应该是从这里来的。

这两个上天入地的故事,说的是沟通之难与倾听之美。

那沟通是否有秘诀?如果有,它的秘诀在哪里?

苏秦说合六国,孔明舌战群儒,刘向老师表扬颜率,说:一人之辩,重于九鼎之宝;三寸之舌,强于百万之师。不是靠的舌头吗？

有道理，也不尽然。凭舌头赚钱，靠舌头卖艺。能令公怒，能令公喜。当然好。但那是脱口秀，是逗你玩。

生活中，困扰我们的不是娱乐，而是亲朋，是同事，是师长，是情侣，是心仪已久渴望一见的人物，是滚滚而过的陌生人。你欢天喜地看完一出相声专场或脱口秀节目，也不会懂得与他们如何相处。

所以，卢梭老师说，人生而自由，又无所不在枷锁中。这个枷锁就是各种阻碍，各种隔阂，各种拘束，就需要您去突破、去解决、去沟通。

而真正的沟通，在倾听力，所以戴尔·卡耐基说，世上最好的谈话对象是那个悉心倾听的人。

看过太多的问答、访谈，太多的人都只带着舌头去，最终就难免成了嚣声。

但吴怀尧不一样，他有破壁之功，他的沟通之道，是倾听的耳朵，是敏感的心灵。相信我，这是吴怀尧的独特魅力，是每个受访者都乐于对他敞开心扉的原因。

何三坡

于云间

目录

易中天
日常百态 001

陈丹青
多面奇人 017

郑渊洁
童话大王 037

沙叶新
天下无敌 051

韩寒
后会有期 077

何三坡
诗意人生 091

阎安
整理石头 109

阿来
尘埃落定 141

李敖
旷世狂狷 175

沈昌文
阁楼人语 197

郭敬明

奇幻逆袭 223

朱大可

再见文学 259

李银河

宇宙微尘 275

岳　南

南渡北归 289

李　蕾

电视精灵 321

于　坚

骑字飞行 333

时白林

黄梅戏精 367

阎连科

日光流年 381

易中天

—— 日常百态 ——

信息的准确传播和即时获得，
有可能改变一个人的生存状态和人际关系。

2014年2月5日，也就是马年正月初六，我冒雨拜访易中天。从上海开车，前往他隐居的江南小镇家中，大约需要一小时。易中天的家干净整洁，虽为别墅，但并不奢华。在满屋子书香气中，他过着阅读、闭关写作的生活。

聊着聊着就到了午饭时间，易中天要请我吃个便饭。

我开车载着他，转了两条街，那些看上去还不错的饭店酒楼基本爆满，最终我们拐进一家小面馆。饭后我送易中天返回寓所，他继续写作《易中天中华史：秦并天下》。

易中天，1947年生于长沙，曾在新疆工作，在武汉大学、厦门大学任教，长期从事文学、艺术、美学、心理学、人类学、历史学等多学科和跨学科研究；2005年登陆中央电视台开讲历史，妙说汉代风云人物，受到观众热捧；2006年开品三国，掀起收视狂潮，一夜间成为大众熟知的明星学者；2011年出版十六卷的《易中天文集》；2013年5月2日，宣布以一己之力创作"易中天中华史"引发争议；同年12月5日，"易中天中华史"第六卷《百家争鸣》在第八届作家富豪榜文化盛典首发，活动中，易中天还同著名历史学者吴思，进行了一场主题为"历史向我们隐瞒了什么？"的现场对话，易中天妙语连珠之余也不忘自我调侃："我的情商很低，原因是，我的智商真是太高了！高得让老天不愿多给我一点情商！"

面对媒体的提问，易中天显得很激动："很多人质疑我，说我只是一个学中文的，对我讲历史很不屑，认为我就是一个《百家讲坛》说书的。今天，我就要给大家看看：我是怎么做学问的！"易中天还坦言："我可以大言不惭地在这儿说，我对我这一套中华史充满信心的原因，在于我的历史知识虽然不如很多历史学家，但是我有特棒的史观，我也有特棒的史感。"

谈到易中天"单枪匹马著史"，吴思评价："客观地说，如果要在当今中国，写一部通俗易懂又有理论系统性的中华史，我还真想不出，有比易中天更能干好这个活儿的人选。"

抛开光环，易中天是一个怎样的存在？我试图通过一次日常化的沟通，去了解日常生活中易中天的"真实面目"。

不做有意义但没意思的事

吴怀尧　《秦并天下》出版时间定了吗？

易中天　按照计划是 4 月 15 日在西安首发。

吴怀尧　您对重写中华史为什么抱有这么大的激情？

易中天　我比较看重两点，一个是做这件事要有意义；第二，做的这件事还得有意思有趣。只有意义没有意思的事我是不做的，只有意思没有意义的事情可以偶尔做一点，最好是既有意义又有意思，写中华史就是既有意义又有意思的事情。

吴怀尧　以一己之力写完整的中华史确实很酷，写作过程中会有让您不爽的事吗？

易中天　如果某一段或者某一节，我自己写得不爽，我一定要废掉不可，哪怕写得再多也把它废掉，不怕浪费这个时间，重写！

吴怀尧　我想起武侠小说里面的高手，浑身冒着白气，跟自己比拼内力。

易中天　如果作者自己都不感动都不爽，你怎么能感动读者？不可能的。你如果写得磕磕绊绊的，说明你自己没搞清楚；如果你写得很不顺，可能切入点是错的，一定要找路。

吴怀尧 举个例子吧。

易中天 第八卷第一章我开了四五次头，每次都是觉得这条路走不下去，感觉不对，最后换了一个谁也没有想到的切入点。我一个字一个字读《史记》，找到一个历来被史学界忽略的人物，就是汉惠帝刘盈，他是刘邦和吕后的儿子，西汉的第二个皇帝，在西汉的皇帝中算是比较弱的，一直在吕后的羽翼之下，一般写史的人都把他忽略不计。

我在史料中发现一个问题，汉惠帝是十七岁登基当皇帝，在当时算未成年人，那时候男子成年年龄是二十岁。据史料记载，汉惠帝当了四年皇帝，才举行成年礼；相比之下，汉武帝刘彻十六岁登基，比汉惠帝还小一岁，但是在登基前几天加冠举行了成年礼，也就是说，他父亲汉景帝知道自己不久于人世，就为这个未成年的儿子刘彻提前举行了成年礼，让他直接当皇帝，直接亲政掌权。

从常理上说，惠帝登基以后要给他加冠，要行冠礼，为什么拖了四年？这是没有人注意到的问题。

吴怀尧　只有深入历史的细节，才能看到真相。您发现的秘密是什么呢？

易中天　一定要发现细节，细节决定成败，很多秘密往往就在那个细节里面。这后面是有秘密的，当然我会揭晓，请看中华史第八卷，现在不要讲，留点悬疑（笑）。我们来写历史，如果我们写的历史是把人家写过的换一种语言重说一遍，有多大意义呢。

你必须要有所发现，若要有所发现就一定要到场，我们现在到历史现场的唯一办法就是去读原著，可能司马迁或者班固在原著的某个地方就那么一个字，秘密就藏在其中。

吴怀尧　我能不能这么理解：您单枪匹马杀到历史现场为读者做直播，现场直播历史？

易中天　这个说法我非常认同，中华史的特点就是现场直播，我一定要求它现场直播。当然还不是所有的历史都可以直播，有时候也要当一下历史新闻评论员，可能有些片段就是新闻评论员的口气，毕竟还要体现史观，光有史感是不行的。

吴怀尧　当您写作感到疲惫时，怎么放松自己？

易中天　看侦探小说或者看一部烂电影。

吴怀尧　烂电影您看得下去呀？

易中天　我现在不是隐居江南某镇吗，我们镇上是没有电影院的，平时我到了上海，有空看电影的话，肯定首选美国大片。我家电视机是可以点播电影看的，有时候实在是累了，我就看一部烂片。你不知道啊，一般好的片子片库里没有，特别好的都是老片子，新推出的都是烂片。我后来就明白一个道理，每年有那么多人拍电影，电影到哪去了呢？到网站了，五块钱看一部，奇烂无比啊，终于知道一部电影可以烂到什么程度了，真烂！

吴怀尧　您这是恶心自己，成全导演。

易中天　我就要看它有多烂，很烂的电影一定是不动脑子的，你不用费任何脑子，歪在沙发上看呗。

吴怀尧　您这心态好，我进电影院看三十分钟，要是觉得片子太烂了，就会拔腿走人。

易中天　在电影院肯定是的，片子太烂了我也会退场，我也退过场，也不方便点名，实在是太烂了，还是所谓大片呢，还是大制作呢。

不装 ×

吴怀尧　据我所知，此前您的新书首发式，您会提前去现场走台，亲自与主持人沟通活动环节及注意事项，讲台高度如果超过一米二，还会让主办方增加脚垫，您这样狂抓细节好吗？

易中天　抓细节的人有一个问题，往往会变成事务主义者。

吴怀尧　什么是"事务主义者"？

易中天　就是琐琐碎碎，过分注重细节，进入另一个误区，变得婆婆妈妈。

吴怀尧　您觉得自己有这样的问题吗？

易中天　我没有……做事就像建设城市，先做规划，盖房子先打地基，然后按图施工，这是所谓的工程师思维。工程师思维一定是先规划，然后再搭框架，稳步推进，有条不紊。还有一种思维，叫艺术家思维，艺术家思维是倒过来的。什么样的人是艺术家？音乐家，画家，不是文艺理论说的那样，内容决定形式。真正的艺术家是这样的，（打手势比画）一张宣纸，铺在案子上，拿起一支笔来，蘸了墨以后，一不小心一滴墨滴到纸上了，然后他因势就形，把这个墨点画成什么东西，这是艺术家。开宗明义要画条鱼，然后去画，那是工程师。工程师思维和艺术家思维，这两种思维我们都得要。

吴怀尧　您的演讲方式有点像艺术家思维，您每次上场前已经想好了讲什么和怎么讲吗？

易中天　每次要讲的主题和内容，我像工程师一样是提前规划好的，但是我怎么开这个场，我不到现场是不知道的，我更多的是现挂，针对现场的情况，临时发挥的内容。

吴怀尧　从来不会有大脑一片空白的尴尬时刻？

易中天　到现场之前肯定是一片空白的，到了现场就不空白了。我以前受邀参加西安华山论剑活动，开场的第一句话我完全没有准备，主持人说她到西安来因为她是西安人，然后问我为什么到西安来，我就用西安话说，额（我）也是陕西滴（的），额（我）是大差市滴（的），大家都是额（我）滴（的）乡党……现场气氛马上就很活跃，接下来的交流效果，你可以去想象。

吴怀尧　您这么说我倒想起来一件事，您的《从春秋到战国》在武汉大学首发，当地媒体报道，一万三千多人挤爆武大梅园操场，为了瞧一瞧活的易中天，没有拿到入场票的学生，上演了"男生爬院墙，女生急得哭"的大戏。人上一千无边无沿，人上一万彻地连天，当时您上台后，面对黑压压的人群，第一句话是怎么现挂的？

易中天　武汉大学一百二十周年校庆，校友易中天前来报到！

吴怀尧　开口就点燃现场，您为什么能做到这一点？

易中天　我告诉你，只有四个字——坦诚相待。很多人达不到自己想追求的效果的原因，不在术，在道。我们讲术讲得太多了，职场三十六计，成功学，这些都是害死人的术，最根本的就是一个道——坦诚相待——如果你可以发表，再加三个字：不装×。尤其是这个年头，谁也不比谁傻，现在人多聪明，尤其是"90后"，你装×就看出来了。一开始就坦诚相待嘛，知之为知之，不知为不知，是知也，如果你提出的问题我答不了，我就老老实实说我回答不了，这个问题我没有研究过，我不敢乱讲，这是坦诚相待。技巧肯定也有，我认为技巧不重要。

吴怀尧　我看到您开通了微信公众平台，有专人负责打理吗？

易中天　对。微信是一个新生事物，对我来说非常非常陌生，而我又很笨很笨，还需要好好学习，与时俱进。这世界变化太快，虽说长江后浪推前浪，前浪死在沙滩上，我这个前浪还是不想死在沙滩上，要前浪跟上后浪。二十多年世界的变化证明，我们已经进入了一个与农业文明和工业文明区别很大的新时代。在这个新的时代和社会，信息的作用无法估量。信息的准确传播和即时获得，有可能改变一个人的生存状态和人际关系。掌握了这个大方向，前浪就不会死在沙滩上。通过博客、微博、微信，我也可以更好地与公众沟通和交流。

易中天的时间管理

吴怀尧　听说您很少给人添麻烦，甚至吃饭的时候，从来不要别人帮您夹菜？

易中天　这是文化问题，西方人都是自己来，有些中国人不知道为什么非要别人来。有一点地位了叫别人夹菜，这多无聊。求人不如求己，我一贯的主张就是要各人自扫门前雪，每个人都把自己门前雪打扫干净，就没有他人瓦上霜需要操心，每个人把自己的事情做好，天下就太平了。很多问题的出现就是因为很多人自己的事情做不好，专门管别人的闲事。

吴怀尧　有次聚会，我碰到某位喜欢对畅销书品头论足的专家学者，我问他几部他点评、批评过的畅销书封面大概什么颜色，结果他一个都答不上来。

易中天　怀尧啊，这种人的意见可以不听，你干吗要理睬他呢。我认识一位老先生，一生一直受到不公正的待遇，从1957年开始，然后到1966年，一直是不公正的待遇。老先生活得很好，有人问他，你一生受到不公正的待遇，为什么心情还是这么好？他回答得很好，他说我为什么要用别人的错误来折磨自己呢。所以你说的有些批评，我的回答也是一样的：我为什么要用别人的错误来折磨自己呢？至于要我去纠正他的错误，对不起，我没这个义务，我为什么要免费给他上课呢？

吴怀尧　不屑一顾？

易中天　说不屑一顾严重了，更准确一些的说法是你顾不顾都一样，一个人的看法是可以改变的，但是对于存心找碴的人来说是不可改变的。他这种所谓误解或者误判有两种情况。第一种他就是存心找你的碴，你做什么他都反对，他不是反对你做的事，也不是反对你写的书，他就是反对你这个人，他跟你杠上了，那你休想改变他。第二种情况他是根本不了解，他看都没有看，他就想当然下一个判断，你去跟他解释，是他不屑一顾。你为什么要去对一个对你不屑一顾的人苦口婆心呢？对你的表扬也好，对你的批评也好，都是上帝的恩典，干吗要拒绝？上帝把你派到这个世界上来，如果真的是看重你的话，会让你尝尽人生的酸甜苦辣。

吴怀尧　您平常的作息规律吗？

易中天　规律，基本上是 8 点钟起床，起床后第一件事情是把水壶打开烧开水，烧开水的时间就去上厕所，厕所上完了以后水开了泡茶，茶泡上了以后洗澡，洗完澡以后茶也泡好了。喝茶以后我就会上电脑写作，一点时间也不耽误，上电脑工作大概一个小时，不能老在电脑跟前坐着，这个时候就去吃早餐。吃完早餐之后不能马上写作，就浇浇花，洗洗衣服。

吴怀尧　为什么吃完早餐不能马上工作？

易中天　吃完早中晚餐后半个小时左右是不能工作的，你吃饱了以后，血就要到胃里面去，心脏要把血输送到胃里面去蠕动，去消化，这时候你如果用脑，大脑就会把血液调走，对胃不好。

所以饭后半个小时，我不睡觉，不看书，不写作，干什么呢？早晨洗衣服，浇花，反正就是做点小家务，走来走去，然后再工作到中午。晚上睡觉前，看第二天需要的史料，把一些关键词或者句子、逻辑关系记下来，好脑子不如烂笔头。

吴怀尧　嗯，您的时间管理方法，值得我学习借鉴。
易中天　时间不是挤出来的，是安排出来的，关键你要会合理安排时间，提高效率。我最欣赏的就是深圳特区的口号：时间就是金钱，效率就是生命。很多人完全没有效率。原则上我出差时是不会在堵车的时间点在外面跑的，万不得已堵在路上，我就在车上打电话，发短信，安排各种事情，我不能把时间浪费掉。

吴怀尧　您这些习惯是年轻时就养成的吗？
易中天　我从来就是，我上中学的时候就是有工作表的，计划性极强，每天要记日记，记日记只有一个目的，就是记我今天干了什么，我都是流水账，不发任何感慨的，比如今天就会有一笔，下午与怀尧谈，谈什么也不记得了。每到年终我要盘点，看自己今年都干了一些什么，光阴有没有虚度。

吴怀尧　您很怕浪费时间？
易中天　对于我来说，第一宝贵就是时间，没有比时间更宝贵的了。

吴怀尧　人是群居动物,但您大多数时候都是一个人,足不出户,神交古人,循着史料中的每一条蛛丝马迹,上下求索,您内心会有孤独的时候吗?

易中天　我的第一乐趣永远在工作当中,没有事干了我才麻烦呢,没事干就要生病了。至于孤独……我不回答。

陈丹青

—— 多面奇人 ——

我从没想过给自己定位。

先做一道选择题。陈丹青是：A. 海归，B. 教授，C. 画家，D. 作家。

只要您知道这个人，或者根本不知道，但您做了这道题，选任意选项或者全选，都会有人告诉您：恭喜您，答对了！

陈丹青，中国当代最具影响力的画家之一。1953年出生于上海，十七岁到农村插队，其间开始自学油画。1978年被中央美术学院油画系研究生班录取。1980年毕业留校，任教于油画系；同年以油画《西藏组画》一举成名。1982年移居美国纽约，为职业画家。2000年回国任教于清华大学，后因故辞职。近年来在绘画之外，还陆续推出多部著作，均一纸风行。

多少年过去了，陈丹青还是那个陈丹青吗？他的多重身份，仍在决定着公众面对的选择题：他是多面的。

海归

1982年初,即将迎来而立之年的陈丹青移居纽约,在异国他乡度过了十八年的"洋插队"生活。

他说,自己在国外的生活并非如人们想象的那样。"我第一天到美国,就面临一个生计问题,我必须靠卖画来讨生活。"

吴怀尧　1978年您考上中央美院油画系研究生,两年后毕业留校,工作一年。这是一部分知青的典型经历。这些人日后分成两拨,一拨留在本土,另一拨出国。跨过门槛,意味着创造与超越。您的出国,是不是一次跨过门槛的过程?

陈丹青　一个现代国家的国民本该出入自由,改革开放只是将事物恢复应有的状况。

吴怀尧　您有没有想过自己的定位是什么?

陈丹青　我从没想过给自己定位。"定位"这俩字也是近年回国后才知道。为什么要定位?定了位,人生就安稳、就有价值了吗?我听不少人动不动就说"我是做学问的""我研究这一行一辈子",我心里就想:傻子!

吴怀尧　如果说您的"愤怒是一种高兴",那么幸福是什么?

陈丹青　到我这年龄，活着，没病，就什么都好。我不会去想：啊！我的生活与精神最近怎样怎样……不会的。我只是活着。

吴怀尧　我注意到汶川大地震后，您为赈灾所绘的油画《中国的山川》在一场慈善竞拍中以一百六十五万元拍出。有媒体报道，这笔善款将全部捐助汶川地震灾区，用于建立多所希望小学。这些小学，您会用自己的名字命名吗？

陈丹青　为什么要用我的名字？我从未想过。我也不知道这些钱会不会拿去盖小学，甚至不曾指望钱会用在灾民身上。只是我得做些什么，不是为了灾民，只为心安。

吴怀尧　一个人用什么名字，或者接受什么样的名字，自有其特殊含义。从字面意思来看，"丹青"是红色和青色的颜料，借指绘画。我很好奇您名字的来历——是父母取的吗？如果是，那他们太有先见之明了。

陈丹青　我的名字是父亲取的，弟弟名叫"丹心"。父亲是抗战时的过来人，相信"精忠报国"，信奉"留取丹心照汗青"，所以父亲给我们兄弟俩起这对名字，当时哪料到我喜欢画画。

吴怀尧　您的父母经历过战争、逃难，您的祖父是黄埔军校的军官，打了半辈子仗，您的岳父也是军人，也打了半辈子仗。您虽然生在和平年代，但所受的教育都和战争有关。小时候看的电影都是战争片，然后经历过"文化大革命"，这样的家庭背景和成长经历，对您性格的形成和人生道路，起到什么样的作用？

陈丹青　我对苦难会敏感。但"苦难"这个词现在被说滥了，惹人讨厌。当我说对苦难敏感，意思是说：苦难是美的，假如进入艺术的话。我喜欢画悲剧主题。孟德斯鸠说过，人在苦难中才活得像个人。

吴怀尧　在评述王家卫的时候，您说他"一看就是一个流氓"，很多人奇怪您为什么这么说。您平时喜欢看什么类型的电影？能否为大家推荐三部电影？

陈丹青　媒体喜欢耸动，在我全部讲演中只摘取这句话，并予以夸张。那是形容词，表示一种泼辣大胆的影像风格。事后家卫请我吃饭，我说媒体只用这句话，他说对啊，不是流氓你怎能拍电影！即便从电影故事看，事实上，欧美有许多电影以黑帮流氓作主题。我喜欢各种类型的电影。没有一种类型是好的或不好的，要看拍得好不好。我很难推荐"三部电影"，那样会对不起其他好电影：好电影太多了。

教授

2000年,作为"百名人才引进计划"的一员,陈丹青被清华大学美术学院聘为教授及博士生导师;2005年辞职;同年,杂文集《退步集》出版,在读者中产生巨大影响。

吴怀尧　您二十五岁时考上美院,其时正好是"文化大革命"后各地高校全面恢复招生的1978年。据说,在考大学的前几天,您突然被取消考试资格,真有这事吗?坊间还流传一种说法,说那年您以外语零分、专业高分被录取。您在外语考卷上写下"我是知青,没有上过学,不懂外语",随即交卷,离开考场,真是这样?

陈丹青　具体情况就像你所知道的那样。但考试前几天忽然被取消资格,完全没这事。那时国家拼命鼓励所有年轻人考试,每个县委公开发放申请表,谁都可以填表申请。国家十年不招生,急坏了。

吴怀尧　您小时候是乖孩子吗?学习成绩如何?有没有翻墙越界手腕子给大人捉牢了的经历?

陈丹青　我小时候很乖,听话,又很顽皮,叛逆。我想现在也差不多。媒体夸张了我的叛逆。许多记者一见我,发现完全不像他们想象的样子，他们大概以为这家伙是个疯子。

吴怀尧　有人问毕达哥拉斯，女人是否值得尊重。毕达哥拉斯说：她们有三个神圣的名字——起初被叫作女儿，接着被叫作新娘，然后被叫作母亲。能否说说您对女性的看法？

陈丹青　上帝创造男女。我对女性谈不出什么要紧的话，太多人已经发表过意见了。我也谈不出对女性的"看法"，一个男人对女性不是抱有看法，而是被吸引，或不被吸引——这要看你面对一位怎样的女性。

我不会对太宽泛的词语发表意见："女性"一词什么都没说出，一位八十岁的老太太和一位五岁的女孩，都是女性，但你希望我回应的显然不是这俩年龄段的"女性"。

吴怀尧　那我们来谈谈男性吧，2008年11月23日晚上，在北大的百年世纪大讲堂，您和贾樟柯围绕电影《小武》展开对话，退场时我看见有个男同学冲着台上大喊："我爱你！"看得出，不少年轻人对您很是崇拜，不少听上去"很深刻，很哲学，很迷茫"的问题，您也面带微笑，耐心作答，您当时内心是一种什么样的感觉？

陈丹青　我喜欢小孩，喜欢看见年轻人。中老年人要么对年轻人讨厌——年轻人处处提醒他们，你老了，快死了；要么看见年轻人会高兴。我属于后一种吧。我年轻时，凡是对我笑的、善意的中老年人，我也会喜欢。

画家

20世纪80年代初，陈丹青曾被同仁认为是最具才华的油画家。直至今日，油画圈仍存在着"陈丹青情结"。

他的《西藏组画》在美术界及文艺界引起轰动，并获得持久广泛的关注、评论、研究与影响。所以，无论何时何地，他的画家身份都不会被忽略。

吴怀尧　1979年，您在拉萨画的《西藏组画》共计七幅，由于它们跳出了当时的主流风格，以写生般的直接和果断描绘出藏民的日常生活片段，画作公开后，轰动一时，被誉为"现实主义经典油画作品"。现在回头看，您自己如何评价《西藏组画》？

陈丹青　我觉得人不应该评价自己的画。

吴怀尧　您的油画《国学研究院》以一千二百万元落槌；《牧羊人》以七百万元起拍，经过几轮叫价，最后以三千二百万元卖出。这种价格，很多明清时期的画作都达不到，对此您怎么看？很多人都以为艺术家一天到晚在数钱，实际情况如何？

陈丹青　我对太过疯狂的事情，说不出看法。疯狂不需要看法。目前，不少幸运的艺术家可能是在数钱，但我自己知道，艺术家并不是天天在喝咖啡。真的艺术家几乎都是工作狂，而且独自工作。有谁会看见艺术家独自工作的情形呢？工作是不能展览的。艺术市场问题的误区之一，是媒体总要问艺术家——完全错了，应该问买家和卖家，那是商场的事情，作品只是货品，理论上和一双皮鞋或一支口红一样。

吴怀尧　从近年拍卖现状来看，为什么国画卖不过油画？

陈丹青　国画被认为是纸本的，油画是布面的，可以保存得长久，似乎是价格高的一个理由，当然，那是西方给出的理由。问题是中国在太多事物上认同西方的准则。

吴怀尧　画家黄永砯称美术馆为坟墓，他说美术馆展出的所有东西都是僵尸，不可能在美术馆里学到艺术。对于这种观点，您怎么看？请说说您对美术馆的理解和定义。

陈丹青　美术馆的确是坟墓。一个没有坟墓的文明是不可想象的。黄永砯认为学不到东西,我没意见。没有一个场所能够让你学到或学不到"东西",只看你想不想学。我喜欢进美术馆,但不会想到学什么,只是喜欢走进去看,发呆。我对美术馆无法给出定义,我只是看见,一个有美术馆的社会与一个没有美术馆的社会,大不一样。就目前而言,我们没有"美术馆文化",那是一个专业。"美术馆学"就像"图书馆学"一样,有一整套观念和方法。

吴怀尧　美术界近十年来出现了一个奇特的"画家村"现象。先是圆明园画家村,继而是798艺术区,还有现在已经受到海内外广泛关注的京郊宋庄画家村、上苑画家村。这些"画家村"您关注吗?您觉得它们的崛起和衰落,和艺术有关系吗?

陈丹青　自从资本主义兴起,画家不再受雇于王室、贵族、教宗,个体的自由的艺术家出现了,于是变成波希米亚人。北京艺术家群体和窝点再正常不过,这种动物自会寻找栖息聚合的区域,然后创作。一件创作能否成为艺术品,能否被确认为艺术品,前提是你得持续创作。

吴怀尧　您认为齐白石是20世纪最伟大的中国画家。那么吴冠中呢？这位对中国美术界影响深远并享有国际声誉的画家，在谈艺术时说："艺术只有两条路：小路，娱己娱人；大路，震撼人心。三百个齐白石抵不了一个鲁迅。"对此说法，您作何评价？

陈丹青　我的私人意见，以为齐白石是过去百年最重要的中国画家，我的理由是：百年来的西画家固然有杰出者，但和欧洲人比，还差得远；国画家更多，但和历代古人比，也差得远。但齐先生的花鸟画独树一帜，比清末民初的吴昌硕更清新、更有趣。论高雅，齐固然不及宋元人，但宋元没有他那样的类型和风格。

吴冠中先生被全国美术界关注，是在"文化大革命"后，因为那时文艺一片凋零，我们忽然发现还有一位留学法国的前辈。

吴怀尧　您在一篇文章中说过，假如伦勃朗或毕加索坐在您的正对面，您会目不转睛地看他们，假如能够，您愿为他们捶背、洗脚、倒尿壶。为什么这么说呢？现在很多文艺工作者都喜欢以否定前人来体现自己，对此您如何看？

陈丹青　如果否定前人能体现自己，那就请否定前人吧。我热爱"前人"。上个月我去了维也纳，特意去了莫扎特、贝多芬和舒伯特的故居。非常感动的经验。我不能想象我活着，可以没有这些"前人"。

作家

  陈丹青著作颇丰,从《纽约琐记》《多余的素材》,到《退步集》《退步集续编》,一直到《谈话的泥沼》,作品出版后均一纸风行。于是,出现在公众视野中的陈丹青,已经不仅仅是一个画画的陈丹青,还是一个写作的陈丹青。对于这种角色变换,他表示:"我并不是要抢作家的饭碗。"

吴怀尧 身为画家,您屡有新的文字作品问世;因为写作,您成为跨专业的学者明星,在更广阔的领域发出声音。对于那些让您的生活出现新地带的文字,您自己如何评价?

陈丹青 我无法评价自己的文字。我只是坚持写。

吴怀尧 您对您的老师木心推举有加,称他是"唯一衔接汉语传统和五四传统的作家",《三联生活周刊》主编朱伟因观点与您相左且毙掉了记者关于您《再谈木心》的访谈,还引起过您的口诛笔伐。您评价文章好坏的标准是什么?能否以巴金和木心为例,作一次具体的分析和阐释?

陈丹青 我与朱伟一来一去,那年居然在媒体上算一点小热闹,实在可怜。中国的许多人会吵架、会叫骂,但不会辩论、不会争议。这一层,我们远远不如巴金与李健吾们的青年时代。

将巴金与木心比较,令我难煞。无论如何,巴金是中国现代白话长篇小说的初期实践者,他的位置会在那里。

吴怀尧　杜尚说只有艺术家,没有艺术。艺术家和艺术之间谁更重要?在您看来一个艺术家最重要的价值是什么?您如何看待自己的生活?

陈丹青　我认同杜尚的话:只有艺术家,没有艺术。贡布里希说过同样的话。但福楼拜说过另一句话:呈现艺术,隐退艺术家。我也十二分认同。我最爱委拉斯凯兹的画,他在作品中完全隐去自己的性格和任何私人印迹,你看到的只是那幅"画"。

一个艺术家最重要的价值是什么?这等于问阳光、风、花朵或月光的"最重要的价值是什么"。你能够想象没有艺术的文明吗?我活着,但不会问自己"怎样看待"这种"生活"。相对我曾活过的阶段,我对目前的生活很满意。

吴怀尧　您曾开通博客,不久您关掉博客,能说说开关博客的缘由吗?您平时上网会关注什么?

陈丹青 开博是被动的,我当时甚至不知道什么是博客,关博是主动的,很简单,我时间有限。关博时我正离开清华,要画画,现在我回到纽约时期的生活,天天画画。我不上网,也是时间有限。朋友会转来各种有趣的网络文章,我每天会看邮箱。

吴怀尧 《东方艺术》杂志曾经登过一篇文章《我不喜欢陈丹青》,作者列出了三个理由。第一个理由是您现在所画的画,语言过于直白,观念过分简单,就其视觉给人的感受而言,已经无法满足当代人丰富的心理期待与视觉要求,对年轻人更是难以再像您以前的作品那样提供营养;第二,写生活琐记,作怀旧文章,不温不火地挠痒痒,是流于表面的玩味;第三是您在待人接物方面所表现出的那种左右逢源的乖巧。对此观点,您怎么看?

陈丹青 这篇文章我读过,附有作者的照片,一个小伙子,相貌蛮好看。我没有意见,希望他是对的。常有年轻人表达对我的不屑与愤怒,我瞧着这些批评,就像看见我年轻时。

批评

"谀友当忌,诤友难求。"然而在中国传统文化中,"批评"向来是一把双刃剑,即使是孔子,在批评弟子时,也多采用委婉的方式。在日常生活中,不留情面的当头棒喝,多半会引起人际关系的波动。所谓人情练达即文章,其实陈丹青也并不是一个开口就骂的人——"我不是说我全在说假话,但是我真话有绝大部分不敢说出来。"

吴怀尧　我记得有一年,您与韩寒在一档电视节目中就阅读与小说进行讨论,当韩寒说"老舍、茅盾他们的文笔都很差"时,您表示赞同并且补充:"还有巴金,写得很差的。冰心的完全没有办法看。"

节目播出后,舆论激愤,毕竟,在很多人看来,您是公众人物,发言需谨慎;在网络上,因为"炮轰文学大家",韩寒更是遭受广泛的质疑与批评。在此期间,您基本保持沉默,这是为什么?

另外,对于公众的激烈反应,您是否预料到了?如何看待他们的声讨?

陈丹青　上海作家陈村,我的一位老朋友,也在自己网站中批评韩寒与我。我对他的批评逐句回应,承陈村大度,贴在他的"小众菜园"论坛上。

我一时想不出对这次集体声讨有什么意见。我不知道当年王朔撰写长文质疑鲁迅后，舆论如何。那时没有网络，纸媒也不像今天这么多。我想不出有什么特别要说的。倒是有朋友告诉我，1935年，巴金好友李健吾曾公开撰文批评巴金的小说，互相打了将近一年"笔仗"。他俩此后是终生好友，"文化大革命"前后，两家家属还曾有过艰难的物质支持。

我还记得鲁迅发表小说集之后，二十多岁的清华学生李长之即写出《鲁迅批判》一书，评析鲁迅哪几篇写得好，怎样好，哪几篇不够好，怎样不好，然后寄给鲁迅。鲁迅回信，还送自己的照片给他。

文学魅力的久暂、阅读趣味的差异、作者之间的好恶，原极复杂而微妙，这次争议的善道，应是进而探讨"文采"的是非，但问罪者的痛点哪里是关于文学，而是点了威权的名姓。

韩寒的书我并未读过，也不在乎茅庐初出的写手是否文采斐然，他不过是如巴金所愿，讲了几句平凡透顶的真话。说来惭愧，我与韩寒只是聊天，根本算不得文学批评。

吴怀尧　您回应陈村的帖子我在论坛上看过，您说过一句话："我从未读过'70后''80后'的任何一本书，此后也未必会读。我读书很少很少的。"您读书少的原因是什么？您是不信"70后""80后"能写出好作品？

陈丹青　哪一代人都能写出好作品、烂作品。可是"80后""70后""60后"，包括我辈"50后"作者写的书，我读得很少很少，或几乎没读。年轻时读书，因为不上学，有的是时间，中年至今，读书时间越来越少，书却越来越多，包括杂志报纸网络，哪里读得过来？画家堆里，我读书大约算是略微多的，和真的读书人——作家、学者比，则我读的书少得可怜。

吴怀尧　读书不如经历重要吗？您如何看待一个人的学历？

陈丹青　读书、经历，都重要，也都不重要，要看书本和经历遭遇谁。至于学历，也看人。王安忆与我学历相同，初中毕业，至今没上过高中和大学，可是她在复旦中文系当教授，还是作协主席。阿城初中毕业，至今也没上过大学，可是王安忆也佩服他。

学历对我是不起作用的，我看人只看他那个"人"，那张脸，如果有趣，我就发生兴趣。我一点不想贬低学历，你瞧陈寅恪，学历多么齐整，可是他在欧美上学，不要学历，学得意思到了，就走开。蔡元培请陈独秀去北大当"文科头目"，陈学历不够，蔡帮他伪造学历。

吴怀尧　在媒体笔下，您一天到晚开骂，凶巴巴的样子。您说："其实是媒体把我变成这样，媒体就像是蟋蟀草，引诱我跳出来斗。"您真的是一只容易引诱的"蟋蟀"吗？

陈丹青　我是在认真批评，不是骂。今天的媒体和舆论会将一个批评者说成是"愤青"，说他在"骂人"。也难怪，媒体要制造耸动。大家巴望听傻子站出来叫骂，解解闷，同时耍弄批评者，以便集体性置身事外。

吴怀尧　我看了很多关于您的访谈以及相关著作，我注意到，早些年在接受媒体采访时，您是有问必答，而且热烈真诚。但最近几年，您变得游刃有余，成为各种观点的生产者，让人多少疑心您的思考是否真诚和严肃。诚如您所言，很多媒体喜欢耸人听闻，但并非所有记者都如此。如果您觉得自己被误解了，为何不选择彻底拒绝媒体？

陈丹青　好问题！刚回国时，国内媒体对我好奇，我也对国内种种好奇，凡事初打交道，双方新鲜，自然比较"热烈真诚"。近年采访太多了，不免应对不暇。

我沮丧的是近十年来遭遇的记者、学生、同行，问的问题，提问的方式，开口的话题，几乎一样，几乎没变，南北各大学，不管名牌还是杂牌，除了极个别例外，所有学生的思路和话语方式都是一样的，递上来的条子，连字迹和错字都相似——你想想看，这样折腾八年，怎么持续"热烈真诚"？

但我自以为是真诚的、严肃的，不然我不会计较这些，彼此糊弄，彼此敷衍，多容易啊。你假如希望我"彻底拒绝媒体"，很好，但首先我得拒绝和你对话，你乐意吗？一个人老是处在被要求的状况中，怎么弄都是不对的，因为他被假定必须满足所有人，你觉得有这样的家伙能满足所有人吗？——我不会彻底拒绝什么，或接受什么，杜尚说得好，拒绝或接受，其实是一回事。

郑渊洁

—— 童话大王 ——

要想真正获得幸福，只有一个渠道，就是帮助别人。

北京王府井新东安市场，地下一层星巴克咖啡厅。

光头、隐约可见的白发、大衣、夸张的墨镜、彪悍的体型，坐定后摘掉墨镜，他很和善地笑着说："你好，我是郑渊洁。"这是我和郑渊洁第一次见面时的情景。

郑渊洁，1955年6月15日出生，1977年开始文学创作。1985年创刊的《童话大王》月刊是只刊登郑渊洁一个人作品的期刊，时间长达三十余年，这是一项世界纪录。

郑渊洁作品书刊总销量超过三亿册，数度问鼎作家富豪榜首富。他笔下的文学形象皮皮鲁、鲁西西、大灰狼罗克、舒克和贝塔影响了中国亿万读者。2008年，联合国向郑渊洁颁发"国际版权创意金奖"，表彰他创作了众多经典作品。汶川和玉树地震时，郑渊洁向地震灾区的孩子捐款一百五十万元，国家民政部授予郑渊洁"中华慈善楷模"称号。

咖啡厅嘈杂，咖啡香气弥漫，我们面对面坐着聊着过往。

憋了二十多年

"我现在(2007年)每天只睡三四个小时,五个小时算是很奢侈了。写作安排在早上四点半到六点半进行,两个小时可以写三千字。"郑渊洁喜欢养狗,主要是德国牧羊犬,还有两条藏獒,遛完狗吃早饭,吃完早饭后如果不出门的话,会陪女儿郑亚飞。"我的时间还算自由,上午写写博客,下午看看书或报纸。"

自从播客视频上线之后,他的网络脱口秀节目《郑在方便》更新得更勤了。"播客这东西可能会革掉电视的命。"他说,现在的年轻人更喜欢在网络上看节目。以前自己想表达观点,会在博客里写出来。但是文字很容易被转载,不利于保护版权,视频就不那么容易了。

2007年2月5日,郑渊洁索性把网络脱口秀搬到湖南卫视。由他和主持人李好搭档的十分钟脱口秀节目《郑好十分钟》亮相荧屏。这档别出心裁的电视教子脱口秀是郑渊洁与李好边吃边聊,节目播出的时间正好是人们吃午饭的时候。

一位观众在湖南卫视的论坛里留言:"边吃饭边听着郑渊洁'好孩子是宠出来的''父母是政府,子女是公民'等教育理念,还真能学到不少教孩子的招儿。"

但也有人认为,以前"童话大王"深居简出,专心写作,现在却抛头露面,参加各种活动,还写博客,录节目,这是不务正业。郑渊洁告诉我,自己现在所经历的生活,是以前未曾经历过的。"而这些,都是写作的素材。再说,我都憋了二十多年,出来活动活动还不行呀!"

郑渊洁被"打脸"

1977年高考恢复,对于很对多人而言,这是喜从天降,因为命运可能由此改变。可是对郑渊洁来说,却是他的一场"人生灾难"。

原来,郑渊洁女友的父母要求他考大学。他清楚考试是自己的弱项,参加高考是自取其辱。于是女友在父母的压力下,离开了他。这一年,郑渊洁二十二岁,工作是在工厂看水泵。和女友分手后,他痛下决心,一定要通过一种方法,即使不上大学,也能让对方后悔一辈子。

当时,有农民通过写诗调到《诗刊》编辑部,轰动一时,想到自己小学时作文好,他决定仿而效之。

1977年,《汾水文学》第四期刊发了郑渊洁的处女作,他领到了十元钱的稿费,这笔钱是他当时工资的四分之一。之后,郑渊洁陆续发表了近百首诗。但是和那些真正的诗人打过交道后,他不免有些失落和失望,觉得在写诗方面,自己只是三流。

如何才能做到一流？他将所有的文学体裁写在一张挂历的背面。诗、散文、报告文学，接着是小说、戏剧……倒数第二是童话，最后一项是相声。

郑渊洁选择了童话，"很简单，上学少的人想象力丰富。要知道，获得知识的过程是一个扼杀想象力的过程。而童话，最需要的莫过于想象力"。

1985年5月10日，一本专门刊登郑渊洁作品的杂志《童话大王》月刊诞生，当期印数十三万本。郑渊洁说，当时他的想法其实很简单，"只要坚持三期就算胜利"，但后来一位北大教授的话刺激了他。

"1986年我参加了一个儿童文学界的会，当时是在庐山举行的，好多儿童文学作家都去了。可能是我没上过大学的缘故吧，北大的一位教授就说，咱们这儿有人不知天高地厚，一个人写一本月刊，还说，如果我能够写两年，他就把名字倒着写。"

当众被"打脸"，憋着这口气，郑渊洁一写就是数十年。

曾任中国儿童文学研究会会长的宗介华很为郑渊洁不平："某些文学评奖者不愿意给他奖项，说他的童话胡编乱造，有时甚至一票都不肯给郑渊洁，而轮到孩子们投票时，他又几乎总是第一名！"

面对这种怪现象，郑渊洁心态坦然，"有资格给作家颁发文学奖的，是读者。任何文学奖评委会都没有读者公正和准确"。

喜欢《现代汉语词典》和各种小广告

德国汉学家顾彬曾炮轰中国文学,引起舆论波澜。

对此,郑渊洁也有自己的看法:"他的这种言论本身就很垃圾。无论哪个作家,写得再怎么糟糕,也不能这样指责。毕竟,人家既没有抢银行,也没有抄袭,一个字一个字码出来,应该受到尊重。更何况,我们不看好的某些作品,若干年后可能就是金子。"

他觉得,只要王朔、苏童、韩寒、姜戎和二月河这五位健在,中国文学就有戏。

说到这里,郑渊洁突然剑指诺贝尔文学奖:"在我看来,很多获奖的文学作品,套用某些汉学家的话,同样是垃圾。比如帕慕克的《我的名字叫红》和赛珍珠的一些作品。"

"老实说,我从来就没有觉得自己的作品好,写作对我而言,只是一种谋生手段。"郑渊洁希望自己的作品在死后五十年内有读者。从第五十一年起,最好就没有读者买了。他说自己作品的质量都是按这个年限设计的,"多卖一年都吃亏",因为"五十年过后,作品就进入公有领域,谁想印制发行都可以,无须支付稿费"。

郑渊洁对那些动辄就向读者推荐"必读书"的作家表示鄙视:"怎么会有必读书呀?我才不信呢!"说起自己的阅读,郑渊洁对《古文观止》推崇备至。

"这本书里面的碑文写得不是一般的好,寥寥数百字就把一个人的生平概括无遗,既没有明目张胆的溜须拍马,又能让家属高兴,其功力可见一斑。"然而,郑渊洁阅读最多的却是《现代汉语词典》和各种小广告。"《现代汉语词典》都翻破好几本了。小广告我也很喜欢,有些比名著都强。"他用手比画道,一张小纸片,几十个字,想表达的东西全出来了,而且有人看了还真的就去打电话。"这太厉害啦!"

自己觅食的野兽

吴怀尧　作为一个著作等身的"文盲",您获取知识的途径有哪些?

郑渊洁　只靠别人教的获取知识的方式属于喂养式,别人给你什么知识你就只能被动地吃什么,不管身体是否需要这些营养。而我这类靠自学获取知识的人,则是自然界里的野兽,根据自己身体的需要觅食,喜欢吃什么就吃什么,一般来说,想吃的正是身体需要的。

吴怀尧　有人指责您经常不自觉地"炫耀"自己的低学历,真是这样吗?

郑渊洁　这其实是一种误解,他们认为我是在提倡不上大学。我的真实意思是，以我的经历，给那些没有机会上大学的人特别是年轻人以信心，让他们不气馁。条条道路通罗马，没有机会上大学，一样可以获得人生的成功。毕竟中国没有上过大学的人占绝大多数。如果绝大多数人心灰意冷，对民族不是好事。生活中政府对贫困家庭有最低生活保障。我就是想通过"炫耀"低学历给那些没有机会读大学的人最低信心保障和最低尊严保障。

吴怀尧　您的作品广受欢迎，您自己觉得原因是什么？
郑渊洁　一部作品，如果说是托尔斯泰写的，大家可能会说怎么写得这么烂。而同一部作品，如果说是一个小学四年级学生写的，大家会惊叹怎么写得这么好。我的作品之所以受到较多的读者欢迎，这是最根本的原因。

吴怀尧　是什么促使您笔耕不辍？
郑渊洁　我能源源不断地出作品，受益于我当过五年工人。在这五年中，我的唯一工作是看水泵。
　　　　工厂打了一口井，为全厂提供生活用水，我的职责是开启水泵，将井里的水抽上来输入工厂的每个卫生间、食堂、澡堂。看管水泵最重要的职责就是要保证源源不断，不能时断时续。在这五年的看水泵历程中，我养成了源源不断的习惯。我将这个习惯带到了后来的写作中。

吴怀尧　简单介绍一下您眼中的郑渊洁吧。

郑渊洁　爱听鼓励话。闻过不喜。宠辱都惊。牢记恩仇。喜走独木桥。如果当婊子，决不立牌坊。能熟练使用五百个汉字，在计算器的支持下会四则运算。

作家要维护自己的利益

吴怀尧　我印象中汶川大地震时，您是作家中捐款最多的。您如何看待作家在特殊情况下的捐款行为？

郑渊洁　其实不在于捐钱多少，只要有这个心就行了，有力出力，有钱出钱。以前得过好多别的奖，都没有幸福感，只是高兴，只有成就感。2008年国家给了我一个"中华慈善奖"，我当时有一个感觉：领这个奖感觉非常好。我觉得一个人要想真正获得幸福，只有一个渠道，就是帮助别人。你住着别墅，开着宝马，你也不幸福，这是我的体会。但是话又说回来了，公众人物在国难的时候沽名钓誉的话，就是十恶不赦。

吴怀尧　有没有计划将来办一个慈善机构，在更广泛的范围内帮助人？

郑渊洁　目前有两种基金会。一种是封闭式的,我只用自己的钱,不要别人捐钱,我要干这种。一种是开放式的,用别人的,自己不掏,靠自己的名气,这个也好。

吴怀尧　《皮皮鲁总动员》近年的销售情况都非常好,仅 2009 年 2 月,就销售出一百多万册。您觉得自己的作品能持续热销的原因是什么?

郑渊洁　我觉得可能和两个原因有关,一个是经济不好,一个是甲流——很多孩子周末和暑假原本是要出去玩的,包括我的孩子,后来都取消了。不出去以后,很多家长就去书店买书,我估计可能跟这个有关系。

吴怀尧　为什么您的财富观大大方方,从来不藏着掖着?

郑渊洁　我爸是山西人,我妈是浙江人,他们的结合就是钱庄和票号的结合,我的血液里就有理财的东西。对作家来说,财富其实是两笔,一笔是稿费,一笔是作品。作品是无形资产,比稿费厉害得多,是真正的摇钱树。

这个摇钱树将来还可以派生出很多产品,如影视、网络之类。说到稿费这一块,我觉得我可能是臭名远扬,给人的感觉是老跟出版社谈钱。我觉得,作家还是要维护自己的利益。如果自己的衣食住行都解决了,就要尽可能地帮助别人,做慈善事业。

抓住时机狠狠打击盗版

吴怀尧　畅销书作家如何防止盗版盗印，这方面您是专家，能不能透露下心得？

郑渊洁　我觉得盗版盗印有四种：第一种是被不法书商盗；第二种是出版社隐瞒印数；第三种是某些书的主编强行收录你的作品；第四种是作家盗出版社，就是作家的作品在这家出版社出版后不久，又拿出其中的一部分内容改头换面，然后卖给另外一家出版社。

第一种，有人盗版你的书，说明你写得好；其次要抓住时机狠狠打击。我的书现在盗版相对较少，就是我和二十一世纪出版社合力打击盗版的结果，包括采取报警的方式。警察立案后就会跟踪盗版商。我的书在江西发现大量盗版，但是源头都在北京。这些盗版商很聪明，北京信息多，而且就在你眼皮底下，反而你倒麻痹了。那次打击盗版行动抓了6个人，《新闻联播》都播了。

第二种，出版社隐瞒印数。我上次跟你说了用防伪标识，我的所有在图书市场销售的作品，都贴有"郑渊洁授权"防伪标识。当使用验钞灯照射防伪标识后，里面会显示水印，而没有防伪标识或者有防伪标识而无水印的即为盗版书。这样，出版社就一本都瞒不了。

第三种是变相侵权。第四种根源在作家自己。

关于防盗印,还有一种方式就是一次性买断,这是最省心的办法,国外也有这样做的。

吴怀尧 中央电视台读书节目《子午书简》曾连续十天播出您在皮皮鲁讲堂的授课内容,成了暑期热点档。我听制片人李潘说,您在现场的表现非常到位,孩子们笑声不断。相比之下,有些作家上电视就能看出明显的紧张,您在镜头前怎么做到挥洒自如的?

郑渊洁 最早上电视我也发抖。紧张到什么程度呢?2004年5月,中央电视台《成长在线》节目播放了一个对我的访谈。那天在录制节目现场,因为怕人看到我肚子大,我就把皮带系得很紧,缩着肚子。当我走到女主持人身边的时候,我的皮带突然断了。当然我也不懂什么录播、直播,也不能够跟人家说,就很紧张,一步一步蹭到椅子旁边,坐下我就踏实了,反正我也不站起来了。没想到中间有一个环节是站起来的,就很糟糕,所以一开始紧张,灯一亮,就是你刚才说的那个紧张的感觉。什么时候第一次找到感觉了?做电视,实际上它的招数就是斗智。其实作家完全具备这个实力,他就是紧张,我认为得找一个给他"开苞"的人。给我"开苞"的是鲁豫。之前我就很紧张,主持人一拿稿子,我就紧张,就烦。我觉得你不重视我,你还一边看着编导给你写的东西，一边跟我说话。而且我跟你说的时候，希望你看着我。鲁豫，我第一次做她的节目，她连录三场。我记得那天有毛阿敏、朱时茂，我是第三个，她不拿稿子，这个当时我就感觉很舒服，她重视我。然后我突然就找到感觉了，就开始进攻。其实谈话节目，你就要逼得她没话说。我记得很清楚，她的老板刘长乐看了这期以后说，这个人要弄到咱们这儿来。他们的人跟我联系去做《锵锵三人行》，当常驻嘉宾。

不要轻易批评孩子

吴怀尧　您的"皮皮鲁中文总动员计划"很火，有没有老师来听讲？

郑渊洁　语文教学最重要的就是认识字和写文章，可是绝大部分老师自己写不了好文章。现在北京教育学院已经找到我们这儿，计划让北京的语文教学骨干分批到这儿来听课，但是这里的孩子全都不同意。我问他们为什么，他们说要是有老师在一起听课，会觉得别扭。将来我也许会通过网络，办一个免费的网上学校，把我在这儿讲的东西教给他们。

吴怀尧　和孩子交往沟通，很需要技巧。作为童话大王，您能不能给家长们传授几招？

郑渊洁　每个孩子都有他的特点，要因材施教。家长和老师不能随便说孩子某一个毛病，也许本来他这个毛病不是毛病。跟我小时候似的，三岁时有一次在家吃面条，我妈把面条做咸了我就没吃，第二天早晨，我姥姥家正吃面条，我妈就说我不爱吃面条，从此到现在我都不吃面条了。

我的孩子有的时候眼睛不舒服爱眨，在见朋友之前我会打电话给对方，说你见面以后不许说我的孩子眨眼。你一说，她就永远眨，没人说，她很快就不眨了。有一个小女孩说话的声音很小，平时都不怎么敢说话。我想她一定是小时候偶尔有一次不说话，爸爸妈妈就跟老师说，我这个孩子不爱说话。有一次我去这个孩子的学校讲课，当着全校的人，我说：你们知道这世界上谁的声音我最爱听吗？他们说谁的，我说谁谁的，就是这个小孩的名字。

我说她是我的学生，她的声音是世界上最好听的。然后我让她上来，给全校的同学们说说话。

现在，这个小孩善于沟通，说话畅通无阻。

沙叶新

—— 天下无敌 ——

作家没有良心不可能写出好作品。

2008年4月1日愚人节，沙叶新被查出患有胃癌，四天后住进医院，4月10日开刀，24日回到家中休息调养了十一天，5月5日回到医院做化疗。

晚秋时节，经过邮件和电话沟通，我和沙叶新约好了见面的时间。

"我当初之所以没说我患癌，绝对不是因为我担心让大家知道了，我会自卑，我会变成需要眷顾和同情的'弱者'，从而我会在正常、健康的群体中被疏离。不，我是怕给人添麻烦，怕人为我担忧，我不愿意别人为我忧心忡忡。"他说。

回溯1907年，留学日本的中国青年组织话剧社"春柳社"在东京上演话剧《黑奴吁天录》，这一年作为中国话剧史的序幕已被载入史册。中华人民共和国成立后，中国话剧迎来了它的黄金时代，郭沫若的《蔡文姬》、老舍的《骆驼祥子》和《茶馆》，以及曹禺的《雷雨》等剧目，光彩夺目。

回首中国话剧的百年发展历程，在它从繁盛步入孤独的途中，时有力作并获得卓著声名的剧作家屈指可数。其中，弱冠之年便开始发表作品的沙叶新，可谓最为耀眼的扛鼎者，胡耀邦同志甚至誉之为"当代莎士比亚"。

20世纪90年代之后，沙叶新逐渐淡出了公众视线。

如果不是因为他的《陈毅市长》曾入选语文教科书，可能很多年轻人都不清楚其为何人。

沙叶新，1939年出生于江苏南京，回族人。1957年入华东师范大学中文系学习，1963年7月毕业于上海戏剧学院戏曲创作研究班，同年进入上海人民艺术剧院任编剧。1985年至1993年任上海人民艺术剧院院长。

1956年开始发表诗歌和小说。话剧代表作有《假如我是真的》《陈毅市长》《幸遇先生蔡》《寻找男子汉》《耶稣·孔子·披头士列侬》《都是因为那个屁》，喜剧《一分钱》《约会》，电影剧本《寻找男子汉》，电视剧剧本《陈毅与刺客》《百老汇100号》《绿卡族》等作品。

比起他网上的照片，沙叶新瘦了一大圈。

我问他："健康状况的变化是否给您带来心理上的影响？"

"生完病的状态跟以往不太一样，"他说，"消极的不是没有，总觉得有阴影，不知道什么时候会复发和转移，这是我以前从来没有过的。十年以前还可以说来日方长，现在不知道来日到什么时候，好像我总是喜欢去想象，可能人离死亡越近就离世俗越远。"

他靠在椅子上,拿着一个按摩仪在身上来来回回,若有所思地说:"如果获得第二次生命,就觉得打了胜仗,会更积极工作,更热爱生活,更热爱生命,更热爱我的朋友,更热爱我的家人。"聊天过程中,沙先生热情地招呼我喝茶,配合我拍照,回答我的提问,为我朗读他弟弟的诗歌,让孙女"乖,把门带上,出去玩哈"。

一个下午不停歇的谈话,我见识了一个剧作家顽童般的幽默、令人敬佩的乐观和不摧不折的良知。

天黑的时候,他明显有些累了。

我们随之停止了这次谈话,并约定通过邮件完成余下的对话。不久后,当我再次短信联系沙先生的时候,获悉他身体不适。显然,在这种情况下,让一个受到病痛折磨的白发老人,坐在电脑前回答我的提问是不合适的。为此,我从头到尾通读了沙先生个人博客的所有文章,希望能有所收获。

幸运的是,我的有些问题,沙先生在以前的文章中或多或少有过阐述。我针对性地采用了其中的部分内容,将之和此前的对话融为一体,经沙先生过目后,全文发表于《延安文学》2009年第二期。

2018年7月26日凌晨5时3分,沙叶新因病去世,享年七十九岁。作家北村在微博缅怀称,"他不仅贡献了杰出的戏剧作品,还贡献了中国知识分子的良知"。

一看到书就闻到瓜子、花生米的味儿

吴怀尧　2009年8月号的《上海文学》（总三百七十七期）重点推出了您2001年夏天创作完成的剧作《幸遇先生蔡》，这是您近十年来首次公开发表剧作。该剧叙述了蔡元培于1917年至1919年在北京大学任校长期间的动荡经历，充满浓郁的理想主义色彩。这部作品我是坐地铁时读完的，这里想问下您，当初怎么会想到创作这样一部纪念蔡元培的剧作？

沙叶新　《幸遇先生蔡》是1998年我应北京大学之约，为他们的百年校庆纪念蔡元培而写，后来由于种种原因没有写下去。三年后，香港特区中英剧团得知此事，诚恳请我将此剧继续写完，由他们排演。当时我在美国，既感动又感慨。感动的是，香港本是成龙、周星驰、张曼玉、梁朝伟的艺术天下，如今蔡元培这个世纪伟人也将跻身其间，和这些演艺明星所扮演的形形色色人物平分秋色，这怎不令人感动？这至少说明香港的艺术也需要崇高和深刻，并非一味娱乐，一味搞笑。感慨的是，蔡元培艺术形象的首次出现是在香港，而不是在更应该出现的北京；就像蔡元培的墓地本应安置在北京大学宁静的燕园，而不是安置在如今香港逼仄的公墓一样。

吴怀尧　我上初中时语文课本节选了您的作品《陈毅市长》，夜访齐仰之，"闲谈不得超过三分钟，时间到了！"据我了解，这部戏剧曾受到广泛赞扬，还获得文化部和中国剧协联合颁发的全国优秀剧本奖。但和它差不多同期创作的《假如我是真的》却有着截然不同的命运，先是在国内引发争议，后来还被停演。这么多年过去了，现在能否披露下内幕？

沙叶新　"四人帮"倒台之后，我写的第一部戏是《陈毅市长》，当时我们的一位领导不同意演这出戏，因为写陈毅老市长是一件重大严肃的事情，我却用和正式戏剧不太一样的形式，他接受不了，没有排演。我喜欢陈毅的幽默，他喜怒形于色，我对他的孩子和秘书采访很多，印象比较深。后来就写了《假如我是真的》。其实这两部戏的宗旨是一样的。一部表示我的肯定，一部表示批判。爱和恨是相通的。这两部戏让我开始进入剧作家的队伍。《假如我是真的》是根据上海真实发生的一起骗子冒充高干子弟招摇撞骗的案件编写的，是"文化大革命"之后第一部反映干部搞特权的话剧，也可能以前的戏剧都是歌功颂德的，而这部却是首次揭露疮疤的，所以在当时掀起轩然大波，多次进行内部排演，听取意见。后在上海和北京举行"内部上演"，即在有选择的观众中演出，不久就在全国的许多城市相继演出，同时又伴随着激烈的争论，直到 1981 年停演。《假如我是真的》引发的风波在当时看是史无前例的。一改"文化大革命"时期领导说了算的做法，专为一部戏由国家领导人在北京亲自召开座谈会，"商量"而不是"指示""命令"，《假如我是真的》大概是"文化大革命"后第一例了。这部剧在中国第一个提出干部队伍中的"特权"问题。

吴怀尧　七十年前，您生在南京一个典型的回族家庭中，年少时的家庭背景和成长环境如何？

沙叶新　我们家所从事的职业是回族最惯常的职业：我祖母在家门口卖牛杂碎，我父亲开回民饭店，他们都是虔诚的穆斯林。我至今还记得我小时候学会的一些汉化或南京话的阿拉伯词语，如"知感主"（感谢主）、"伙世鲁"（莫生气）、"定堪你"（谢谢你），等等。

家庭和清真寺让我从小就接受了浓浓的伊斯兰宗教文化熏陶。父亲、母亲没有多少文化。他们都属于劳动人民吧，什么最底层的活都干过。后来开始做生意，开过饭店、炒货店、五洋店，还开过当时在南京有些名气的南京板鸭公司。生意做得不错，极盛时同时开了四家店，还盖了两层楼的前后两幢楼房。这在当时绝大多数是瓦房是旧宅是破屋的洪武路上非常显眼。

吴怀尧　成长路上，您和父母关系怎么样？他们对您有哪些影响？

沙叶新　我们关系很好。父亲对我执行的是"不管"政策，将来做什么，不做什么，都没有规定。但只要求我做个老实人，不能有不义之财、不义之举。他还以他自己的言行，昭示我们做子女的要有爱心，要有孝心。这是很传统的很基本的道德伦理方面的家庭教育。

母亲是典型的贤妻良母，慈祥、善良。父亲对我的影响是艰苦奋斗，母亲对我的影响是善待一切。我始终将我母亲年轻时候的一张美丽的照片放在我的皮夹子里，放在贴近我心窝的地方。

吴怀尧　在文章中您经常提到您的妻子和弟弟，看得出您非常爱他们。除了丈夫和兄长的身份，您在他们的生活中还扮演什么样的角色？

沙叶新　我不但爱妻子、爱弟弟、爱妹妹，还爱我的朋友。每个人都有自己的长处，尺有所短，寸有所长，你坐车坐地铁，旁边一个人很不起眼，说不定他有一两句话让你终生难忘。真的是这样，要记住别人的内涵。你待人好，别人才待你好；你爱别人，别人才爱你；你尊重别人，别人才尊重你。另外，钱会使人贪婪，要有一点钱，但不要太多，要有几个朋友，也不要太多，多则滥。

吴怀尧　有的学者年迈之后会变得迂腐固执，晚景堪哀。但您却谦虚明朗，在网络上还经常和网友交流，热心听取他们的意见和建议，很想知道，您是如何保持如此乐观平和的心态的？

沙叶新　怎么做到保持乐观的心态，真的很难讲，谢谢你提这样的问题。我自己就想可能是因为我母亲对我的影响，要善。善是美好的事情，你比别人欢乐，你尊重别人，别人也会尊重你，你善，就没有仇，没有恨，所以我思想情绪上，仇恨这种情绪不是说没有，很少。恨谁，想杀死他，咬牙切齿，非要上门打他去，没有这样。年轻的时候你踩我一脚，对不起，咱们没空吵架，就这样的脾气，是不是没有原则（笑）？我觉得我对艺术挺有原则的。所以可能跟我妈妈的善有关系，所以我回顾文艺基因时提到我妈妈，可能有点关系。我做人比较热情诚恳，比较善良，真的比较善良，别人对我好我真是感激别人。

吴怀尧　您童年所接受的回族文化熏陶，对您的一生，特别是对您的文学创作有什么影响？

沙叶新　我先说点我家的小故事。我父亲在青少年时非常穷苦，凭着一股吃苦耐劳的韧劲，艰苦创业，终有小成，在南京闹市区陆续开办了三家商铺，当了老板，还和我姨父合作，开办了南京板鸭公司，生活逐渐富裕起来。我父亲发家之后，乐于助人，常常帮左邻右舍操办红白喜事，有求必应，与丧家、婚家同哀乐。他不忘穷人，热衷公益事业，曾捐助过回民义学，担任校董。每年盛夏，南京酷热难当，他总在自家店门口施茶，满满一大缸茶水，里面除了茶叶还有草药，清凉消暑。饮用者多为拉车的、挑担的劳苦大众。我还听父亲说，每年除夕之夜，他会送"乜贴"给穷困回民，用红纸将钱包好，塞进他们的门缝。我问父亲："那些人知道这钱是你送的吗？"父亲说："为什么要他们知道？"他觉得应该做的事情就不必张扬。

我母亲是个典型的旧式妇女，丈夫和孩子便是她生命的一切。她很善良，性格温厚，从不疾言厉色，我从来没看她跟谁吵过架。她常常说的一句话是："不能待人'强勉'。""强勉"和"勉强"有别，"强勉"的意思是不要欺负人，即便自己对了，也不能得理不让人，对有错的人要宽容。她还说，一个人不要贪，不义之财不能取，就是路上有根金条，谁也看不见，你也不能蹲下去捡回家。

我想我父母身上的精神品质与其说来自家庭的传统，不如说来自回族的血统。因为这是回族共有的，很多回民都和我父母一样，都具有这样的精神品质。我是回族，在我的血液中，也不可避免地溶入这样的精神血统和文化基因。我说这些绝不是彰显自己，标榜自己，我只是以自己为例，来说明回族的文化基因对一个回族后裔、回族作家的深刻影响。我的短长、我的一切都来自这深刻影响。我说这些，是表明我的这些作为是来自父母的影响。是回族的文化基因在起作用；我要感谢民族文化精神对我的影响。

吴怀尧　您最初的汉语文学教育源头来自哪里？

沙叶新　我们家里开炒货店呀，瓜子、花生米，需要用旧书纸来包瓜子、花生米。这些包炒货的旧书，有很多经典，记得有《鲁迅自选集》《巴金自选集》和好多现代作家的作品，有叶圣陶、沈从文、郑振铎、郭沫若、丁玲、冰心、庐隐的作品。我是来者不拒、囫囵吞枣、生吞活剥、似懂非懂。好多现代文学的名著我都是那个时候在我们家炒货店里阅读的，所以现在我一看到书就闻到瓜子、花生米的味儿，大概这也是儿时记忆的一种延续。我就是在瓜子、花生的香味中接受文学启蒙的。

大学二年级成了"头条作家"

吴怀尧　后来是什么时候什么原因促使您开始文学创作的？

沙叶新　高二时我的语文老师是安徽人，姓武，叫武酉山。他的语文课教得好，非常生动。他总是饱含感情地把中国文学特别是中国古典文学的崇高和美好很生动地传达给我们，使我觉得我做个中国人特别特别幸福，因为我们有如此丰厚的中国古典文学的遗产，供我们享用，给我们熏陶，滋养我们，丰富我们，让我们智慧和文明起来。当时我们班上有两个同学，都比我大一点。一个叫王善继，王善继稿子写好了，寄到北京的《人民文学》，当时是最高最权威的文学刊物，不但发表了，而且还获得了全国儿童文学的一等奖。奖金五百元！1956年啊，你们算算现在值多少钱！现在我们稿费实在太低了。另外一个王立信同学也爱写稿子，他在上海的《少年文艺》发表过一两篇小说。大家都是同学，为什么你能写我就不能写？我也得试试啊！我也开始写。我也写了一篇小说，发表在《雨花》的前身《江苏文艺》上，那是我的处女作。后来还写了两首短诗，发表在上海的《萌芽》上，现在还有这本杂志。发表时我十六岁，不，十七岁吧。第一首是情诗。那时的中学生不像现在早熟，那时怎么都熟不起来。虽然是情诗，自己实在是情窦未开。现在想想很可笑，悔其少作。可那时还不知天高地厚，觉得我要做个作家，甚至已经是个作家了。谁会想到作家这条路是如此艰难，需要付出一生的努力。

吴怀尧　您最初接触的文艺作品是小说，最初写的也是小说，后来进入华东师范大学中文系后，为什么转到戏剧创作上去了？大学期间，您的阅读兴趣和创作情况如何？

沙叶新　进了大学，我比较用功，特别喜欢中国古典文学。在大学二年级吧，我又开始发表小说。

我连续在《萌芽》上发表两篇短篇，都上了头条，编辑部还加了编者按。这在当时有点了不得，轰动师大校园，至少轰动了中文系。那时我很自信，我想我将来肯定是作家了，现在是准作家了。

大学毕业前夕，周扬到上海来考察上海的戏剧。上海有十大剧种，淮剧呀、话剧呀、歌剧呀、滑稽戏呀，等等。他发现剧团的编剧，很多都是旧时代过来的，没经过专业训练，文学素养和编剧知识都较弱。有些老剧团都根本没剧本的，叫幕表制，到上场前，把大致剧情写好，贴在后台，都是很简单的，比如谁上场，什么规定情境，公园呀还是家里。

然后是所谓的剧情：什么一男一女呀，数年不见，诉说衷肠，或萍水相逢，一见钟情，最后或相拥接吻，或再约佳期，诸如此类。然后你上台去表演。这样的编剧水平当然不符合时代发展需要。于是当年决定，在华东师范大学、上海师范学院和复旦大学三所大学的中文系里，挑选一些业务尖子保送到上海戏剧学院办的戏曲创作研究班去深造。我就在那做研究生。大学毕业分配我到文化局，说我有一点理论思维，就分到文化局的理论什么什么室。

吴怀尧　生活就像一场电影，当下一个镜头呈现在我们面前，您已经是上海艺术剧院的一员，开始从事专业创作了，这中间的切换是如何实现的？

沙叶新　我的恩师黄佐临先生从文化局把我要了回来，要到他领导的上海人民艺术剧院来。这位老专家改变了我的道路。我就开始从事专业创作了。

"文化大革命"以前，我写了一部戏，叫《一分钱》。黄佐临先生导演，莫大的荣耀。就那么一部小小的独幕戏呀，这么个大导演亲自导演！这部戏有不少趣味性的东西，比如在舞台上变魔术呀，这在以往话剧舞台上是没有的。黄佐临非常喜欢这个剧本，他说我写得非常俏。"俏皮"的"俏"，"犹有花枝俏"的"俏"。他还对我说："小沙啊，你有本钱了，不过这个本钱不大，只有'一分钱'。"既肯定了我，又叫我不要骄傲。

吴怀尧　您的主要剧作都是20世纪70年代末、80年代初创作出来的，90年代以后作品似乎不多？

沙叶新　其实我一直在创作。20世纪80年代末我在写《孔子·耶稣·披头士列侬》，写了好几年，很艰苦，我说我如果能写好这出戏，生了癌病我也不后悔。后来又继续写了一些戏，都在上海演出了。2005年我还写了《幸遇先生蔡》，在香港特区演出了。我比较喜欢的还是《孔子·耶稣·披头士列侬》。

2005年我有三部戏在演出。一部是在上海，我刚才说了，2005年的5月和7月吧，两次演出我的《陈毅市长》。一部是在纽约，4月21日上映我的《假如我是真的》，是台湾地区导演王童在纽约举行他的影片回顾展，《假如我是真的》是他的七部展片之一。三是在香港特区，11月演出我的《幸遇先生蔡》，这是写蔡元培的戏。三个国际大都市同时演出我三部戏，可喜可贺吧？

但最让我高兴的还是我得知《孔子·耶稣·披头士列侬》被选在1999年出版的《中国当代文学作品选》中，不是存目，不是选场，是全文。这是中国教育部重点推荐的高校中文专业教材。我不矫情，我说实话，我很高兴，我一直比较喜欢我的这部作品。

吴怀尧　20世纪90年代商业浪潮凶猛,中国转身进入消费时代,您个人是否受到冲击?

沙叶新　进入20世纪90年代,知识分子又面临着另外一种选择,说俗了,就是权和钱的选择。正如鲁迅所言,有人退隐,有人消沉,有人流亡,有人当官,有人发财,但也有人坚守。

可悲的是坚守的人越来越少,作家没有良心不可能写出好作品。90年代是知识分子大分化的年代。知识分子应该具有的责任、良心、道义、勇气、执着、诚实、规范、准则都被耻笑,说"什么年代了,你还坚守这样一些破烂",所以很多像我这样的人又不适应了。

我也有过彷徨、有过困惑,也有过笑话。

90年代的商业大潮,把一部分想坚守的知识分子席卷而去,就像钱江大潮一样,即便原先只是想在岸上看看的,也会被席卷下海。

可是我理解那些下海的知识分子。90年代,知识分子是分化了,被官场、商场冲走了。但还有一小部分人在坚守。他们面对不公,面对邪恶,没有闭上眼睛,没有掉头而去;他们仍有良知,还在坚持真理,敢说真话,坚持伸张正义,揭露阴暗。

面对真实生活它掉头不顾

吴怀尧　商业戏剧在欧美历史悠久，目前已经形成了成熟的产业化的运作模式。但是在中国，戏剧一直都不是很景气，相对影视、音乐显得小众化，您认为问题出在哪里？

沙叶新　戏剧要贴近生活。而戏剧目前不景气的很大原因就是面对真实的生活它掉头不顾，因为前者太真实，它不敢面对；而面对虚假的生活它扑面而去，因为虚假能一团和气。戏剧不是为了观众，戏剧不是反映生活，而是为了得奖，但谁喜欢看这样的戏？

所以我觉得戏剧应该迈向真实的生活。人要活在真实中，戏剧也要活在真实中。但生活不要戏剧化。生活戏剧化会很恶心。生活戏剧化叫装酷作秀。我个人认为当代话剧最大的问题之一是缺乏真实性，和现实生活无关，缺乏干预生活的激情。

吴怀尧　除了创作之外，当代戏剧创作在体制、市场、教育等方面还存在哪些弊端？

沙叶新　据我有限的了解，几大戏剧院校招生时"走后门"似乎成了潜规则，这当然是教育腐败的结果，这样的招生能培养出真正的人才吗？真的很难说。编剧和导演需要艺术，需要思想，更需要品格，如果这几方面全都缺失，对整个戏剧事业的发展将有重大影响。至于剧团体制，已经有了很大变化，走向了市场。

1985年到1993年，我在上海人民话剧院当院长的时候，经费来源相当一部分已经靠演出了，不足部分才需要财政补贴。合并之后的上海话剧艺术中心体制更灵活，演员、编剧的使用基本符合市场化规律，奖励制度、用人制度都有很大变化，这是好事儿，能激发艺术生产力。

吴怀尧　当代社会休闲娱乐方式的多元化，这是话剧市场衰落的主要原因吗？

沙叶新　娱乐方式的多元化有影响，但它不是根本原因。我在美、英、德、加、澳、日都看过戏。美国百老汇的戏剧非常发达，它固然很多是商业戏剧，但也仍然有不少新锐的、先锋的好戏；即便商业戏剧也极为精彩。我去英国伦敦考察，出租车司机竟然不知道我们要找的剧院在哪里，不是司机对伦敦不熟悉，而是伦敦的剧院太多；在个人所得税极高的英国，戏剧工作者的所得税却是比较低的，这是因为他们为伦敦成为"戏剧之都"、增加财政收入立了大功；我去参观演员进修所，那里全是自费且价格不菲，五六十岁的老演员尚且一丝不苟地练体形，真让人感动。这些国家的娱乐方式比我们中国更加多样化，但他们的戏剧仍然兴盛不衰。

对国外戏剧人而言，戏剧是一座精神的圣殿，是生命的追求。为什么要当演员？"别人只有一个生命，我有上百个生命活在我的角色中！"中国当代话剧人更多的则是浮躁。

我有点俏皮或者调皮

吴怀尧　全球化正在改写人类社会的发展轨迹。在这种大形势下，您觉得民族文化如何才能得到保护和发展？

沙叶新　全球化势不可当，谁也阻挡不了。我们改革开放以来三十年的现代化其实就是朝向全球化，所谓跟国际接轨，所谓改革开放，什么意思？就是全球化！我觉得全球化之后，很多意识形态的东西会进来，美国的大片会进来，唱片会进来，没有关系。美国全球化的程度应该比我们高多了吧，应该是全球化程度最高的国家吧，你们去看美国，他们也保护本土文化。也许他们不典型，他们历史太短，本土没什么东西。尽管如此，他们对印第安的文化还是加以保护的呀。假如美国是中国这样的国家，五千年历史，有丰厚的民族文化，那它在全球化的过程当中，一定会考虑民族文化问题。我们不用担心，不是说越是民族的就是越具有世界性的吗？看来这句话有点道理。全球化不会淹没本土真正有价值的东西，相反还会丰富全球文化。如果全球化让所有人都说一种语言，都穿一样的服装，都是一种性格，都跳一样的舞，这样的全球化，还有什么意义呢？全球性不是破坏性，对民族文化还是会保护的。

吴怀尧　上海曾经是中国近现代文化的重镇，但近些年最让人瞩目的是它跑步前进的经济，而不是整体的文化深度，这和上海的文化人肯定是有关系的，对此您怎么看？

沙叶新　上海是商业城市，将本求利，要精密计算产出和投入。这浓厚的商业气氛和价值取向，不能不对海派作家有所影响，所以海派作家多少都有点生意经、生意眼。这也很难说是坏事，否则也太书生气，太不食人间烟火了。但尽管如此，海派作家也并非没思想、没脑子、没是非、没正义。只是他们需要一个前提，就是首先必须保证他们的安全不会受影响，其次必须保证他们的利益不会受损伤，这样他们才"敢于"出头，"敢于"说点真话；否则便明哲保身，退避三舍。在某种情况之下，他们似乎也敢放言，比如在文人面前说说官员的腐败现象,也很激扬;在官员面前说说文人的异端,也无忌讳。但他们绝不愿意在官员面前骂官员,也绝不愿意在文人面前骂文人。上海素称冒险家的乐园,但上海人只敢冒险做无本的生意,绝不冒险做无利的买卖。这就是上海人的精明,包括文人。

我理解他们,同情他们,并不鄙视他们。他们中不乏极富才华的人,也不乏我的好友。只要他们不为虎作伥,只要他们不损害他人,他们的小心保护自己就应该得到理解和尊重。他们有沉默的权利,有自保的权利。尤其难能可贵的是,在他们的心中也并非没有良知和正义的火焰,只是有待点燃罢了。况且也不能要求所有的作家都像我这样"大声喧哗",就像不能要求我都像他们那样"沉默是金";我不说你懦夫,你也别说我愤青,相互尊重对方的态度和立场,否则思想文化的生态也会失去平衡,也很不正常。

吴怀尧　幽默是一种境界和力量,您的文章嬉笑怒骂冷嘲热讽,您觉得自己幽默吗?

沙叶新　自认为幽默是很不幽默的一件事情。佐临先生跟我讲:哪有自己讲自己幽默的呢?什么是幽默?幽默是洞察事物本质的一种能力,是一种不仅洞察事物本质的矛盾,并且能用一种喜剧化的方式把它表现出来的才智。

幽默的人有一种豁达的、开朗的情怀。要真正做到幽默，真的不是很容易的。我只能说我有点俏皮或者调皮。幽默这个级别，我还达不到。

吴怀尧　对中国历史上特殊年代的八个样板戏之一《红灯记》，您似乎有一种特殊的情感记忆，在一篇文章中对其着墨甚多，能说说背后的故事吗？

沙叶新　1965年3月，中国京剧院《红灯记》剧组来上海献演，我去看了，地点是在上海九江路的人民大舞台。我坐在楼下第一排的边座。大幕在开场锣鼓声中升起，第一场是粥棚，李玉和在跟交通员接关系，矛盾突出，冲突激烈，极为简练地就将全场观众立即带入戏剧的规定情景之中，令人不得不看下去。随着剧情的发展，高潮迭起，精彩纷呈，我热血沸腾，情绪高涨，鼓掌拍红了双手，眼泪模糊了双眼：那样的激赏，那样的亢奋，那样的感动，那样的赞叹，直至剧终都觉得自己的情感在燃烧，从面颊到周身血液都是火辣辣的。这样的观赏经验，令人久久难忘，已事过三十多年，和当年一同看过此剧的朋友谈起那一次的观剧感受，还是那么激动不已。需要说明的是，我们看此剧是在1965年，那时"文化大革命"还没开始，虽然政治台风已起于青蘋之末，但整个社会还没经过"文化大革命"那样狂暴的政治大冲洗,当时的气氛还不像一年之后那样紧张和肃杀。

那时对我以及绝大部分的观众来说,看戏还仅仅是看戏、是欣赏、是玩乐、是嗜好、是享受;不是上课、不是受教。那时艺术欣赏中的观演之间的关系还属正常;虽然政治第一仍被视为金科玉律,但也还没有绝对化到以后那样吓人的程度。鉴赏心态还是自然的、真实的。所以我和我的同时代人那时在观赏《红灯记》时所获得的强烈的情绪感染应该是种美学感受,当年那样一种空前的激动也纯因《红灯记》的艺术魅力所致,眼泪绝不是硬挤的,掌声更不是夸张的。这和以后在"文化大革命"中再度观看此剧时的心态有所不同。

《红灯记》尽管在"文化大革命"中被神化,被罩上一层灵光,但在此之前,你不得不承认它本身自有强大的艺术魅力,它确实是好,确实是美,确实是精彩,确实是令人激动。虽然它也有时代局限性,但不论从剧本本身还是从演员的表演、导演、音乐创作以及舞台美术的水准来说,都代表了那个时代京剧艺术的最高水平,尤其在用古老的京剧艺术形式来表现现代生活方面它更取得了突破性的成就。正因为如此,它才能被那个时代的观众普遍接受,才能感动当年整个一代人,以至于对它如痴如狂,就像当年我看此戏时所表现出的那样。

我本来就是一个京剧迷，小时候也学过一些京剧唱段，看了《红灯记》之后我又成了现代京剧迷，迷上了样板戏。我女儿是在"文化大革命"中出生的，我给她取了个样板名字，叫"沙智红"，即《沙家浜》《智取威虎山》《红灯记》。当时全国一共只有八出样板戏，我让我女儿一人就占了三出，可见我对以《红灯记》为代表的样板戏的痴迷。

有什么样的时代就有什么样的戏剧，有什么样的戏剧就有什么样的观众。当年像我这样痴迷于样板戏特别是痴迷于《红灯记》的观众为数并不少。

吴怀尧　如果现在回头总结过往，您觉得最欣慰的是什么？

沙叶新　就是我这一生做了自己最喜欢做的事，写作，这是我最欣慰的。一个人一生能从事他最喜欢的工作，不是那么容易的。我年轻的时候就想当一名作家，但是那时候不知天高地厚，现在基本还算是吧，不是很有成就。另外，我每次转型都不错，先是戏剧创作，后来当院长，当院长至少没有成为贪官，清清白白上台，不带污点下台。

吴怀尧　在祝您早日康复的同时，我想问最后一个问题，您有没有孤独的时候？

沙叶新　我觉得社会越进步，社会越文明，孤独者应该越来越少，解决孤独的方法，包括药物也越多。

我之所以持这样的看法，可能是因为我这个人就不孤独。我有三不，一是从来不知道什么叫睡不着觉，挨着枕头就打呼；二是从来不知道什么叫胃口不好，精饲料、粗饲料都能吃；三是不知道什么叫生气，但总是惹别人生气。

不生气的人一般不太会孤独，他的人际关系好呀。我因为从小受宠爱，我的家庭也很和美，而且我的基因不是孤独型的，所以我不孤独。这真的和基因有关系。

有一次，我参加一个研究孤独的座谈会，主持人在采访我的时候说，她不信我不孤独，硬追着我问："沙先生，你想想看，你一定会有孤独的时候。"我想了半天，我说："有了，有了。"她很高兴我想起来了，问："什么时候？"我说1939年。"啊？在什么地方？"我说在妈妈的子宫里。在妈妈的肚子里那多孤独啊，关在里面十个月，没电灯，没电话，漆黑一片；养出来了，谁都不愿再回去，可见那是孤独之处，你说是不是？

韩寒

—— 后会有期 ——

比起那些企图用大嗓门压制世界的人，
让全世界都安静下来听你小声说话的人更可畏。

2014年3月28日星期五，晚上10点20分，三位警察封锁了浙江舟山武岭隧道入口，隧道内聚集了上百名年轻人，他们的"带头大哥"，是中国作家富豪榜常青树、国内顶级赛车冠军——三十二岁的韩寒。他自编自导的电影处女作《后会无期》，当晚在武岭隧道取景拍摄。

10点25分，工作人员发出号令："现场保持安静……开始！"韩寒戴着眼镜，在大监视器前正襟危坐，凝神观看。

10点35分，隧道内气温十四摄氏度，韩寒起身疾步走到女演员旁边，耳语般沟通细节，然后他说："再试一遍。"

29日0点46分，生活制片喊："放夜宵啦！"大家排队领取夜宵，韩寒回到车上查看手机信息。

凌晨1点，拍摄继续，寒气逼人。

凌晨3点10分，《后会无期》在武岭隧道的拍摄告一段落，离开前，我看见隧道内被剧组打扫得干干净净。

韩寒脚不沾地忙出白头发的生活，始于2014年2月14日情人节——那一天，他的电影《后会无期》在上海宣布开机。

由于剧组保持低调，没有召开开机新闻发布会，拍摄中婉拒全国各大媒体的探班，所以关于《后会无期》，人们只能从韩寒微博以及剧组官微中获知蛛丝马迹。

声名日隆，误解重重。

用这八个字来形容韩寒，应该很恰当。

自1999年至今，围绕这个出生于1982年的上海郊区的男孩，已经"出产"了太多太多的热点新闻。

从新概念作文大赛一战成名，到当赛车手拿冠军，再到以博客为阵地，就热点事件发表个性看法……韩寒，已经成为一种符号，符号的指向是"叛逆、个性、有见解"。

韩寒在变。熟悉韩寒的人感觉，他已悄悄收起锋芒，过上"主流"生活，鲜有小说问世，迎来孩子降生，搅局电影圈。

2014年的3月底，韩寒带领他的电影导演处女作《后会无期》的剧组，在浙江舟山桃花岛附近的沈家门东港紧张地拍摄。我和《华西都市报》文化记者张杰前往剧组探班。

3月28日到4月29日长达一个月期间，我在舟山和上海数次对话韩寒，这是韩寒以导演的身份，第一次全面谈论他的电影梦想、坚持与妥协、热爱与愤恨。

我曾经跨过山和大海 / 也穿过人山人海 / 我曾经像你像他 / 像那野草野花

——韩寒《平凡之路》

喜欢是所有事情的动力

吴怀尧　2014年1月6日,您在微博公布要拍电影《后会无期》;2月14日情人节,《后会无期》在上海宣布开机,现在拍摄过半。您不动如山,动如雷霆,我想这背后肯定有漫长的等待过程和力量积蓄,我特别好奇的是,您拍电影的根本动因是什么?

韩　寒　对我来说,所有事情的动力就是喜欢。不动如山的原因是时间非常地紧,没时间动。拍摄的原因很简单,就是想换一种表达方式。也许我自己的作品风格只有自己去表达才最舒服,我也最能明白自己要什么。

吴怀尧　听说《后会无期》中冒险、爱情、梦想、青春、励志元素,一个都不少,它究竟是一部什么样的电影?

韩　寒　如果有一部电影号称一个都不少,那有极大可能是一部烂片。事实上,好的电影往往都会有很多元素,但标榜自己有好多元素的电影,得小心。至于电影的内容,上映后自然见分晓。

吴怀尧　我从您的出版人路金波那里听说您拍电影,当时我就在想,以您的影响力,登高一呼,粉丝云集,它会不会像

《小时代》那样变成粉丝电影？还是您希望用一部电影跟世界谈谈？

韩　寒　其实每一个好的作者或者导演身后都会有粉丝，但靠粉丝的支撑是走不远的，会越来越式微，只有走出自己的小世界，甚至背弃那些所谓的粉丝，才能走得更远。我不拍给谁看，但希望自己能满意。我的满意点很高的，我满意的东西不会差。

吴怀尧　《后会无期》的片名好记好传播，更重要的是充满寓意，这是否意味着您在向公知形象告别，回到艺术的道路上来？还是对童年时的故乡、对逝去的朋友、对三十岁前的自己，一次回顾和总结？

韩　寒　未必，电影纯粹就是电影，我从几个想拍的故事里选择了一个好操作的。仅仅是这样。导演处女作，喜欢是一部分，但不要给自己设置太大难度也是一部分。不过后来发现，这部电影还是挺难拍的。

吴怀尧　您写文章时一直持续不断地挑战言论的边界，这次拍电影会一如既往吗？

韩　寒　事实上，这种功能应该交由杂文完成。小说和电影应该以叙事和情怀为大，一味承载批判，反而本末倒置，刻意且无味。有些故事，本身带有社会批判性，那将融入故事和人物的命运中，未尝不可；有些故事，本来就无关社会批判，你非要让主人公张嘴来几句，那就会弄巧成拙。

我自然希望环境越宽松越好。相信这是大势所趋，否则我一定会多写杂文继续批判。

没有百分之一百的完美

吴怀尧　通常电影开机，都会举办新闻发布会，五星酒店，鲜花美人，媒体云集，唯恐天下不知。《后会无期》开机的时候却打破行规，您直接跳过了这一步，这是为什么？

韩　寒　东西还没拍出来，不好意思这么干，等拍好以后吧。

吴怀尧　拍电影比您想象中简单还是复杂？作为一个没有深度实践知识的新导演，您如何跨越自身素质能力局限的鸿沟？

韩　寒　任何人都有能力的局限，扬长避短，举一反三，好问好学很重要。当然，此前要有一定的积累和基础，否则大家都会很累。你可以是新人，但你不能是零。

吴怀尧　《后会无期》的演员，包括台湾地区人气明星陈柏霖和陈乔恩，香港特区影视歌舞四栖明星钟汉良，冯绍峰、袁泉等内地影视明星，这些演员都是您挑选的吗？拍戏过程中，你们沟通顺畅吗？

韩　寒　演员永远是一部电影非常重要的议题，也是筹备期间最让人头大的事情。好在《后会无期》的演员都非常优秀，很快大家就可以看见他们出乎意料的表演。

吴怀尧　我目睹您为了电影中一个十五秒的镜头，前前后后拍了五个小时，从一楼到二楼有十五级台阶，陈柏霖走上走下近百次。您是个细节控、完美主义者吗？您希望每一个镜头都有看头，就像您写文章时追求每一个段落都能出彩？

韩　寒　那是个极端例子。过程中有很多其他的调度。电影和民主一样，看似是自由的表现，其实是妥协的过程。没有百分之一百的完美，但必须要在进度、质量中达成一个平衡。比如有一场戏，镜头量不小，本来是在一个凌晨，天色微亮，如果是小说，只要前面加几个字，观众就自动脑补了当时的气氛，但电影如果真要追求凌晨天光密度，那这场五分钟的戏甚至要拍两个多月。于是我不得不调整为"上午"，最终还是拍了五天。这就是妥协，但这是必要的。

我的气质比较奇怪

吴怀尧　张艺谋曾将莫言、苏童、余华等人的文学作品搬上银幕；冯小刚基本上就是跟着王朔和刘震云的小说跑；姜文的电影处女作《阳光灿烂的日子》和2010年的《让子弹飞》，也是改编自文学作品。您自己作为一名作家和导演，怎么看待文学和电影的关系？

韩　寒　电影是独立的艺术，但文学是大宗。如果看到其他人写得好的小说，我以后也会尝试去拍摄。

吴怀尧　除了给自己写剧本，您会给您喜欢的导演写剧本吗？如果有一个剧本是别人写的，您又特别喜欢，您会去拍吗？

韩　寒　会拍其他人写的剧本。但过程中应该有不少改动。我的气质比较奇怪，就和我写的小说一样，大家一眼就能看出来。至于给其他人写剧本，应该不会。

吴怀尧　据我所知，您比较喜欢1995年戛纳电影节金棕榈大奖电影《地下》，这部电影中蕴含对家乡命运的深刻思考；您在《后会无期》中，有场戏是在您老家亭林镇粮仓拍摄的，我听说您小时候在这个粮仓玩过，这是不是您对童年时代的一次回忆和对家乡的一次致敬？

韩　寒　我喜欢德国电影《他人的生活》，更克制，更隐忍，每个画面都有讲究。库斯图里卡的魔幻现实主义初看很新鲜，但也容易审美疲劳。把不可能在这个场景出现的东西置放到这个场景里，一两次可以，多了也烦，且没有根基。

　　　　我的那场戏在老家的粮仓拍摄基于三个原因，空间足够大，出风口好看，而且租金便宜，并没有对故乡的思念之情。因为这场戏连接的并不是我的家乡，而是其他的场景。还有一场戏是在我家乡拍摄的，是袁泉和绍峰的一场戏，大家可以在电影里看到。我个人非常非常喜欢这场戏。大浪淘沙，电影无数，这场戏会被留下。

吴怀尧　您喜欢的电影大师是谁？如果《后会无期》被这个大师看见，会不会忐忑？

韩　寒　我只有喜欢的电影，没有认定的导演。作为一部导演处女作，我觉得它是拿得出手的。我对作品的要求不会低。

吴怀尧　日本流行音乐殿堂级人物小林武史先生，为《后会无期》音乐制作担纲，这是他第一次选择与中国电影人合作——您是怎么说服他参与合作的？

韩　寒　制片人老方（方励）委托了日本的一个朋友去和小林洽谈，他听了故事，很感兴趣，来中国谈了一次，就确认了。他已将音乐的小样发来，非常好听。

吴怀尧　有些人只适合做生活中的朋友，有些人还可以做事业上的搭档。您和老方，合作得究竟怎么样？

韩　寒　我和老方很早就认识，他邀约我导演一部电影，我也正有此意，所以一拍即合。事实上，在他之前，也有人预定过，只是后来他们没有继续在这个行业工作。

老方是个老顽童，精力充沛，热爱电影。我在阵前冲锋拍片，他在北京忙碌一些后期工作人员的组织，我们分工明确，他对剧组很放心，几乎不用去片场，大家的合作都很顺利。

让全世界都安静下来

吴怀尧　徐峥拍《泰囧》，赵薇导《致青春》，他俩都是第一次当导演，从商业角度讲，这两部片子都大获成功，对于《后会无期》，您心里有票房期待吗？

韩　寒　不可能没有期待，但能收回投资，我就满足。

吴怀尧　人们习惯性把电影分为商业片和艺术片，前者票房为王，后者获奖至上，您怎么看待商业片和艺术片？

韩　寒　我现在或者未来会努力争取把它们合一，我相信好的电影具备这样的魅力。但无论商业还是艺术，我最愤恨的，是没有亮点的、看不见才华的电影。

吴怀尧　关于电影《后会无期》，您能不能告诉我一个从来没有告诉过其他人的秘密？

韩　寒　嗯，我发现我最喜欢吃剧组盒饭。

吴怀尧　英雄起于草莽，话语就是权力。您出道时年仅十七岁，无权无势又年轻，通过写作获得巨大影响力，投身赛车成为顶级冠军，现在开始当导演拍电影——是什么力量支持您一直追寻梦想？您最迷茫最难熬的时候是什么阶段？

韩　寒　一开始是争一口气，后来发现，世界上没那么多人在乎你，所有努力，还都是为了自己，为了做自己喜欢的事情的乐趣。有很多迷茫难熬的时刻，但大家都会有，也没有什么可矫情和诉苦的，至少我开着好车，出门住好的酒店，已经比很多人开心了。

吴怀尧　相比写作和赛车，拍电影是一个团队活，每天眼睛一睁，作出一个决定，就有几百人开始行动。您这个剧组也算一个组织了，作为领导者，您如何带团队？

韩　寒　结果就是一切。结果好，一切决定和改动都是合理的、恰当的、英明的；结果不好，再合理的计划都是死板的、不灵活的、愚蠢的。虽然现实，但这是事实。

吴怀尧　每次您在微博晒女儿照片，一大波"女婿"就会靠近，身为网友眼中的"国民岳父"，您的岳父关心您的电影进展吗？

韩　寒　我的岳父很关心我，但他更关心中国足球和中超联赛。很难找到一个这么关注国足和中超联赛，始终不离不弃的人了。这充分说明我的岳父温厚善良。

吴怀尧　您出门前有照镜子的习惯吗？您现在有白头发了，您留意到了吗？

韩　寒　没有。我不在乎那些。我只确保裤子拉链拉上了。现阶段睡眠时间很少，也没时间操心这些了。

吴怀尧　我读您的博文，发现您以前写文章，或是跟人打笔仗，往往想驳倒别人的观点；您近两年的文章有了明显变化：先包容别人的观点，再提出自己的观点，是什么让您有所改变？

韩　寒　比起驳斥与对立，宽容与妥协更可贵。适当的妥协不是委屈自己或者所谓屄，而是使事情的发展更容易接近你的目标。除非你就喜欢姿态与腔调。就像导演工作，很多人觉得所谓导演，就是在现场指挥这个，指挥那个，是权力的象征，很爽。其实不是这样。我几乎不指挥来指挥去，甚至不会大声说话。人要通过很多的努力，让自己更加厉害，比起那些企图用大嗓门压制世界的人，让全世界都安静下来听你小声说话的人更可畏。

吴怀尧　现在这个问题，和我们都有关系——中国作家富豪榜自2006年诞生至今，从一开始备受争议到现在获得广泛认同，我清晰地记得，您是第一位站出来承认自己的版税收入和作家富豪榜数据八九不离十的上榜作家，现在当导演了，您以后出书的速度会不会放慢？对于写作致富这个现象，您怎么看？

韩　寒　写作就应该致富，中国有这么多人口，作家得到的还不够多。这几年我忙于其他，暂时退出争夺，其他朋友请努力。

吴怀尧　期待您与作家榜榜首后会有期。再问一个关于《后会无期》的问题，它会按照您预期的时间上映吗？

韩　寒　我们的电影是现场同期剪辑的，希望可以在年内上映。电影将会在5月杀青。现在连我自己都不好说。无论早,或者晚,我都会把它的质量控制到位。但我不觉得剪辑一剪一两年是对质量负责,这只能说明导演没想明白。我非常明白自己要的东西,也舍得做减法,效率应该会挺高。具体档期,拍完以后再决定。

吴怀尧　档期确定后,请第一时间告诉我,我买票去看。
韩　寒　OK,谢谢。

吴怀尧　您的英文不错。
韩　寒　Yes.

何三坡

—— 诗意人生 ——

美好的东西是稀缺的,它注定只属于有限的少数人。

"风一起,燕山青;风一歇,燕山蓝。"

何三坡的朋友圈,有一句他自己的诗歌。

他这一段不住北京燕山,暂住上海松江,松江古称云间,是西晋诗人陆机、陆云的家乡。这里还是苏东坡、董其昌的淹留之地。

我们相约在松江泰晤士小镇的一座咖啡厅见面。他头戴礼帽,一袭黑衣,言谈举止温文尔雅,眼神清澈宛如孩童,仿佛误入闹市的一只乌鸦或者喜鹊。

何三坡进入大众视野始于2007年,当时,针对国学家季羡林作品《生命沉思录》中"新诗很失败""孔教该成国教"等观点,何三坡公开发文"炮轰"季羡林"一直在说昏话,不如一只青蛙",引来万民谩骂;时隔一年,他的诗集《灰喜鹊》出版,定价高达九十八元,此事经媒体报道和网络发酵,再次引发热议,有评论称《灰喜鹊》是"史上最牛诗集",也有人质疑何三坡哗众取宠炒作新书。

《云南日报》对何三坡的报道标题是"何三坡语言尖刻，吓倒记者！""采访中，各种观点像刀片一样飞来"。

何三坡，1964年生于贵州。土家族人。1991年毕业于解放军艺术学院文学系。组诗《木刻师鲁迅》获丁玲文学奖，诗集《灰喜鹊》获徐志摩诗歌奖，小说《挎一篮粽子出夜郎》入选《中国先锋小说20家》。隐居北京燕山十年，下山后，自编自导电影作品《星空》《离骚》。

在外界看来，何三坡金刚怒目；在亲友眼中，何三坡菩萨低眉。我与他相识多年，每次相谈，都有娓娓忘倦之感。

野马会返回黑夜，人类会返回尘埃/海的巨浪会返回云的悠闲/参天的古树会返回鸟嘴里的种子/细碎的喊声/爱与恨会返回陌路/消失的会返回永恒/春天的丰饶会返回夏夜的风/深秋的朗月会返回寒冬的寂静/天地把沉默的美/返回了每一年，每个月，每一天以及它的每一瞬/如同宇宙会返回神灵的一个梦/浊世加诸于你的苦酒，终究会返回一首清澈的诗篇

——何三坡《清澈的诗篇》

在艺术上，诗人是救世主

吴怀尧　我知道您拍完了两部电影短片，您是个诗人，而且年过半百，为什么要拍电影？

何三坡　做过一个梦，所有的人都在满地撒尿，乱扔垃圾，一个叫鲁迅的蹲在黑屋子里大声呐喊生闷气，而沈从文老师带着几个孩子在垃圾上种花种树，树上有一朵巨大的白云。我问沈从文老师，孩子是谁？沈从文老师告诉我，他们是诗人。我知道这是诗人应该做的事情。

阿巴斯会让人爱上电影，塔可夫斯基的每一部电影都是优美的诗篇，安哲罗普洛斯会让我原谅世界的丑陋与无情，而每个有头脑的观众都不会嫌弃花白头发的宫崎骏。他们都是诗人，他们都在拯救电影，如果没有诗人，电影就会愈来愈世故恶俗，让人讨厌。

吴怀尧　但拍电影就像一场战争，您还得带着百十号人打上几十天，胜负难料不说，和写一首诗的难度不可同日而语，您电影拍完后是否想过重新回到写作的道路上来？

何三坡　这是我年轻时梦想又畏惧的事，许多年一直在犹疑中，导演毕赣给了我积极有益的影响。他是个好诗人，那么年轻就拍出了《路边野餐》那样的电影，百年难遇的电影，让人欢喜又鼓舞的电影。

拍电影当然危险又艰难，开拍前总是如临深渊，但我爱艰难的事物，每只鸟都很艰难，尤其在大风里，但飞翔多美。如果世界允许，我会一直飞下去。还有，按照宇宙平衡法则，我多拍一部电影，世界就多一朵花，多一片云，而那些不学无术的人就会少一次制造垃圾的机会。

吴怀尧　我曾听您说，诗歌是宫殿，修筑过宫殿的人可以盖好任何房子。您坚信诗人可以做好一切事吗？

何三坡　在世俗生活里，诗人几乎是失败的代名词，但在艺术上，诗人是救世主。前几天在读王尔德，想起他悲惨的生活还止不住老泪纵横。生活中，他遭遇的任何一个商人与贵族都比他过得好一万倍，但时间证明那些人都变作尘埃，埋进了更深的尘埃，但王尔德们不会死，他们永远活了下来。你一定记得王尔德说过的话：人们躺在阴沟里，总有人在仰望星空。

有三种人蔑视诗歌

吴怀尧　在很多实用主义者看来，诗歌既不能当饭吃，也不能做下酒菜，无非是一些文人墨客的词语拼贴游戏而已。在您看来，诗歌究竟是什么？它的意义体现在哪里？

何三坡　诗歌是河流散漫，是野草蔓延，它高贵又自由，一直在大地上摇曳、奔涌，生生不息。如果生活止于饭菜，止于苟活，就看不出人类与一头猪的差距在哪里。

几千年来，诗歌是中国人的宗教，这么一个泱泱大国，靠的就是这把来自天空的扫帚来扫却它心头的尘土。否则，阴谋与杀戮，各种肮脏的事物将会像漫天飞沙挡住我们的视野，我们的生民将身陷卑污，无法知道美为何物。

从古至今，我们的文人墨客就与词语待在一起，词语岂止是拼贴游戏？它是最神性的谜语。有史以来，万物都靠词语命名。如果没有词语，我们全都是哑巴。它是照亮心灵的伟大事物，是打开世界的秘密钥匙。

在这个世上，热爱诗歌的人是有福的，他们会理解活着的真义，会怀着美好度过一生。他们可能在尘世就能入天堂，抑或，在命运的拐角处遇见天使。有三种人蔑视诗歌，他们分别是：白痴、暴发户、给皇帝抬大轿的人。他们活着时是尘土，死后，仍然是尘土。

吴怀尧　您有十多年隐遁燕山，每天和清风明月为伴，与山水鸟兽为邻，您有足够的时间享受诗意之美，但这种生活于大多数人来说，可望而不可即，在嘈杂、机械、忙乱的都市生活中，诗歌对于大众的意义体现在哪里？

何三坡　我看过一部德国的名叫《窃听风暴》的电影，它温暖、荒诞而讽喻。其中有这样一个细节，一个政府特工受上级指派，负责监视一个诗人的行踪。一次他因为读到这个诗人的诗歌而深受震撼，这是布莱希特的一首诗，诗歌是这样写的：初秋九月的每一天都是蓝色的／年轻、挺拔的树向上伸展着／就像爱情一样茂盛生长／我们头顶美丽干净的天空／一朵云慢慢移动／它是那样洁白无瑕／而只要你从心底相信／它就会一直在你身边。

特工读完这首诗歌，感动莫名，并在陡然之间，恢复了人性。我想说的是，无论我们身在何时，身居何处，做着何种营生，都有一万种理由去接近诗歌，都可以去发现美好，并让我们的内心变得幸福。

吴怀尧　2008年6月，您的诗集《灰喜鹊》出版，被誉为陶潜田园诗的现代版，我记得当时有业内人士发表评论文章称："只有何三坡，肯向燕山上那些美丽的动物和花花草草致敬，主动与它们成为知己，并被它们的卑微和快乐打动……"我很好奇是什么力量促使您如此热爱诗歌？

何三坡　我们生活在一个最实用主义的时代，一个赞美工业而践踏自然的时代，一个聪明而不美好的时代，一个神造的东西日渐稀少、人造的东西日渐增多的时代。在这样一个时代，诗歌受到羞辱理所当然，我不惊讶、不愤懑。我愿意像陶潜和梭罗一样站在花草一边，鸟兽一边，云朵一边，站在受侮辱和受损害者一边，站在疯狂的掠夺者的反面，申述那些正在大面积消逝的田园之美、自然之美。我知道，唯有这样的美，才能拯救我们日益贪婪的灵魂。

在工业革命以来的短短一百多年里，相信每一个关注自然与熟知乡村的人，都会惊奇地目睹这样一个事实：我们的自然环境正在经历着它的沧海桑田，经历着它前所未有的痛苦的巨变。与其说我热爱诗歌，不如说我热爱山川之美，这些一去不返的伟大的美，让我疼惜、流连。我希望用我的写作来提醒人们：在背离自然，追求繁荣的道路上，走得愈远，就愈愚蠢。

吴怀尧　在您的诗集封底，我看到诗人莫妮卡的一句话："我唯一担心的是，当今的中国已没有欣赏它们的心境与教养了。"这句话振聋发聩又让人伤怀，您认为当今中国，还有欣赏诗歌的心境与教养吗？作为诗人，您怎样面对自己的命运？

何三坡　在这个广大的世界上，美好的东西总是稀缺的，它注定只属于有限的少数人。我并不伤感。

记得有年夏天，我领取了一个独立诗歌奖，在发言中，我表达过对诗歌命运的见解。我愿意给你再说一遍：在一个诗歌备遭羞辱的时代，我不觉得做诗人是羞耻的。即便没有了菊花，没有了酒，只要还有明月，我就会喜悦，就不会羞愧。我愿意像一只喜鹊，哼着小曲度过这缓慢的一生。

连诗歌都不懂的人，就没文化

吴怀尧　在您年轻时代，几乎寂寂无名，年过不惑，却突然名闻坊间，这种境况与写《尘埃落定》的作家阿来的境况差不多，您如何看待这种转变？

何三坡　我年轻时无心功名，由于一个特别的原因，几乎整整二十年，拒绝在任何公开刊物上发表作品，因为互联网上的一个博客，这一切都被打破了。

我说过，互联网带来了艺术创作中最宝贵的种子：广阔的自由。我看到了它的燎原之火在随风蔓延，给黑夜漫游的人们带来了无边的道路。我有足够的理由相信它。

吴怀尧　1978年，诗人北岛和芒克创办民间诗歌刊物《今天》，高举诗歌理想的旗帜，推出了一批优秀诗人的作品，如北岛、杨炼、顾城、舒婷、芒克、严力等，并且引发了诗歌界乃至整个文学界的一次历时数年声势浩大的关于"朦胧诗"的论争。您如何评价《今天》对于中国当代文学的意义？

何三坡　《今天》杂志的创办带来了中国文学的又一次启蒙，它的意义之大，完全可以与新文化运动相媲美，它对于汉语，有着起死回生的贡献。芒克作为《今天》的创办者，六十岁寿辰时，在三里屯黄轲的酒吧，我专程去向他老人家致敬。在他放声高歌的那一瞬间，我想起诗人吕德安的句子：像过冬的梅花／他的头发已经全白／但近乎一种灵魂／让人肃然起敬。我看到人们争相朗诵他的诗篇，几乎所有的人都喝醉了，都由衷地热爱他。而在北京老故事酒吧，帕米尔国际诗歌颁奖典礼上，北岛妻子甘琦在北岛的答谢词中有这样一句话让我印象殊深："我们至少做了一件事，恢复了汉语的自由与尊严。"

吴怀尧　1999年，王朔、阿城、丁天、马原、徐星、陈村等国内著名作家开了一个笔会，讨论"这个年代还有没有诗意"，整个讨论过程构成了一部电影的纪录部分。我想问您同样的话题，您觉得"这个年代还有没有诗意"？

何三坡　一个人无法选择他的家国、他的性别、他的传统、他所身处的时代，但他可以选择他的快乐与幸福，他的友谊与爱情，他的喜悦与悲伤，他的高贵与卑俗，他的智慧与愚蠢。苏东坡说，耳得之而为声，目遇之而成色。天空就在头顶，月光就在窗前，诗意无处不在，无时不在，只是可怜的人们看不见它。

吴怀尧　据我所知，您所喜欢的一些作家，比如鲁迅、沈从文、木心、王小波、张万新，都有过写诗的经历，您觉得会写诗的作家和不会写诗的作家，他们的文学作品差别在哪里？对于那些不会写诗也不愿意读诗的作家，您对他们有什么建议吗？

何三坡　我喜欢的中国作家，还应该补上曹雪芹，两百多年前，这个旷世天才因为诗才盖世却无人赏识，决计写一本畅销书，希望借此让自己的诗歌永世流传，伟大的《红楼梦》由此得以诞生。结果，人们却因着迷于他编排的这个故事而忽略了他的写作初衷。我相信如果他老人家地下有知，一定会流下心酸的泪水。

我固执地以为，世上只有一种作家：会写诗的作家，因为只有把诗歌写好的人，才配去做作家。而不会写诗也不愿读诗的人，只配叫写字师傅，他们"钱"途更广阔、更光明，但我不认为他们是作家。我以为，连诗歌都不懂的人，就没文化。

诗人是世界的光辉

吴怀尧　您有阅读文学刊物的习惯吗？您觉得这些刊物对文学是否起到推动作用？

何三坡　有一年春天，我与同学阎连科相约在三联韬奋中心碰头，因为提前赶到了，趁闲翻看了几乎所有的文学杂志。差不多二十年没看过杂志了，仿佛旧爱重逢，很兴奋，握手，寒暄，寒暄后的感想是：这么面目憔悴了，怎么敢出来晃荡呢？真是太大胆了。

当时我在想，光天化日下的文学杂志是如此不堪，是谁的灾难？灾难与编辑相关。当所有的编辑都迷信名气与资历的时候，文学差不多就完蛋了。

吴怀尧　学术大师陈寅恪强调"独立之精神，自由之思想"，您能否谈谈您对这句话的理解？

何三坡　在波斯大诗人萨迪的《花园》中，有这样一段话，基本上能代表我对自由独立的理解——人们问一位智者："为什么在上帝种植美树的高大华盖中，除了柏树，没有一枝是自由的？智者回答，任何事物都有自己的时令，符合时令则茂盛开花，不符合时令便干枯萎谢；柏树不在此列，它永远苍翠，永远独立，永远自由，因为它的内心,从不依赖于外在的事物。"比起其他人来,诗人是一株柏树,更容易忠实于他们的内心。

吴怀尧　您喜欢的诗人有哪些?请您说说喜欢他们的理由。

何三坡　我喜欢的诗人太多,不胜枚举,我随口说说吧。

死去的有:陶潜,王维,苏东坡,纳兰性德,雅姆,梭罗,布莱希特;活着的有:斯耐德,勃莱,钟鸣,杨键。像面对一只鸟、一朵云、一颗星星,你喜欢它们却说不出缘由。

我喜欢梭罗的说法:时间是供我垂钓的河。我从中汲水,却同时发现了河底的淤沙,意识到它是如何清浅。它涓细的脉流漫过,但留下了永恒。我愿意啜饮更深的溪水;那就在天空中垂钓吧,天空的河底都是星辰做成的卵石。

吴怀尧　写诗是不是诗人的专利?

何三坡　一个好诗人不写诗也可以,同样一个写诗的未必是诗人。这样一来,你就很容易明白诗歌与诗人的关系了。另外,我不想夸大诗人与普通人的区别,但卡莱尔说:"诗人是世界的光辉。"对此我没有异见。

说话是看客的权利

吴怀尧　我知道您一度在燕山过着与世隔绝的生活,偶有接受媒体采访,因观点令人耳目一新,多次引起网友热议,甚至被指哗众取宠,对此您怎么看?

何三坡　我其实都做了几十年的看客了,一直是沉默的大多数,不太喜欢发言。实在是看不下去,才说几句。这就是初衷。说话应该是每个看客的权利哦。这个说话的效果,非我能知。

就像在夜晚擦根火柴比白天明亮一样,在谎话成堆的地方,真话的声音可能就格外刺耳。至于说到哗众取宠,我不知道这个"众"是谁,我"哗"他们有什么用。更不知道他们"宠"我干什么。

吴怀尧　"人非圣贤,孰能无过",看到别人说了几句错话,一笑而过也是一种态度,您为什么选择口诛笔伐?

何三坡　一个网民说昏话情有可原,一个知识分子说昏话就不能谅解。一个德高望重的人,在儒家那里就应该是君子了。孔子说:君子于其言,无所苟而已矣。说的是一个正人君子应该言行谨慎,而不能胡乱说。

吴怀尧　关于新诗的争论是个"历史问题",您认为要理解新诗的关键是什么?

何三坡　我曾跟吴冠中先生聊天,他说过这样一句话我记忆犹新,他说中国人缺乏的不是知识,而是审美。知识很好学,花点时间就可以了。审美就太要命了,它需要的是天才、阅历、艺术修养与情趣,这是天生的缺陷,就不是一代人可以解决的。有关新诗的论争,确实由来已久,几乎从新文化运动之初就沸沸扬扬,胡适与刘半农的白话诗遭到穆木天猛烈的诘难,北岛与顾城的朦胧诗受到臧克家的愤怒指责。然而,时间已经证明,任何对新诗的责难都是螳臂当车,都不能阻止它的一往无前,都不能遮蔽它的滔天巨浪。

吴怀尧　您不介意我叫您"毒舌诗人"吧?

何三坡　喜欢给我戴什么帽子都可以,今天戴诗人的帽子、评论家的帽子,明天给我戴一顶导演帽子,后天我可能摇身一变,戴上了一顶研究《金瓶梅》学问家的帽子呢。这都说不定,谁知道呢。它们就是帽子而已。我不觉得是紧箍咒,没觉得头疼。

吴怀尧　我听说,您曾经在清华大学讲过文学课?

何三坡　差不多快二十年前的事了,是受蓝棣之先生的邀请去给文学院讲先锋文学，我印象最深的是，一个学习现代诗歌的博士真诚又痛苦地告诉我，他完全读不懂任何一首海子的诗歌。

吴怀尧 百年来，写过河流的作家屈指可数，其中有两个人写过酉水：一个是沈从文，一个是张万新。我知道，您很推崇沈从文的《边城》和张万新的《马口鱼》，您认为他们的作品究竟好在哪里？

何三坡 同样的一条河，不一样的奇观。这在世界文学史上也是罕见的。沈从文的《边城》是天真的歌谣。乡野的仁厚，人性的纯良，生命的自然本真，都在这温婉纯净的曲子中唱尽了。张万新的《马口鱼》是悲伤的喜剧，在这出喜剧里，我们目击了死神，也目击了一个欢天喜地的生命。

不一样的地方还有很多：沈从文写的是少女的情窦初开，张万新说的是光棍的从生到死；沈从文写的是桃花源里的安详岁月，张万新说的是乱世里的奇特人生；沈从文写的是本真生命的怜惜，张万新说的是活泼生命的震惊；沈从文用的是八十年前的湘西汉语，雅致、舒缓，张万新用的是酉阳土话，俏皮、野性。

沈从文说自己的写作是基于乡土农人不可言说的温爱之情；张万新的写作是出于对一个美国作家斯蒂芬·克莱

恩的《海上扁舟》的赞赏，他希望用故乡的一条河流来向这个美国佬做一次遥远的致敬。它们都表达出了汉语的美与尊严，它们有一流文学的美。

吴怀尧　一流文学是否有它的标准？如果有，是什么？

何三坡　这涉及艺术审美。通常，中国人认为审美可分为艳俗美、含蓄美、矫情美、病态美；西方人认为可分为自然美、人生美、理智美、诗意美。这都是一些古典的说法，我更喜欢海德格尔的说法：艺术是比喻和象征。这应该是一切文学的最高标准。

吴怀尧　在您的阅读经历中，有没有一开始不以为然，但过了数年再看，如逢故交知己的作品？请举两个实例，并说一说这种转变发生的原因。

何三坡　我三十岁前读梭罗的《瓦尔登湖》昏昏欲睡，四十岁重读却惊喜连连。木心先生的情况更是一个奇迹，半个世纪以来，没有人知道这个人，也几乎看不见他的只言片语，因为陈丹青不遗余力地举荐，我们才有机会看见他。《新唐书》中说的沧海遗珠，就是这个意思了吧。陈丹青实在是做了一件功德无量的事情，这是文学史上动人的一幕。

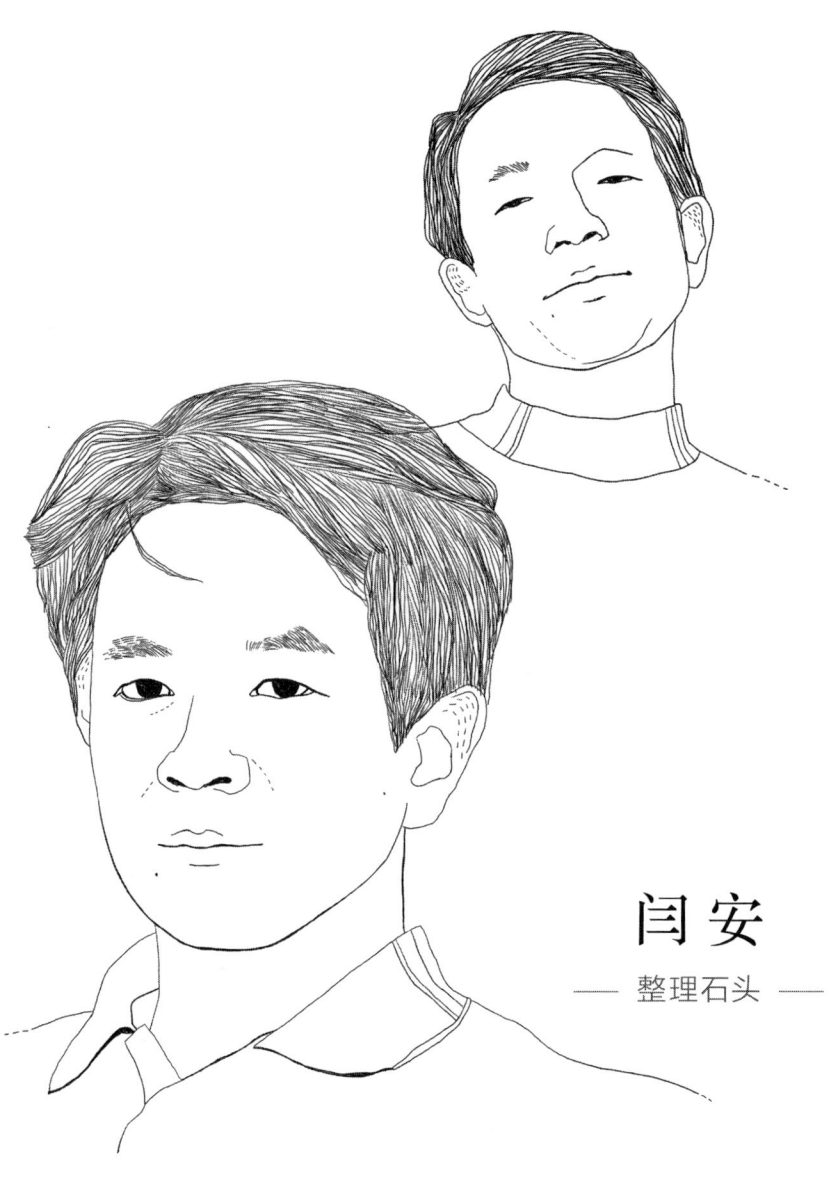

闫安

—— 整理石头 ——

故乡？现代人还有故乡吗？
所有的人都成了异乡人。

一次偶然的机会，我从朋友处看到一本被翻烂了的诗集，诗集名为《玩具城》，作者阎安，陕西诗人。

在我印象中，陕西文坛的代表作家是陈忠实、贾平凹、路遥。阎安是谁，从未听闻。但是看他的诗歌，我莫名其妙想到了卡夫卡。没有大众知名度的作家，如果没有突发事件，通常鲜少有人关注。我找到他的联系方式，直接拨打过去。

电话那头，传来阎安低沉浑厚的声音。我做了简单的自我介绍，我说："我想和您当面聊一聊。"当时阎安生活工作都在延安，我人在北京，两人相隔千里，素昧平生。

阎安答应后，我当天就订了飞往西安的机票，然后从西安换乘大巴车，历时五个多小时，终于抵达革命圣地延安。在此之前，我从未踏足大西北。

端坐办公室的阎安，身边遍布大大小小的石头狮子，他目光犀利，看上去就像这群石头狮子的王。

阎安，1965年生于陕西延安乡村。早年就读于延安大学，毕业后曾从事教育工作。他写作范围广泛，涉及诗歌、随笔、小说等各种文体，手稿札记超过一千万字。先后出版作品《与蜘蛛同在的大地》《乌鸦掠过老城上空》《境况》《鱼王》《玩具城》等。

当现在多数写诗的人已不读《诗经》，当本民族语言的内涵和弹性失传般地漫失，阎安依然在埋头写作。

他偏安一隅，无门无派，远离文坛的是是非非，远离各种时尚化归类，在高原之上，"风向标和细长的飞鸟驻留的地方"（阎安《故乡》），默默地书写着自己独特的文本。

在大量阅读他的手稿和出版过的作品后，我们开始了这场漫长的对话，其间聊到某些话题，或许勾起了他对往事的回忆，阎安突然泪如泉涌，我静静等待，直到他心情平复，才重启话端。

当时我们都没有料到，在此次谈话结束后的数年内，阎安先后获得《诗选刊》年度十佳诗人奖、两岸诗会桂冠诗人奖、第六届鲁迅文学奖，出任陕西省作家协会副主席，和贾平凹搭档负责知名文学期刊《延河》，贾平凹是主编，他是执行主编。

我说的是今年的春天 / 雨水好花也开得好 / 花开得真好 / 没有名声的花也开得远近闻名 / 啊呀！雨水真好 / 花真好

——阎安《春天》

偷书贼

吴怀尧 西斯·诺特波姆有一个很妙的比喻,"记忆就像一条狗,躺在它怡然自得的地方"。现在能否让这条狗自由奔跑起来？谈谈您的童年生活和家庭背景吧。

阎　安 这是我写作中一直在回避的问题，今天可以和你好好聊聊。

1969年隆冬季节，由于家庭变故，我被在青海棉纺织厂工作的大姨带去西宁寄养，那年我5岁。当时交通恶劣，从我所在的小县到西安全是土路和沙砾路，只能乘大卡车前去。走出陕北据说用了整整七天时间，一路上生离死别的哭泣，试图跳车逃回母亲身边的举动所引发的脾气暴躁的大姨的多次殴打，悲伤和严寒，使我几天后就处于昏昏沉沉的状态。

赶到西安后，我的脚、手、眼睛和耳朵全部冻肿了，脸部和耳朵出现发炎的伤口和脓水。我大姨大概觉得如果再这样下去，半个月后她带往西宁的我可能就是一个冻死的孩子，于是她不知从什么地方托人搞了一张羊皮，给我做了鞋套、手套和头套。从西安到西宁，我处于半昏迷状态，现在都不知道是怎么去的。

我在西宁上完小学，1976年春上回到陕北，奇怪的是在回来的路上，由于搭乘了厢式军用卡车，沿途所经之地同样没有给我留下任何印象。由于就近的地方没有初中，回来后我在陕北乡村老家又闲逛了一年。

在青海和陕北老家之间有一种巨大的、内在的落差，我想我很早就意识到这种落差，那是少年时代一种弥漫内心的无名而疼痛的悲伤。回陕北老家后，从工厂到乡村我其实很长时间无法适应。我好像一直在家之外，在故乡之外，也不太合群，喜欢独来独往地在边缘状态生活。这使我有机会观察人之外的带有神秘倾向的北方自然世界，并与之对话。我养成了眺望、遐想和独自追踪具有秘密倾向的事物的习惯。

吴怀尧　那您是什么时候开始阅读的呢？最初读的什么类型的书？它们对您产生怎样的影响？

阎　安　我的阅读从八岁开始。我几乎每天都去青海棉纺厂职工阅览室找书看。那个时代也没有什么好书，我是见什么读什么，像《金光大道》《林海雪原》甚至《西沙儿女》之类的书也反复读过。青海的阅读，印象比较深的是《聊斋志异》的一个白话读本，《钢铁是怎样炼成的》和高尔基的童年三部曲。

回陕北后，几乎就没书看了。一个偶然的机会，我发现村里一个北京知青藏书很多，他比较邋遢，白天尿盆都不下炕，我们俩一拍即合。为了看他的书，我没少为他干那种偷鸡摸狗、摘枣扭瓜的事情。在他那儿我开始大量接触外国文学，有《大卫·科波菲尔》《简·爱》《战争与和平》《叶塞宁诗选》《普希金诗选》《莱蒙托夫诗选》等。

这段阅读经历对我影响很大，我变成了一个没有阅读就会坐立不安、丧魂失魄的人。

吴怀尧　当我还是学生的时候，满世界找书看是常有的事，您有没有类似的经历？

阎　安　上初中时我干过一件荒唐事。某年暑假，我和我弟弟趁学校没人，撬门拧锁将学校仅有的一百多本图书偷出来，原打算暑假将书读完，开学前再原样送回去。为了不引起注意，我们把书藏在山上由山洪冲出的暗洞里，给自己定了每天阅读三到五本书的计划。没料到几天后一场大暴雨使山洪暴发，那一百多本书全让山洪冲走了。我记得暴雨停后，我站在山洞前，泥浆四溢却不见书的踪影，一个人低声哭了很久。我还沿着山底下沟谷里洪水经过的河床寻觅了很久，希望在淤泥中能找到一两本书，但是没有找到。更没料到开学后不久，学校不知道怎么经过一番调查知道了我们偷书的事，惩罚我的方法就是每天放学时让我在全校师生面前罚站。

这个事情当时非常严重，如果不是当村支书的父亲正好是学校贫管会主任的话，我们兄弟俩就要被学校开除了。但是耻辱是免不了啦，耻辱的阴影笼罩了我的整个初中生涯。

吴怀尧　我发现，在您的诗歌中，经常出现鸟与石头的形象，有时不是以文字的形式直接出现，而是在整首诗的气息中隐藏、弥漫。这与您的经历和成长遭遇是否构成一种内在相互依托的关系？

阎　安　在我的诗歌中，除了鸟和石头之外，还有一个更根基性的形象经常出现：蜘蛛。尽管它出现的频率并不高，出现的方式也很简约，但它非常重要，我试图通过它改变诗歌在时间和词语世界的呼吸方式。显然我诗中的蜘蛛所表达的不是西方文化那种生命探险际遇中的怪物，而是通过中国文化内在的观照力对于事物和世界的慈祥而雍容的打开和延伸。

在我的生命直觉里，我一直认为鸟比人古老，蜘蛛比鸟古老，石头比蜘蛛古老（当然也许它们同样古老），如果从另一个角度去看，它们的存在比人有更为巨大的潜在能量和活力，蜘蛛、鸟和石头都存在某种内在边界或者预示着某种现实的可能性，它们可以在人和世界关系的一个结构中可视地呈现出来，但它们永远是启示性的存在，是神秘的，也是神性的，它们更多的方面对人类几乎是不可知的。

我出生并长久地生活在中国的北方。我一直认为这里也是世界的北方，所谓的地球上的高纬度区位，人比较容易抛弃个人恩怨的地方，正是人类文明最早产生并注定要经历沧桑剧变的地方。是的，我的经历，尤其是少年成长时代的遭遇，现在我知道是它们帮助我建立了这种具有天赋般诗性倾向的生命直觉体系。让我刻骨铭心的是，我的个体生命的历程仿佛着了魔似的成了文明及劫难的又一次映射。在我的北方，任何时候，在那些随处可见的从史前期留存下来的自然场景中，我随便拿起一块石头，都能发现它们比"四书""五经"更古老，我由此能更加深切、更加真实地感受到"四书""五经"这类东西的魅力，并为之倾倒。

吴怀尧　闲暇时，您喜欢看电影听歌吗？这几天我翻阅了几期《延安文学》，发现上面没有摄影作品的踪迹。您心目中的艺术是什么？您觉得摄影能成为艺术吗？除了影像记录之外，它能否由技术上升为语言，从技术中独立出来？哈哈，声明下，作者近照在我的观念中是不算摄影作品的。

阎　安　看欧美经典大片和纪实电影，不听歌但听音乐。你翻的是《延安文学》"陕西作家作品"专号，不是它一贯的样子。素常的《延安文学》是把以美术为主的影像艺术和形式设计放在和文字作品同等的重要地位上做的，它是美术、设计和文字作品三个独立要素之间结构搭配的统一，以此来强调现代感及其立场。我们的原则是：现代就是形式大于内容的时代，如果离开了形式，现代就不存在。

天才的艺术家可以把一切事情弄成艺术，当然包括摄影在内。摄影和摄影艺术的区别就是：它（从技术开始的摄影）给我们提供了信息，它就是摄影，它给我们提供了想象，它就是艺术；它给我们提供了进入事物内部的冲动和方式，那么它就是艺术；它把小的事物变大还让我们信以为真并记住其特征，它就是艺术；它把大的事物从一种关系中、结构中下降为小的事物，使其散发出精神气质和精神力量，那么它仍然是艺术。

总而言之，摄影的艺术性就是它可以完全改变事物的影像性质，让事物超越了其本身。

我想到了一个也许已经有失斯文的极端的表达：艺术家的苍蝇是艺术，它跟尘世的苍蝇不同。

不孝子

吴怀尧　在我们的生活中，父亲通常扮演着崇山峻岭般的角色，但终有一天，儿子会长大成人，翻山越岭。在您的很多作品中都出现"父亲"一词，您父亲是一个什么样的人？

阎　安　我早期诗歌中"父亲"这个词经常出现，但是后来慢慢消失了，被诗中的某种人称或者无人称的视境所替代。刚才聊的我早年的家庭变故，就是父亲蒙冤坐牢了，所以在我成长的关键时期父亲是不在场的，我自己承担了一切。我父亲这个人我一直觉得他有点冷，就是生不逢时的那种冷，这跟我们家族的命运有关。我爷爷弟兄四人，当年有三个都是主动跑出去扛枪干革命的，后来有两个战死疆场，我爷爷得以幸存是因为1935年他得了肺结核后退伍回家了。我有两位舅爷辈的亲戚都是当年西北革命中谢子长、刘志丹手下的得力干将，中华人民共和国成立后都做到了将军级别，其中的一位如果不是因为受高岗事件牵连，至少可以做到大将级别。就是说整个我们家族的人都有种血性偾张的状态，不管胜任不胜任，他们一有机会就要参与那种分解或者建构一个社会的大事情，我想我父亲骨子里面有这种东西，他大概觉得他本来也能干大事的，但偏偏又这么倒霉，所以脾气暴躁的程度不可思议。

吴怀尧　您和您父亲关系如何？是多年父子成兄弟，还是历经风波感慨多？他对您的影响体现在哪些方面？

阎　安　从初中到高中甚至上大学后有一段时间，我跟父亲的关系非常紧张。我从青海一回来就开始反抗父亲了，我敢于挑战他的权威，有几次我们甚至发展到了动手的地步。

这样以后，我父亲就尽量不再与我正面冲突，有时候他动了火要打骂母亲和其他兄弟姊妹，如果我在场，我感觉他会尽量克制自己。我们两个互不服气，保持一种疏远的关系。我觉得我父亲是那种酋长式的人物，他在村上做了一辈子的领导，七十一岁才辞去了村主任的职位。我是在自己长大成人以后才慢慢理解父亲的。我从我父亲身上看到了中国农村社会和农民的那种特有的内涵，农耕文明那种貌似平静的、乐天而为的对苦难的承担，而这原本都是皇帝老儿的事情。现在城里的我常常像关心自己的一个孩子一样关心着他，隔几天就打电话问寒问暖，每年在不同的季节里都要回去看望他。我父亲就是我父亲，他就像大地一样不仅是我的生命和人生坐标，也是我在诗学上一个带有终极意味的考量标准。我想有一天即使父亲变成一个土堆了，他仍然是我的父亲，我只要回去看一看这个土堆，就可以平息那种在城里的大楼里养成的虚妄和迷惘。

吴怀尧　扪心自问，您可有敬畏之物？如果有，敬的是什么，畏的又是什么？

阎　安　我当然是有敬畏的。在我的人生中有几次机会是可以从政的，但是我没有选择从政；我也有几次下海经商做大买卖的机会，但我没有去做。我神差鬼使地一次次回到了写作中，成为一个诗人，而且我不后悔，这本身就是一种不留余地的敬畏。

吴怀尧　您曾经说过，做生意的做文化也是做生意，做文化的做生意也是做文化。现在，我们暂且把做生意限定在商业的范畴，您如何看待文人和金钱的关系？您认为生活状态跟作品好坏有多大关联？

阎　安　作家都有癖好，大作家有大癖好，个别作家有爱钱的癖好也没什么奇怪，这是古今中外都有的事嘛！其实历史地看，多数文人爱钱也爱不出个样，有了钱也不会花，也就是为了潇洒，把个性放得更开一些。我一直认为厉害作家是天生的，生活好坏都不误事：生活不好了他会想办法，也会有人来帮他；生活好了他也不至于一天起来就炫耀，不务正业了。

吴怀尧　您是如何保持独特性的？您觉得文学最应该关注什么？

阎　安　在我看来，文学的本质必须是独特的、创造的，否则便没有存在的意义和理由。说到底，文学最应该关注的不是任何其他东西，而是人。每一个人都是一条生命，不管他多么卑贱倒霉和没有来由，一旦他生而为人，那就一点也不简单，从意义上来说他就是所有人，跟所有的人一样重要，是关天关地的大事情；每一个人都是一个古老的传承，他来自自己家族的血液、种族、地理、气候，他跟万事万物都有秘而不宣的联系，他的存在甚至在时间和空间中也有不可替代的影子；每个人都是一个时代，他那里记载着生命的痛苦和虚无，卑贱与高贵，个体和时代的冲突与缓和，孤独与求助，抚慰与放弃……

吴怀尧　在一张旧纸片上，您写了一首名为《马》的诗："您这个人／生在人已不骑马的年代／命里注定要孤独一生／有德无才的马／爱跑的马／懒散而自由／卧在野地里／看野花的马／连草都不想多吃几口的马"，在您的其他诗作中，同样可以感觉到您如惊弓之鸟，时刻保持警惕。我很好奇，到底谁怎么您了？您有这些在常人看来是负面的情绪，何时才能拨云见日？

阎　安　在我的诗歌里我很坦然，从未有过惊怵之状。《马》这首诗里也不存在什么负面情绪，不需要拨云见日。

吴怀尧 有很多事情，我们明知不可为而为之，最简单的例子，抽烟有害健康，但我看您烟瘾不小，没聊一会儿，烟灰缸里全是烟蒂，这些外在的刺激是带给您内心的安宁还是为了营造某种氛围以利于思考？

阎　安 控制孤独的本能之举。孤立的时候寻求援助也是人的一种本能。也许不仅仅是为创作。导入创作状态也是不易的，是要借助外力的，哪怕这种外力可能是一种恶力——注意，这里的恶与道德无关。事实上即使你明白在做的很多事情可能是没有道理的，但还是会去做。比如我一直在批判中国教育对孩子们智性甚至人性的扭曲，但我绝对不会放弃对孩子的教育，即使很多时候的教育是硬着头皮勉为其难的，甚至是强制性的。

写作者

吴怀尧 2008年5月，您的诗集《玩具城》问世。诗人出版诗集本是寻常事，但5月17日到5月20日，中国大陆、台湾地区及德国等地的三十余位学者齐聚上海，围绕您的诗歌展开争鸣，此情此景，在近年来的中国诗歌界十分罕见。请谈谈您诗歌写作的起因。

阎　安　开始是为了改变命运。我大学毕业后分配到陕北一个偏远的县城高中教书，不甘心在那里长期待下去。当时感觉全中国也是文学最牛，文学是当时中国人唯一的精神生活方式，所以就开始了写作。

吴怀尧　当下文坛不少作家身兼要职；在古代，文人当官天经地义，李白曾为翰林待诏。但是现在，有的人认为作家一当官就废了，写的东西没法看。作为陕西作协副主席，您是否遇到过这种信任危机？您目前的作协身份对您的创作是否造成影响或带来利弊？

阎　安　在我看来作协主席压根儿就不是官。信任危机？谁的信任或不信任可以称得上危机？

　　　　文学不论社会身份，谁都可以操持，谁都可以和文学发生关系。靠身份浪得虚名，肯定长远不了。

　　　　关于体制，单纯拿官方说现在已不全面了，中国人都有营造体制的毛病，诟病体制的人也许已经建立了自己的体制，是为体制代言，不是为文学立心。只顾几个人的小圈子而不顾其他甚至整个时代，也是体制，同样恶毒。

吴怀尧　在中国文学界，贾平凹、陈忠实和路遥都是一些闪光的名字，作为同乡和同行，能否谈谈您对这三位作家的看法？

阎　安　哈哈，说到陕西文学界，你漏了一位大师：柳青。柳青的文学气质是当代文学史上的一座高峰，与雍容、神秘、浑厚、贵而不显的秦岭有关，虽然因为时代外力的克扣，柳青最终没能在创作上完成大师级的东西。当代文学（陕西文学更不待言）离开柳青还谈什么？贾平凹、陈忠实、路遥都是大家，作为我的前辈或兄长，他们都很了不起，从他们身上我看到了文学的力量，我尊敬他们。

吴怀尧　从您的诗歌阅读史和爱好来看，好诗的标准是什么？您对当代诗歌整体上怎么看？如果您认为存在危机，都有哪些表现？您认为海子和于坚重要吗？

阎　安　在抚慰苍生这一前提下，诗性原则的纯粹典范是中国古典诗歌。当诗性原则明确之后，怎样用诗写诗，这才是诗歌的真谛，也是其真正的难度所在。

　　　　古典诗歌的伟大就在于它是诗里写诗，诗的内容是诗，形式也是诗，文体和内容完全统一，天衣无缝，真正的出神入化。

　　　　回到当代诗歌，我认为成熟有效可以与历史对话的中国现代诗的写作，仍然处在一个不得要领的准备的状态，才刚刚开始。诗歌写作的恶流席卷整个时代，最大的危机在于：大多数诗人热衷于用一种入世的心态和动机写诗,诗歌回不到虚的位置上,就是诗性缺失,等同于俗物;二是误读、误解诗歌传统,不能立足于本时代的生存现场,在本质上意识到诗性的生存,无法从现代生活很重要的内容变化中提炼诗性,从而承接传统和展现现代力量的诗意,一味地写个人式的田园牧歌,或许对个人有意义,但对诗境的整体拓展毫无意义。艾略特的写作证明了紧张、残酷的生存里也能概括出诗性,当然是一种更加坚硬、坚强的诗性,一种恶也可以构成的诗性,不光是真、善、美。要解决中国当代诗歌好戏唱完的问题,既不是向古典学,也不是向西方借,因为它的核心问题从来不是一个技术问题,而是要从根本上解决个人生存和世界存在的诗性问题。

从阅读或读者的意义上说,当代诗歌已经灭了。诗人是诗人发现的,诗人的重要性是另一些同样优秀的同行的秘密。海子、于坚都很重要,说他们都是大师也不过分。海子的重要性由于三流同行和评论家不得要旨的过头强调反而让人们远离了对他诗歌本体更深切的进入。于坚从方法到对当代生存的诗性展开都是结构性的,几乎无人能及,不过于坚论诗,口才极好,但结论我往往难以同意。

吴怀尧　吴宇森的电影《断箭》里面有句台词,大意是"快灭绝的大地,我还没见过呢"。它让我想起您出版的个人首部诗集《与蜘蛛同在的大地》。大风和大水,植物和光芒,鹰群及飞鸟,凡此种种,在您的诗歌中被一种神秘的力量隆隆推动,它们是真实的,但更具有象征、隐喻、暗示的特质。第一次总是令人刻骨铭心,说一说"蜘蛛"背后的故事吧。

阎　安　写作上我一直是个"单干户",从开始到现在基本上不和外界交流,如果说有交流多半也是阅读交流。我大概是当代诗人中最缺少交际的一个。

我早期的创作量特别大,首部诗集《与蜘蛛同在的大地》只选择了其中极少的一部分。

从现在来看,当时在直觉中产生的《与蜘蛛同在的大地》这个书名就有些牛,它对存在真相的逼近,我认为直到现在还没人能做得到。

吴怀尧　但是在当代中国作家中,为获奖,为讨好读者,为追名逐利而写作的大有人在,您认为这是不是一种文化危机?可有解决之道?

阎　安　如果把文学理解为一个时代文化精神最具活力和表现力的一种形态,那么大量的作家讨好读者,媚俗成风的写作状态,就是一种比较本质的文化危机,它说明我们文化精神的深层中出了问题。解决这个问题暂时还没有什么好办法，只有等时间。点灯熬油，总有熬到头的一天。

吴怀尧　您说一切伟大的文学都应是原创型的，也是超越潮流的。令人遗憾而惊叹的是，现在不少作家已经陷于思想沙漠，有的为了寻找水源，不惜铤而走险。某作家剽窃他人已发表作品十余篇，而且发表在同样知名的其他刊物上，东窗事发后被当地作协除名，对于这些文坛寄生虫您怎么看？作为一个文学杂志的总编，您平时如何防范类似事件？

阎　安　小偷、骗子、强盗朝朝代代都有，即使再开明的社会里也免不了。但是创作这个事不是你自己亲自搞，再怎么弄都不顶事，不惜突破人的底线、折割人性地瞎闹腾，照样也不顶事！文学期刊在人心不古的今天防伪，没招儿，就是发一个启事：文责自负，后果自担。

吴怀尧　您在网络上一直很少露面。这次我又发现您很多东西都是用钢笔写在精致的本子上和同样很讲究的稿纸上。您的办公室布置了五百多头您从陕北民间收来的石狮子，您伏案读书写作的时候，它们就在您的背后，简直就跟您是浑然一体似的。您反对网络"石头人"吗？您怎么看网络和诗歌的关系？

闻　安　对网络一开始我也是好奇的，但很快就逃出来了，我对网络中铺天盖地的信息不耐烦的程度近乎恐惧，它直接影响心跳和呼吸。对网络技术层面的东西，我有着不可克服的心理障碍，而且常常在运用这些程序时会产生幻觉，不知道那样的程序要干什么，莫名其妙，怪兮兮的。可以说网络加深了我对科学的悲观看法，就是科学确实能带给人方便，坏处是它往往可以纵恶如仁。这导致我的其他文体的写作在图快时可以用电脑写。但诗歌一直用钢笔在纸上写，而且对纸质很敏感，不同阶段的诗歌写作对纸质的要求也不同，1990年后期喜欢在孔式打印纸上写，2000年后则要在传真纸上写才带劲。

网络上写诗的人大多数与诗歌毫无关系，只是借助汉字在搞别开生面的起哄，图个红火热闹，"是脚不是脚都往鞋子里伸"，稍有不适就不惜大打出手，把文学变成一种吵架骂仗的工具。网络上可以没有羞耻感，没有自尊，也可以没有底线。

所以我个人认为，网络是当代诗歌第一杀手。由于有了网络，本时代的诗学策略是低劣的，甚至是卑贱的、暴殄天物的，这是后小市民意识形态和技术主义媾和呼应的必然结局。

吴怀尧 现在提起20世纪80年代,一连串的关键词跃然而出:激情、反叛、理想、精英、人文、崔健等。其时您正好青春鼎盛,作为那个年代的过来人和在场者,说说您心中的80年代吧。

阎　安 现在好多人说20世纪80年代的时候,其实都陷入了一个对历史的误解之中。但在我的印象中,整体上80年代还是相当传统封闭的,人们只是在各自的生活原点上活跃着,交流的手段和条件基本上还是单纯的官方渠道,思想文化和文学艺术方面真正革命性的东西,实际上难以形成广泛的社会影响,当然也形不成气候,进入90年代后又很快转向了。80年代有些局部性的东西,是在进入90年代以后被新的时代氛围和条件逐渐放大、强调出来的。80年代还是一个合唱的年代,见了什么大家一哄而上,社会精神生活单一,大概时代的偾张只体现在几个大城市的局部。

所以我不认为80年代是一个整体觉醒的年代,它具有两面性,像走钢丝一样摇摆不定,那时整个社会环境和人们的精神世界并不轻松。

吴怀尧 中国古代的士大夫努力一生的目标就是使"正道不颓",道不行,则乘桴浮于海。但是20世纪以来,特别是"五四"对传统的颠覆之后,个人思想代替了圣贤思想，人定胜天的念头盖过道法自然的优良传统，在这种背景之中，您认为当下知识分子如何才能体现自身的价值并且保持内心的纯粹？

阎　安　做知识分子不是手段而是目的，知识分子的社会责任说小了就是要正人心、辟邪说，说大了就是要对整个世界和存在负责，就是要把人引导到世界和存在的体系中端正人自己。但是在目前这个时候，我真的还看不到多少内心纯粹的知识分子，我看不到知识分子在转型时代现场的能动性，很多人实际上连老老实实做学问的态度和心境都没有，不思精神创造，不再思考学术真理，只求一己的应对应变之策而不惜故弄玄虚，这样的知识分子其实连人格都破产了，又何谈良知啊，何谈内心的纯粹！"大雅久不作，吾衰竟谁陈"，知识分子的反抗应该首先从自己的内部开始，知识分子反对知识分子。

吴怀尧　如果自我评价，您觉得阎安是一个什么样的作家？

阎　安　我一直是不敢轻言妄言，一般要想好再说，或者想好了也不说。自己没办法评价自己，让别人评价去。

老陕北

吴怀尧　古书上说，"天之高焉，地之古焉，惟陕之北"。由此可见，陕西陕北不仅是地理概念，还是文化概念。但在大多数人看来，陕北文化的坐标是民歌，《东方红》《山丹丹花开红艳艳》因其革命性和宏大的主题曾被广泛传唱，而《兰花花》《走西口》《三十里铺》等情歌更是妇孺皆知。面对陕北民歌，学术界更多地是从它的形式、修辞、韵律、气质和情感等方面进行多重剖析，而忽略其音乐性。作为一个地道的陕北人，您怎么看待陕北民歌？

阎　安　陕西和陕北不是同一个概念。《东方红》《山丹丹花开红艳艳》也不是正宗陕北民歌，它们的歌词为文人所创作，它们的音乐经过了对原生民歌曲调的改造和变异，实际上已经变成了雅乐。陕北文化是华夏文化一个独立的分支和流脉。陕北民歌也不是陕北文化的坐标，她只代表了陕北文化性情方面的某些特征。陕北的现代性觉醒与发生在这块土地上的两大历史事件密切相关，一个是延安时期，一个是"文化大革命"后期知青来延安插队。陕北民歌的对外传播，这两大事件的作用是决定性的，但也造成了误导，就是把陕北民歌的文化根性和内涵表面化、简单化了，把陕北民歌根植于天地、自然和性灵的大品质舞台化、杂耍化了。

不知你注意到了没有，陕北民歌没有第三者，她是唱给天地的，当然也许是唱给歌者自己的，因为她本来就是从心的最深处喷出来的，为了让声音上接于天下植于地，她的旋律高亢悠扬到了无所顾忌的程度。

说陕北民歌是唱给天地的，在音乐方面的另外一个表现就是陕北民歌歌的词从来不重要，音乐才是最重要的，歌唱者可以随意改歌词，甚至可以不用歌词，只要把调子拼命地吼出来，吼在天地之间就够味了。陕北人到底是什么时候开始唱自己的民歌的，我想这应该属于秘密，如果有描绘的意义，对于陕北民歌我们只能描绘她在近现代以来的情况：20世纪30年代以前，陕北民歌是情歌和歌唱性情的民歌居多，这有一个广阔而辽远的历史根源。

几千年来，农耕文化、游牧文化、历史上各个不同阶段从各个方向进驻陕北的外来文化，在这里不停地刀劈火熔，造就了这里独特的本土文化；20世纪30年代以后，随着中国主流文化的西化，这种本土文化被殖民文化完全取代，由国家或社会强力意志主导的殖民文化覆盖了陕北本土文化的表面，使陕北文化成为主流文化笼罩下的根性文化。

这时历史在变，民歌也在变，原来不强调性别的萦绕于天地之间的无性吟唱变成了女性民歌,那么这个概念非常可怕,民歌变成了一种女性在天地之间哭恓惶的东西,这成为一个主流。这主要是战争所致。持续而惨烈的战争使陕北只剩下了老弱病残和女人,女性取代男人成为主持生活的主角。女人是等同于土地的,那么这时的陕北民歌大多从女性立场出发抒发情愫,女性的细腻以及没有汉民族文化伦理禁忌的任性率真,使得民歌在抵达天地的同时,更容易撩拨人心。

大约来说,陕北女性抚慰大地和她们自己的方式是两种:一是民歌,主要抒情,缺失男人的疼痛和生命的沉闷,必须释放出来才能达到一种生存的平衡;二是剪纸,主要用来招慰亡魂和渲染天地之间男性缺失之后阳刚硬朗之气不足的问题。

陕北民歌是勾魂的,她是陕北文化中比较人性化的一面。当你在陕北高原行走的时候,多数情况下高原是空荡荡的,这时候陕北民歌响起来了。仔细听这歌声,你会感觉它是围绕着高原上已经消失的种族、人群,陕北高原的命运展开的。

这歌声中的主人公也许从来就不是一个人,而是整个地消隐在时间和空间深处的那些古老的种族,但她从始至终都未出场,她只是现代流浪者一直想靠近、想寻找的一个对象,隐藏在时间、空间、高原地里和带着乐器、马匹、牲口、歌声云游在一个什么地方的东西，也许就在你（寻找者）的身体里和心里。

吴怀尧　文人多慕古。周作人与鲁迅的区别在慕古上就可以看出深浅：周作人爱日本与希腊，但别人的评价，他的风格接近明清；鲁迅爱好魏晋与晚唐，但评论界评他的诗风存汉骨。也许这是个庸俗的问题，但却是深入了解一个诗人的最佳侧面，我的问题是：如果让您选择，您喜欢哪个时代？为什么？

阎　安　其实，文人慕古别有用心。周作人和鲁迅在精神向度上是一致的，两人都是终生穿长袍，用毛笔写字。周作人推崇古希腊，是因为希腊代表了人类早期最富有创造性的状态。而鲁迅偏爱的魏晋时代恰恰是生命自觉的时代，他认为这种自觉还造成了"文学的自觉时代"，魏晋人讲究生命存在的风度，朝不保夕的生命感导致士大夫和文人以张扬的个性选择消极的生活方式，而消极的恰恰是诗意的。

但是人人心里都明白，魏晋人比较诗意的存在，建立在其异常残酷的生存背景上，历史上的魏晋名士大多被杀掉了。唐朝也一样，无休止的扩边对外战争，权宦官僚之间的残酷搏杀，使得生存成为一门凶险的艺术。生命在古代条件下脆弱无比，很多人都是一次感冒就死掉了。所以文人慕古，只是取其一面，意在求得对当下历史的参与和创造。生活在任何时代都不可能那么完美，也许更倒霉。

所以，你要问我喜欢生活在哪个时代的话，我还是喜欢生活在现在，这是最可靠的。

吴怀尧 我的好友诗人周公度在一篇文章中写道："陕西的诗人没有传统，他们为了成为三流的诗人，阅读大部分源自二流同行的作品，没有人去古典里寻觅传承。他们的思想根源更是可笑，在于民间的俚曲，与全国各地的诗人相比，毫无强势传统的优势。守着一片森林，却去枯草丛中找风景。瘦小的智慧由此养成。"对于他这种尖锐的批评，您怎么看？是否认为有其合理性？

阎　安 周公度的批评是有些恨铁不成钢的狠，是武林中高手才采用的典型的点穴致命法。他的这一批评具有全国意义，因为他在指出陕西诗人坏毛病的同时，也指出了全国诗人共同的坏毛病。批评就要有些刀下不留人的残酷劲，否则解决不了太大的问题。

吴怀尧 周公度还有一个有趣的观点："在学术界，秦文化是富于侵略性的，冷毅、峻厉，但却宏迈、宽容，不蛮横，只是现在的秦人文化却成了村野与小镇的代名词。"在您的诗歌中，我感受到久违的秦文化精髓，尤为可喜的是，还多了些许霸道的气息，譬如那些"巨鸟"与"北方的使者"的形象，他们都具有"俯瞰"的傲慢气质。我想问的是，您的写作是如何在当代去衔接中国文化的根本传统的？

阎　安　中国历史在汉以后，在儒家文化成为国家主流文化之后，一直是贬秦的，包括对秦文化的贬损。这是一个由来已久的误会：很少有人看到秦灭六国是秦文化的胜利这个玄机，却认为秦灭六国是灭文化，秦本身没文化，一句"孔子西行不入秦"，几千年流传，包含了多少历史的误会和恶意呵！

事实上，秦文化它是南靠秦岭、北望贺兰的一个地理的蓬勃，秦在这样一个宏大的蓬勃中生发出深刻的生命自觉，并且把这种生命的自觉意识上升为国家意志的历史行动。秦的历史在我看来就是生命及其历史的诗性直觉形式的必然性崛起，它为当时处于重大危机状态的中国文化注入了原始的生命直觉，在这一意义上秦等于把六国解放了，更生了。秦文化是借助一种诗性直觉冲荡中国历史并完成了对中国历史的全新建构的。我想在一个敏锐的诗人看来，传统是存在的，传统在他自己身上是能动存在的，而且这种存在是处于一种诗性直觉搏动状态的存在。

吴怀尧　您的外语水平怎样？现在几乎人人都反感思想文化界被动依赖外来资源的不作为，看得出来您也反感，那么您怎么看西学中译这个问题？另外，当代知识界对于传统文化通源能力差的问题，有人认为是要继续加强文言经典的白话文翻译，您怎么看这个事情？

阎　安　我高中学的是俄语，大学学的是英语，我的外语很差，无法阅读英语原著，大学外语课过关考试常常要借助同桌。这样的话，或许我没有资格谈翻译。但长期而深入的阅读感受使我仍然要说，中国的百年翻译史不得了，一百年中几乎把世界上所有好的东西都翻译过来了，这些东西以经典翻译为主体，几乎系统完整地搬过来了，一个国家这么厉害，大概只有拥有过唐朝这一历史阶段的中国才能做到。

说到百年中国文学史，少不了百年翻译史，翻译甚至就是创作的一部分，甚至可以说它构成了汉语写作的一半。

在所有翻译中，诗歌翻译是最差的，这可能跟诗性汉语本身的难度有关，但百年诗歌史实际上仍然是一部翻译史，这在诗歌翻译中那些水平有限的再写作中做到了。近百年来西方文学对中国文学的影响，不仅仅是思想方法上的影响，而且是波及生活形态的影响。当代我所认识的一些很厉害的人，都不是受中国的影响，而是受外国的影响。中国的古汉语是独立的，它在我们的传统中巍然屹立，不可动摇。但现代汉语就大不一样了，它吸纳融汇的东西太多了，不仅有新的不同于古汉语的表达方式，连文化基础都变了。

对文言经典的翻译，白话文运动开始之际就开始了，也是一个百年了。但是翻译古典的潮流，在百年之后的今天看是完全失败了。青年学者贾勤先生对《诗经》的翻译我比较推崇。中国人——汉语的儿子还要翻译自己的古典才接受它，这不等于要把父亲变成继父才亲他一样了吗？这有点丢人了，注定要失败。事实证明，古典可以今讲，但不可翻译。老子的《道德经》可以翻译吗？如果把它翻译成白话文，相当于把石头放进水里要融化掉它，这可能吗？翻译要准确，但相较古汉语，现代汉语的根基都变了，怎么准确？越准确越完蛋。目前古文翻译的风潮是愈演愈烈了，这是20世纪80年代初来自港台的风潮，香港人把古文当外语看，甚至把《西游记》《红楼梦》和明清小说都译成了白话。名家、大家的翻译都烂得不行，这就充分证明港、台虽然用的是繁体字，但它们的精神文化状况却是浅薄无力的。

吴怀尧　水流千里归大海。现在有不少年过四十的作家在创作之外，陷于一种"有愁无乡，有家无归"的精神困境，您有没有类似的烦恼？在您心里，故乡仅是地理概念还是属于精神范畴？

阎　安　故乡？现代人还有故乡吗？当现代成为普及全球的事实后，故乡就永远地消失了。城市和商业把地球上所有的原点串联起来，为我所用。整个地球变成一个异乡，所有的人都成了异乡人。现代人就是无根的浮萍，城市及其用心不尽的商业就是要把每一个人都变成流亡者和异乡人，于是每一个人的迷惘、分裂便成为必然，其身份的质疑、认定成了一个无休止的推演过程。

现代人都知道要回到故乡是不可为的徒劳之举。但是我相信诗意上的故乡，相信它也一样是可靠的，对它的接近是可能的。故乡再也不是那种被固定在大地的某个方位上的有局限的故乡，而是一个从守望中出发，从出发中背离，从背离中回归，不断地动用整个世界一切可能性的参照和坐标，因而也充满了诗意关联度的开放的故乡，一个具有精神的可能性向度及其意义的故乡。

吴怀尧　有一天我和诗人宗霆锋去枣园革命旧址转了一圈，看了看毛泽东、周恩来等人的旧居及书记处小礼堂，还有幸福渠。您离枣园这么近，平时去得多吗？您对毛泽东是什么样的感情？有没有想写写他的打算？

阎　安　我是延安人，我生活在延安，我常常在延安寻找毛泽东的踪迹和捕捉他的某种气味，这是我日常生活的一部分，我在冥冥之中和这个人相遇、交谈、相处、探讨，我在梦中也常常遇见他。我一直有个预感，这一辈子，我一定会倾尽所有写一部关于毛泽东的书。

吴怀尧　如果有一天您离开人世，您希望自己的墓志铭上写些什么？

阎　安　自己什么都不写，也不希望别人写。尘世不过是过眼烟云。

阿来

—— 尘埃落定 ——

自我教育最好的方式就是文学。

早春的北京冷得很，我在去见阿来的路上。

阿来，1959年生于四川西北部藏区，1982年开始诗歌创作，20世纪80年代中后期转向小说创作。曾任《科幻世界》杂志主编、总编辑及社长。其长篇小说处女作《尘埃落定》，曾被十多家出版社拒绝而蒙尘四年，1998年由人民文学出版社推出后一纸风行。2000年，四十一岁的阿来凭借《尘埃落定》获得第五届茅盾文学奖，成为茅盾文学奖史上最年轻的获奖者。2009年当选四川省作协主席。

其他主要作品有诗集《梭磨河》，小说集《旧年的血迹》《月光下的银匠》，散文《大地的阶梯》《草木的理想国：成都物候记》，小说《尘埃落定》《空山》《格萨尔王》《瞻对》《三只虫草》《蘑菇圈》《河上柏影》等。

见面之前，我手里拿着阿来的小说《空山3》，看的时候做了很多记号，列了一些问题，其中多为叹惜和疑惑。这本书的封底上，写了这样一段话："藏族青年拉加泽里为改变贫弱状况，放弃学业和爱情，走上伐树倒卖木材的道路。聪明的藏族青年游走在致富的玄机里,金钱使机村人陷入疯狂,在价值观混乱的年代,对与错困惑着新一代机村人。繁华小镇云雾般消散,信念,恩仇,斗争,疑惑,一如斯人远去,苍山已老,人何以堪?"

在我看来,这个内容简介不足以概括全书的精神内核。公平正义的缺失,灰黑势力的嚣张,人定胜天的狂想,自然环境的恶化,中国的乡村在文化瓦解以后的命运起伏,无一不使人产生故乡沦陷之感,主人公拉加泽里的际遇和悲喜,每个人都有可能遇到;机村发生、演绎的一切并非传说,而是我们身边的生活。

相比成名作《尘埃落定》的传奇浪漫以及奔涌的诗情画意,阿来的《空山》系列呈现出一种神秘而真实的存在,让人读后生出阵阵隐痛,但是仅就阅读感受而言,后者显然不似前者那般酣畅淋漓。

我们的话题从《空山》开始,阿来沉静而善谈。

桌子上躺着一本汉娜·阿伦特的作品《黑暗时代的人们》。

在藏语里面,"阿来"意为刚出土的麦苗。在弥漫的烟雾中,我好奇的是,如今拥有诸多头衔,在主席台和镜头前表现自如,西装革履春风得意的阿来,还是那个写出"那是个下雪的早晨,我躺在床上,听见一群野画眉在窗子外边声声叫唤"(《尘埃落定》)的阿来吗?

不是所有的痛苦我们都必须承担

吴怀尧　在中国作家群体中，您算得上是惜墨如金。写完《尘埃落定》，您说当时自己仿佛被掏空了，有一段时间没有激情，有两三年时间不能写作。我想知道，是什么原因促使您2005年开始着手创作长达六十万字的《空山》？当您写完这一系列时，感受和当年写完《尘埃落定》有哪些异同？

阿　来　《尘埃落定》是我第一部长篇。这部小说在心中积蓄很久，所以，当写作的时候，情感非常充沛，进入写作后很恣意很畅快，但写作完成后，发现情感耗费很大，好长时间再也没有写作的冲动了。不只是两三年，足足有五六年时间。后来想写了，但因为身陷在别的事情中，好长时间没有空。

直到2005年，开始《空山》的写作。记得是元旦假期，一个人跑到冬天的青城山，住在只有我一个人入住的宾馆，开始写作第一卷《随风飘散》。接下来，就是三年多将近四年漫长的写作。写《尘埃落定》时，当在电脑上敲完最后一个字符，还意犹未尽，久久不愿离开电脑。到写《空山》，在终卷前很久，我就在盼望这个过程早点结束了。"尘"是飘逸的传奇，可以尽情挥洒；而"空"是沉重的现实，真实，并在真实中有所洞见，是我最大的追求，所以，这个题材对我自己而言太过沉重。但对一个作家来说，他不能逃避真实，也不能放弃在其中发表自己的意见，我不能因为沉重而放弃，但我确实盼望着这个过程早点结束。

吴怀尧　这和出版周期、平日的应酬抑或心里还装着其他的作品等因素有关？

阿　来　想尽快结掉，是一种心情，并不是说在写作中真的急躁起来了。更没有别的因素的考虑。比如说出版周期吧，第三部交稿是2008年3月，但直到2009年初才正式出版。

吴怀尧　《空山》三部曲实际上是由六个独立中篇小说构成的，主人公不一样，主要人物不一样，主要事件不一样，但是合在一起之后，并不显得突兀和生硬，这种结构上的突破，在中国当下的长篇小说中并不常见。写什么和怎么写，形式及题材，是您创作中经常考虑的吗？

阿　来　作为一个小说家，当然应该永远保持对形式的敏感，并对小说形式对内容的提升有充分的认识。但是，形式最终还是由所要表达的内容所决定的。

多年来，我一直想替一个古老的村庄写一部走向新生的历史，这是旧制度被推翻后，一个藏族人村落的当代史。

在川西北高原的岷江上游，大渡河上游那些群山的皱褶里，在藏族大家庭中那个叫嘉绒的部族中，星散着许多这样的村庄。但我迟迟没有动笔。原因是，我一直没有为这样的小说想出一个合适的从头到尾贯穿的写法，肯定会在呈现一些东西的同时，遗落了另外一些东西。

我一直在像等待天启一样，等待一种新的写法。后来我终于明白，这样一种既能保持一部小说结构（故事）完整性，又能最大限度包容这个村落值得一说的人物与事件的小说形式，可能是不存在的。所以，只好退后一步，采用拼贴的方式，小说的重要部分的几个故事相当于是几部中篇，写值得一说的人与事，都可以单独去看，看上去都可以独立成篇。但拼贴起来的时候，会构成一幅相对丰富与全面的当代藏区乡村图景。

当然，我并不想要一个所谓的拼图效果。之所以是这个形式，源自我要讲述的是一个村庄半个世纪的历程。这个故事是一个村庄的故事。但是，今天的乡村已经在城市所施加的政治与经济的双重压力下破碎了。具体来说，要讲述一个村庄的故事，你就发现已经无法再像传统的长河式小说一样，有一个或几个人，始终处于舞台的中心。不同的年代，因为来自城市的政治指令与经济影响大不相同，失去自主能力的乡村就再没有一个稳定的中心，一条自主的贯穿始终的故事线索。所谓"乱哄哄你方唱罢我登场",构成村庄一个时期的中心事件与原来的故事并不连贯,故事也早换了别的主角。于是,对应这样一种小说中的现实,自然就出现了这么一种小说结构。六卷故事是这个拼图的六个大的部分,其实,我还写了十二个短篇,有大的碎片,应该还有小的碎片,这个拼图才算完整,但现在,包括十二个短篇在内的全本尚未出版,大家还没有看见。

吴怀尧　在您这种思考与表达的背后,是否还隐藏着某种强烈的个人情感?

阿　来　其实就是希望社会成功转型,虽然历史的进步需要我们承担一些必需的代价,虽然历史的进步必定要让我们经受苦难的洗礼,但我还是强烈认为:不是所有痛苦我们都必须承担,如果我们承担了,那承担的代价至少不应该被忽略不计。

吴怀尧　《尘埃落定》刚出来的时候,有记者采访您,您说十年后人们还在读这本书,还在谈论它,它还在书店里的重要位置。事实如您所言。那么对《空山》系列,您也有这种信心吗?

阿　来　写《尘埃落定》的时候,我尚且年轻气盛,现在就更不用说了。

吴怀尧 有不少了不起的作家缺乏自信,像写出《城堡》的卡夫卡,他的表现就令人惊愕,甚至临终前嘱咐好友烧掉自己的遗稿。您有过不自信的时候吗?

阿　来 卡夫卡如果对自己整个写作价值都有怀疑的话,他不可能写那么多作品,而且他在世的时候对他没有任何好处的写作,他为什么会坚持下去?他有充分的自信。我当然也有不自信的时候,不自信是产生在什么时候呢?在具体一本书的写作过程当中,因为对自己期望比较高,对自己要求也比较高。

写出来,比如某个段落,你觉得写得很一般,一个三流写手都能写出来,你就会怀疑,我还写这个东西做什么?不自信的是我能不能接近自己设定的目标,而不是说我能否写完一个小说,或者这个出版后是否好卖,诸如此类的。

这种不自信的过程,很多艺术家——画家、音乐家都有……越是天才,越容易在这个过程当中产生对自己的怀疑。产生怀疑的前提是,他觉得达不到自己设想的目标,这是一个短暂的过程。

两种语言之间的流浪

吴怀尧　您年轻时写给自己的诗中有两首:《群山,或者关于我自己的颂辞》和《三十周岁时漫游若尔盖大草原》。前者我在网上读过,记得里面有"苍天何时赐我以最精美的语言"的句子。后来我看您接受采访时说,两首诗对您很重要,差不多决定了您后来的文学走向,能具体解释一下原因吗?您认为文学在我们的生活中起到什么样的作用?

阿　来　我想对于每个人来说,其作用是大不相同的。对我而言,文学的作用如宗教一般。在我成长的年代,如果一个藏语乡村背景的年轻人,最后一次走出学校大门时,已经能够纯熟地用汉语会话或书写,那就意味着,他有可能脱离艰苦而蒙昧的农人生活。我们这一代的藏族知识分子大多是这样,可以用汉语会话与书写,但母语藏语,却像童年时代一样,依然是一种口头语言。汉语是统领着广大乡野的城镇的语言。藏语的乡野就汇聚在这些讲着官方语言的城镇的四周。每当我走出狭小的城镇,进入广大的乡野,就会感到在两种语言之间的流浪,看到两种语言笼罩下呈现出不同的心灵景观。

这是一种奇异的体验,我想,世界上会有越来越多的人加入这种体验。正是在两种语言间的不断穿行,培养了我最初的文学敏感,使我成为一个用汉语写作的藏族作家。

佛经里有一句话，大意是说，声音去到天上就成了大声音，大声音是为了让更多的众生听见。要让自己的声音变成这样一种大声音，除了有效的借鉴，更重要的始终是，自己通过人生体验获得的历史感与命运感。要让滚烫的血液与真实的情感，潜行在字里，在行间。

吴怀尧　您说自己特别感激20世纪80年代。其间各种体裁的文学作品呈现井喷状态，国外文学的各种思潮奔涌而来。您个人实现两级跳，从教师到编辑，从编辑到作家。到90年代初，您开始写作《尘埃落定》，用您自己的话说，"投入一场轰轰烈烈的恋爱"。在写的时候，您曾预料到这部小说会被多家出版社拒绝吗？《尘埃落定》完稿后曾搁置四年之久，这期间您是否怀疑过自己能将文学之路走通？后来又是什么原因，使您在创作的道路上一往无前？

阿　来　我不想深谈这个事情了。但我可以说，我对自己的写作从未有过任何的动摇。一往无前，是因为我认为写作是这个世界上最值得我去努力的伟大事业。

吴怀尧　最近十年来，每逢诺贝尔文学奖颁布的前几天，国内的媒体和文化界就开始躁动不安，表现得很没出息，据说有的作家私下都写好了获奖感言。有人说这是放眼世界，与国际接轨，但我觉得它暴露出深重的文化自卑。过去我们是被别人征服，现在是主动向别人臣服。我知道您对世界文学和哲学多有研究，难道只有获得西方人的首肯才能证明我们文化的价值吗？您觉得中国文学未来的走向是什么？它在世界文学中处于什么样的位置？

阿　来　文化的规则不是一个拼图游戏。如果一定要看成一个拼图，那么，无论一个文化如何古老，最终的命运还是决定于其自新能力的强弱。从根本上说，得不得一个什么奖实在是一个无足轻重的问题。作家会得奖，那代表外部世界的某种承认。但那不是文学的根本，因为奖项更多还是一种商业的或者政治的策略。我也得过奖，但我十几年前就说过，今天可以再说一遍：想得奖的作家是可耻的。至少，一心想着得奖的作家是可耻的。

吴怀尧　写作这么多年，您自己的作品获过不少奖项，同时也取得了商业上的巨大成功。但我有一个猜想，想跟您印证一下：这些外在的荣耀，可能会给您些许快感，但是无法触动您的内心。什么时候，您才会真正喜由心生？不要告诉我您不以物喜，不以己悲。

阿　来　再次订正一下，我在中国文坛恰恰不是那种大家都宠爱的得奖无数的作家，只不过少数几个奖项给了大家这种印象。商业上算成功，但也不巨大。

如果文学被你视为终生的事业，那么，什么样的收获都不应该在你的意料之外，那是题中应有之义，所以不会有什么特别的惊喜。更重要的是，文学的目标是内在的，而不是这些外在的东西，这些东西至多表示外界对你工作的某种承认，但并不是你达成自己目标的可靠保证。我的荣耀、我对自己的肯定来自写作过程中，想表达的东西得到了充分而完美的表达，那时，我会为自己感到骄傲。

吴怀尧　您写东西的时候，一般是先想好标题，还是写完了之后再去定标题？

阿　来　我觉得先定标题不太好。先定标题，题目有一个非常强大的暗示性，题目是有意义的。我写小说，我希望不只是关心一个问题，里头会同时包含很多的问题。像我们听交响乐，我们听贝多芬，听柴可夫斯基，好的音乐之所以被称为经典，不是因为像流行歌曲，唱两年就不喜欢唱了。

交响乐里面有很多结构。我们中国音乐是没有结构的，开始到结束几分钟就完事了，就是一个很短的过程。但是我们听交响乐：一个乐章是什么样的，什么风格的；第二乐章、第三乐章、第四乐章什么样的。然后规定一部交响音乐里面不是一个主题，第一主题又引出另外一个，当然也是一些音乐形象，会出现第二个主题、第三个主题，然后在这几个乐章里面互相交织，互相变化，你听起来受益无穷。一个丰富的小说也应该这样，不只是单一的主题。我们经常讲小学生作文才是单一主题，通过什么说明什么。小说应该更丰富，就像我们一段一段生活下来，你可以这么看它，那么看它，不同的人会看出不同的意义。也正是因为主题的丰富，小说里面可以提炼的东西很多。

如果你事先给它一个标题，会限制它的思想，会一直暗示你的小说就写这个意思，这个意思就是主题。最后费了好大的劲，二十万字，五十万字，你就在写一句话，这个小说没有趣味的。很多中国小说你觉得没有意思，就在于这。你费这个劲干什么，写一条短信就完了。主题先行，会让小说的绵密和丰富消失，成了一个干巴巴的东西，写了那么多事情，最后是为了说明那么一个简单的道理，所以我不太愿意写这样的。写完以后，反而会对小说有一种感受，把这种感受提炼出来，题目和小说就很配。

吴怀尧　写作过程中，您最享受的是什么？亢奋或激动？

阿　来　写完后没有什么好激动的，但是这个过程，会很享受，可能我的某个段落，古今中外所有作家我是写得最好的。前不久一个年轻的银行家，他说写小说很苦，我说如果是很苦的一件事情，你干吗要去做它？你从事一件事情，这件事情不能给你带来愉快，带来的只有痛苦和煎熬，你为什么要去干它？

吴怀尧 1997年您把长篇小说《尘埃落定》交付人民文学出版社后，就从家乡阿坝去了成都，受聘于《科幻世界》做编辑。1998起开始做策划总监，2000年开始做主编，次年成为总编辑，很快又出任了杂志社社长。其间，杂志的发行量也由十几万到几十万；由一本衍生为五本；由刊物、书籍到音像制品。一批科幻小说作家借此浮出水面，刘慈欣在《科幻世界》的第一篇科幻小说，也是您签发的。一份小小的杂志，从运营到管理，就做成了当下大家正在追求的文化产业模样。在世界科幻类杂志发行量中，《科幻世界》名列榜首。为文为商，您都得心应手，能否透露一下做文化商人的经验和心得？

阿　来 商业，特别是有关文化的商业所需要的一样是想象力，一样是才情，当然也有模式，那是产品形成后的营销，以及公司的内部管理。

我的经验就是不要自我界定自己最适合干某种工作，或不适合干某种工作。

吴怀尧　从《科幻世界》退出来后，您每年有两三个月都在藏区行走。我很好奇，您究竟在找寻什么？找到了吗？您的散文集《大地的阶梯》能否概括您游走西藏的旅途中的所见、所想、所感、所闻？

阿　来　那是2000年的作品，也是一次漫游的结果。但是，好多漫游是没有这种直接结果的。我不主张作家的每一次出行都有一些文字作为结果。游历也是一种学习，一种领悟，甚至是一种休息。

吴怀尧　据我所知，您热衷于拍摄花朵，高原上有的花很小，您全给了很大的特写，仿佛在强调它们短暂的生命。画家常玉有一个很好的观点："每个人都拥有一种自然，每件作品都在泄露有关自然的秘密，每一朵花，都充溢着来自自然的隐喻、标记和归途。"您用语言描写花的美态，用相机记录花的风韵，这是否真能使您接近自然，在瞬间触摸到类似自然的手臂，并由此获得欢喜与自在？

阿　来　在自然界行走多了，就想应该对自然界有些具体的认知，我就从认识每一种花草树木开始，并用影像巩固这种认识。我热爱的诗人米沃什也热爱植物学，他说过这样一句话："我觉得自己如果在社会学中受到了伤害，那么可能从生物学中得到安慰。"

自我教育最好的方式就是文学

吴怀尧　您出生的小村子只有十几户人家。年少时，随着一支地质探测队的进驻，您对山外的世界产生了兴趣，念完初中后，年仅十六岁却选择外出务工。因为喜欢读书，一次偶然的机会，被工地负责人看到，成了拖拉机手。1977年高考制度恢复，您连夜开着拖拉机去报名，在报名时间已过的情况下报上了名。后来您当老师，又是一次偶然的机会，参加了当地文化局的文学创作笔会，不久开始发表诗作，走上文学之路……这些过去的经历现在说起来波澜不惊，但是总结的时候我发现，每当您做选择的时候，似乎总有一股神秘的力量在背后支配。今年（2009年）您已经五十岁，用孔子的话说就是到了"知天命"的岁数，您能否说说对天命的理解？

阿　来　我是通过自我教育走到今天。我在"文化大革命"期间接受了大部分教育。那时的教育不正规，而且，输入给我们看待世界与人生的观点很多是错误的。后来的自我教育其实有相当部分是在消除那种错误教育施加给自己的影响。以至于后来，我一直拒绝接受任何学校教育。虽然我也有过很多机会，但我都拒绝了。而我自我教育的最好方式就是文学。文学对我不是一个职业，文学对我来说，就是一所最好的学校。

"知天命"是什么意思？当然，这不是你说的，是孔子说的。我没有仔细研读过《论语》。替我看看"道不行，乘桴浮于海"这句话是他老人家在什么时候说的，如果他是在五十岁后说的，那就太棒了！

吴怀尧　您的母亲是藏族，父亲是回族。小时候生活的村庄比传统意义上的藏区更加开放，乡亲同时使用藏语和汉语，可以说从童年时代开始，您就游走在两种语言之间。您成长的时代则是六七十年代，当时无论自然环境还是传统文化，都受到不同程度的破坏。在这样一种背景中成长，对您现在的性格和创作带来什么样的影响？

阿　来　那当然就是开放性。在不同的文化间游走，不同文化相互间的冲突、偏见、歧视、提防、侵犯，都给我更深刻的敏感，以及对沟通与和解的渴望。我想，我所有的作品都包含着这样一种个人努力。

吴怀尧　您作品中的主人公，时常给人一种众人皆醉我独醒的孤独感。他们和您有相似之处吗？我听说您酒量不错，而且豪饮之后喜欢唱歌，此外也颇有女人缘，生活中的阿来到底是什么样的？

阿　来　那种孤独感，就是因为你想接纳所有应该接纳的东西——知识、态度、方法，但大多数人并不是这样，孤独感就是这样产生的。身体原因,不大喝酒了,那个时期已经过去了。至于女人,我对她们比对男人有更好的看法。我喜欢那些善良的、聪慧的、包容的女性。在这些方面,女性比男性往往有更好的表现。人性的光辉往往更容易在女性身上闪现,甚至包括男人世界以为只属于自己的勇敢。

吴怀尧 您曾经透露,在自己老去之前,会把整个青藏高原再走一次,作为跟这片土地的告别。在《尘埃落定》结尾处,有一句话是"上天啊,如果灵魂真有轮回,叫我下一生再回到这个地方,我爱这个美丽的地方"。这种真情流露,是您对身体(灵魂)原生地的一种告白吗?

阿 来 大自然总是能给我最多的美感。所谓"大美无言"。这个世界上并不是所有地方都有这样大气磅礴的自然。我们生活在人类社会中,会产生一个认识,或者说一个愿望,就是这个世界不是为雄踞于权力与财富的金字塔顶端的少数人准备的,所以,我们追求平等与自由。当我身处自然界中,又会明白另一个道理,那就是,这个世界也不光是为人类而准备的。这个世界是所有生命的世界。

吴怀尧 您曾在家乡阿坝州约七万平方千米的地域上有过一次苦行僧式的漫游。游历的结果是您用汉语写成了两部文学作品：描写故乡母亲河的抒情诗集《梭磨河》和小说集《旧年的血迹》。1988年四川民族出版社出版了《梭磨河》，遗憾的是出版后几乎没有引起诗坛（或文学界）的关注，在当时，这是否让您颇感失望？这与您此后极少写诗，是否有一定的关联？据我了解，《梭磨河》是您自费出版的，能否告诉我，您当时的心境？

阿　来　纠正你一下，是在此前出版了诗集和小说集。之前我一直是爱好者，现在，一下出了两本书，问题真的就出现了：我要成为一个作家吗？如果是，要成为一个什么样的作家？那时，我还没有准备好把业余爱好上升为终生的事业，一个一直忠诚于她的事业。我需要验证一下，我能不能成为作家，自己有没有那样的潜能。怎么证实呢？走向广阔的大地与人生，看能不能与之共振，与之相互感应。

漫游的结果，我告诉自己，我能。从此，文学就不再是一个轻松而风雅的爱好了。

吴怀尧　1989年您三十岁，您的小说集《旧年的血迹》由作家出版社出版，后来获中国作协第四届少数民族文学奖，在旁人看来，您算是作家了。以我的观点，尽管您是少数民族作家，母语是藏语，但您运用汉语的能力远超许多汉族所谓的"一流作家"。这除了和您的天赋异禀、开阔广泛的阅读、曾经的诗歌写作有关，是否还和您从小受到的口头民间文学的滋养有关？

阿来 如果一切都这么简单就好了。语言不够好吗？那就来点诗歌练习，或者去搜集整理一下民间文学，就像卡尔维诺整理意大利童话。可能情况比这个更复杂。从地理上看，我生活的地区从来就不是藏族文化的中心地带。更因为自己不懂藏文，不能接触藏语的书面文学。我作为一个藏族人，更多是从藏族民间口耳传承的神话、部族传说、家族传说、故事和寓言中吸收营养。这些东西中有非常强的民间立场和民间色彩。藏族书面的文化或文学传统中，往往带上了过于强烈的佛教色彩。而佛教并非藏族人生活中原生的宗教。所以，那些在乡野中流传于百姓口头的故事反而包含了更多的藏民族原本的思维习惯与审美特征，包含了更多对世界朴素而又深刻的看法。这些看法的表达更多地依赖于感性的丰沛而非理性的清晰。这种方式正是文学所需要的方式。

通过这些故事与传说，我学会了怎么把握时间、呈现空间，学会了怎样面对命运与激情。然后，用汉语这非母语却能娴熟运用的文字表达出来。我发现，无论是在诗歌还是小说中，这种创作过程中就已产生异质感与疏离感，运用得当，会非常有效地扩大作品的意义与情感空间。

吴怀尧　从事文字工作以后，您阅读了大量的世界名著，并且找到了两位导师：美国的惠特曼和拉丁美洲的聂鲁达，前者是用英语来表达美国，后者是用西班牙语表达南美洲。自写作以来，您也一直在用汉语表达西藏，这是否和惠特曼、聂鲁达对您的影响有关？如果是，这种影响是短暂的还是长久的？顺便请您谈谈福克纳的《我弥留之际》。

阿　来　惠特曼和聂鲁达在对各自的大陆进行描绘时，遇到的一个问题就是这些地方在文学上差不多就是一块处女地，就是说，他们的大陆在此之前还从未在本土作家笔下得到过成功的表达。

我开始写作时的情形也是一样，青藏高原和这个高地上的人民与文化都未曾得到充分的本土而且又是充满现代性的表达。他们是我文学的领路人。而福克纳的《我弥留之际》，当然不只是这本书，这个作家，教会了我如何描绘与表达苦难。

记得福克纳在这本书中，借一个人物说了一句沉痛至极的话。我想那是福克纳要说的，他说："要是你能解脱出来进入时间，那就好了。"

问题是，我们并不能经历一个非物理性的空间，也不能经历存在于这样一个空间之中，人类社会的单独的时间。

吴怀尧　除上述作家之外，您还喜欢和关注哪类文学？

阿　来　对我影响最大的是美国文学，我主要关注美国文学的三个领域。

一是黑人文学。黑人在美国算是异族，是美国的少数民族。他们的文化相对于美国主流文化是亚文化。我喜欢"二战"以后的黑人文学，而不是更早的《根》那样的"反抗"文学。"二战"后的黑人文学之所以有那么大的成就，是因为它们保留了非洲的文化传统，但并不是狭隘地保留，它们坚持自己的立场，又有普世的思想，走在时代的前列。

比如拉尔夫·埃里森的小说非常棒，他的《看不见的人》比喻黑人很黑，成为看不见的人，来描述黑人的处境，不被主流社会所容纳，他像萨特、加缪一样上升到哲学层面，上升到人类的处境，他用现代派的手法，用黑人的命运揭示抽象的"人"的命运。还有得诺奖的托尼·莫里森1981年的《柏油娃娃》。

第二个影响是犹太文学，犹太人在美国也是异族，当然也包括一些流亡作家，纳博科夫、米沃什、索尔·贝娄、布罗茨基等，他们在写作上的追求比拉美作家高很多，他们作品有很沉重、很现实、很心灵（痛苦）的内容，题材使他们有很大变化，他们能把握各种题材，他们决不为艺术而艺术，题材决定作品的形式。

第三是美国南方文学。代表当然是福克纳，还有南方女作家奥康纳。奥康纳写的是美国的乡土小说，很不主流，她到《纽约客》去投稿，编辑们都不理她，她说一口方言，编辑们不能理解这个乡村妇女能写什么。她的小说写得非常好。拿福克纳来说，《喧哗与骚动》不是他最好的小说。他的一些中短篇小说非常棒，像美国蓝调那样有力，自由而悲伤，我非常喜欢。欧洲是出思想与艺术流派的地方，美国不一样，美国文学比较混乱，喧嚣、粗糙，但充满活力，他们没有创造过新的文学形式，但所有的文学形式都在美国有了很好的发展。

我早些年也喜欢拉美文学。但现在一谈拉美，就一个魔幻现实主义，就一个马尔克斯，就一个《百年孤独》。要知道马尔克斯还有很多别的东西：《迷宫中的将军》《族长的秋天》，还有不魔幻的《霍乱时期的爱情》。好的魔幻作家还有很多。鲁尔福的《佩德罗·巴拉莫》，不单有幻想的色彩，它让人感受到现实的真实，还有他的《燃烧的原野》都给我很深的影响。再如卡彭轶尔的《这个世界的王国》也写得很棒。还有阿斯图里亚斯等等。

吴怀尧　我看您刚才看的一本书（《黑暗时代的人们》）也是国外的作家写的。

阿　来　这个不是小说,是哲学著作。我读同代作家的作品不是太多,到现在为止,我读小说也很少,包括读国外小说也很少。我们现在小说很多,但是古今中外,真正经典性的东西就那么一些,不是每天都在出来,这个不只是中国这样,外国也是这样。我们在八九十年代有一个非常集中的阅读时期,那个时候读得比较多,现在偶尔读一些小说,也是在重读以前读过的,觉得值得再读的东西。

吴怀尧　您如何选定一本书,是朋友推荐,还是自己大海捞针?
阿　来　我不用任何人做推荐,也不用大海捞针。如果现在图书市场是汪洋大海的话,那些经典作品永远是汪洋大海当中的岛屿,找到岛屿是很容易的。从一些水里面把另外的水找出来很困难,但是我不需要找水,我不需要在水里面找水,我要在水里面找岛屿。谁是真正的大家,我们从第一天受教育就知道,我为什么要读一些垃圾的东西,不提供任何价值的东西?

吴怀尧　您读书这么挑剔,"开卷有益"这个说法对您是否无效?
阿　来　我们假定吃东西都有意义,我给你掺了农药你也吃,有益吗?没有"农药"的时候它是有益的。

我不是降神的巫师

吴怀尧　在我看来，1998年中国文坛最值得纪念的文化事件当属《尘埃落定》出版。人民文学出版社的编辑脚印，用她的文学素养和个人魄力，使一部辗转流徙的天才之作得以问世。这让我想起另一位作家王小波，王小波生前就写出了锦绣华章，可直到逝后才得以出版。结合《尘埃落定》曾经的遭遇，您觉得究竟是什么原因，使得一些编辑丧失了对美丽汉语认可的勇气？是因为他们审美力的严重匮乏，还是有某种难言之隐？

阿　来　我想，在当时，这首先是一个体制性的原因。那时的出版社，大多数的从业者都不是因为热爱而选择这个职业，所以，大多数人会满足于一般性的专业训练，或者干脆就缺乏专业训练，这些人很难发现突破了当时流行标准的东西。而文学发展的根本是创新，于是，任何新的东西的出现，都成为对于出版从业人员的一个考验。再者，你说的这种情况过去就有，今天还在继续。过去，比如四川作家李劼人，与同时代的作家相比，其成就从未得到公正的评价。今天好多论者将其归因为极"左"路线时期官方意识形态的遮蔽。也就是说，批评家们不必对此负任何责任。但是今天呢？比起那时，官方意识形态介入作家评价已经很少很少了，但是，在主流文学界得到最多好评的作家,也未必就是这个时代最好的作家,而一些重要的作家,并没有得到应有的关注。

吴怀尧　在巫术传统中,有一种关于神授的说法,当我看完《尘埃落定》后,曾疑心它是一部回忆录。麦其土司的傻儿子——那个"觉悟者"在历史上真实存在。他去世后,他的记忆还活着,在冥冥中的某个地方隐藏着。如此又过去了若干年,那份保存尚完整的记忆,被您捕捉到了,是这样吗?

阿　来　这是一种很诗意的说法,也可以理解为一种十分美好的想象,但依我理解,想象都要以历史或现实作为基础,这样的想象才是可以信任的想象。我是一个小说家,不是一个降神的巫师。

吴怀尧　《尘埃落定》的画面感尤其强,亲切而不失活力,这与您对衣物、器皿和房屋建筑的描写有关。而且大自然在您的笔下,也成了有生命有温度的角色,不仅仅是作为点缀或者单纯的陪衬出现。在读《空山》系列时,我发现您对各种花草树木的描写,同样入木三分。您作品中的这种真实感,是源自您的想象,还是实地考察、广泛研究的结果?想象与真实,在您的作品中分别起什么样的作用?您如何把握两者的关系,使之水乳交融?

阿　来　小说家的想象是故事的走向,是人物之间戏剧性的关系。气氛、表情、说话……那些是可以虚构的部分;而另一些部分,我是不容许自己纵情虚构的,比如你说过的衣物、器具和花草树木等等;更重要的不能虚构的部分,是这些故事的时代的制度这些背景因素。一句话,如果小说家搭建了一个舞台,这个舞台的所有构件都是真实的,但人在舞台上的活动,就可以尽情挥洒了。但我并不把想象与真实分别开来看待,只有分别得很厉害了,才有再融合一体的问题,如果你从来不这么看待问题,这个问题就不会存在。

此外,我们中国的文学当中不乏人和人的关系,但是会忽略人和自然的关系,用一句哲学的话说,就是"中国人的自然观是一种不及物的自然观"。我们把花草看成一种象征,好比杜甫说"感时花溅泪"——不关注花儿本身,它叫什么名字,生长期怎么样,有何种生物属性。我觉得如果我们向西方文学学习,其中很重要的一点是,我们必须意识到在这个世界上,是万物生长,而非唯人独尊。

吴怀尧　您怎么看当下青年作家的想象力和判断力?

阿　来　我们说一个作家有天分,想象力是天分当中最重要的,想象力同时也依赖另外的东西,就是学养和经历,你不能说他写一堆乱七八糟的东西就叫有想象力。写科幻小说，需要想象另外一个星球上人的生活状况，你必须先对地球上已经有的人的不同生活状况，有一个大致的了解。通过这个会有很多认识，人类不同的生活方式，跟它的历史和自然环境有关系。你在构想这样一个社会的时候，首先对它的自然环境、它的人文历史都要有想象，写出来必须栩栩如生，而且人家看了相信，这个不能光满足于你的想象。可能有想象的乐趣，他想象出来也难免空洞，一个是他生活经验不够，第二他本身也是二十多、三十来岁的人，他还在一个积累的时期。我们真正进入文学史的作家也不是说没有很年轻的，但是大部分真正写出好作品的时候，都不会在这样一个阶段，这是人类基本的规律。

多长时间你才接受完基本的教育，基本教育以后对付那种写作是不够的，你还要补充很多东西，所以一定要有那个阶段。

先有感受，后有语言

吴怀尧　我注意到，有媒体报道了您即将推出小说《格萨尔王》

的新闻（2009 年）。格萨尔王是藏族人民引以为豪的旷世英雄，关于他的传说一百多年来一直都是口头传承，版本各异。这次您写书为他画像，许多人引颈期盼。对于这本尚未面世的小说，您能否透露一些大概的内容？格萨尔王会呈现出什么样的形象和命运？这部作品的主要特点体现在哪几方面？

阿　来　我可以告诉你的是，这本书正在写作过程中。写《空山》时就开始做案头工作，吸收现成的研究成果；然后，走向那些故事的流传地与发生地，去游历，或者说是"田野考察"；然后开始写作。至于小说最终写了什么，写成什么样子，我也在等待，想看看这本书完整呈现时会是什么样子。

吴怀尧　您的作品被改编成影视作品的可能性都非常大，有没有一种可能，为了更好地体现原著，届时您自己来做编剧，就像麦家改编《暗算》那样？

阿　来　这个我不知道。在电视剧的制作中，资本有太多的发言权。资本可能觉得，越大的话语权就意味着资本更大的安全系数，我看未必是这样。

　　大家都可以反过来想一想，如果给原创更大的空间，结果会更坏还是更好？我想只会更好。

吴怀尧　现在有些文坛怪现象让人啼笑皆非，比如不看作品就可以跳出来发表高论，对此2009年年初王安忆曾经站出来抨击过；我想知道，在写作的过程中，您是唯一的上帝吗？还是会顾及受众的感受？

阿　来　在写作中，我是那个呼风唤雨的人。受众是谁？受众千差万别，我不能事先想象他们的需要，也不能整天揣摩他们需要什么。我只想写出一本好书，并相信，这个世界总有一些人，还有读一本好书的渴求，那么，我祝愿我的书尽量多地遇见这些人。让我的书和这些人相互寻找吧。但请原谅，我在写作时不知道他们是谁。

吴怀尧　那您如何看待小说家的责任感和文学的自然性？

阿　来　小说家的责任，我并不预先有意去考虑，我认为这是良知的一部分。有成就的小说家，才有资格承担这份责任，承担这份责任是通过作品来实现的，而不是我要对公众说些什么。在私人场合，我不是小说家，我也无须考虑小说家的责任。

而在作品里考虑的就不一样了，我首先要对读者尊重，这就是责任。特别是当你的作品有了影响，它一定要是健康的。我在作品中有同情、怜悯，这是我的天性，这就是责任。

我十分喜欢《诗经》与汉乐府里那种情感与表达完全一

致的东西。比如一个砍柴的人，看见一个女孩，要表达爱情，又不能或不想直说，说汉水是多么广阔，想渡过去是不大可能呀，这样，文学语言就出来了。文学是非常自然的。我认为是先有感受，后有语言，这就是文学的自然性。

吴怀尧　您怎么看待市场和作家的关系？我发现现在有不少作家创造力在下降。

阿　来　对于真正在艺术上有野心的人来讲，他能够取得市场上的成功，当然是好事情，但是他不会服从市场给他传递的这些信号。中国作家有数量焦虑症。有点名气，就怕自己消失了。我认识一些作家，他们非常痛苦，老是在写，写得很痛苦，写得自己都烦了。这种过分频繁的写作，创作力当然下降。

我觉得应该停顿，养养元气，像刚刚失恋了，第二天又投入轰轰烈烈的恋爱，那肯定不行。

吴怀尧　您为什么能耐得住寂寞？

阿　来　我觉得无所谓寂寞。人生有很多可能性，我们都会通过不同的方向、不同的工作去实现它。别的事情是我人生当中一些阶段性的经历，我愿意去体验。但这些事情都不是我终生要做的。终生要做的我自己很清楚，写作。

如果你已经确定了自己要做的一件事情是终生的事情，那么三五年的时间不是太长，而且在此期间仅仅是不写而已，我还在大量地阅读，还在思考，其实很多注意力还是在文学上。对我来讲，要命的就是我投入到一个比较大的作品当中去的时候，情感的耗费很大。而且我觉得小说要优美。什么是小说的深度？小说的深度不是思想的深度，中国人所有的评论都把小说的深度表达为思想的深度，我说小说的深刻是情感的深刻。

当我的情感空空荡荡的时候，我自己都没有深度的时候，连我自己都不感动，我自己往下写干巴巴的，不知道我在干什么，我在折磨自己。很多作家把自己写死了，大概就是这样的。

吴怀尧　从您的作品中看得出，您理解自己的民族，也为本民族的文化和历史感到自豪。但强势商业文化的影响不可避免，灵魂深处很纯真的一些品格也可能被污染。但是，您却既能保留传统藏人对信仰的执着，又对现代商业文化兼容并收，这样的本领是如何练就的？

阿　来　不要把传统与现代、文化与商业看成绝对对立的东西，传统就是过去的现代，而商业也是与文化一样古老的东西，商业也是文化的一个组成部分。

吴怀尧　在四川省作协第七次全省代表大会上，您当选为四川省作协主席。在恭喜您的同时，我也有一些担忧。喜的是，您有更多的话语权和资源，可以提携新人，推举佳作；忧的是，您的时间和精力，将被分割成更多块，在一定程度上，自由度和独立性也可能受影响。您自己有这方面的担忧和不安吗？

阿　来　首先，这几乎是一个闲职，当然我也愿意在帮助新人、发掘新作上做些工作，但对一个写作经历较长的作家来讲，当不当主席这都是一种天然的义务。

其次，我从来没有真正当过专业作家，总在做着一些别的事情，而这件事情，可能是迄今为止占用时间与精力最少的。

吴怀尧　有时候某人想要达到某种目的，结果可能自己成了自己所鄙夷和痛恨的那种人，更悲哀的，他变成了自己痛恨的人，却忘记了最初的梦想，抑或无力去完成。您是否担心自己也陷入这样一种泥沼？

阿　来　我不会让自己为了所谓的成功去付出这样的代价，这也是我一直为自己感到骄傲的地方。

吴怀尧　英国人曾经说，"宁可失去印度，也不要失去莎士比亚"，文化精英对国民的巨大影响，由此可见一斑。但是据我观察，当下文化界既能坚持独立性又不被边缘化的文化人并不多见。更多的人要么欺世盗名，要么躲在笼子里面做学问。少数在阳光下有尊严地表达自己观点的人，又面临被误读或忽略的可能。您觉得文化界怎样才能智者尽其谋，仁者播其惠，并且这些声音可以起到振聋发聩的作用？

阿　来　知道自己的目标，为了这个目标不要作太多的妥协。我知道，作为一个作家，我的尊严不仅是个人的尊严，更是文学的尊严，这是那么多优秀作家，以及无以计数的优秀读者共同构筑起来的。它不应该因为我个人的原因而被践踏。不要自我矮化，更不要为这种矮化从外部世界去寻找借口。

吴怀尧　若干年后，当尘埃落定①，您希望自己的墓志铭上写些什么？

阿　来　我没有想过身后的事情，有没有墓碑都不知道，更何况是墓志铭。

---

① 2020年适逢《尘埃落定》荣获"茅盾文学奖"20周年。浙江文艺出版社推出《尘埃落定》全新版，这也是阿来认可的独家定稿版。

李敖

—— 旷世狂狷 ——

你对李敖有什么看法,可以反映出你是什么样的人。

第一次"见到李敖",是在地摊上。

那一年我十五岁,刚上高中一年级。

一天中午,天气酷热,一名书贩到学校摆摊,百十来本书随意摆放在地上,很多同学围观,我是其中一员。

"中国文坛五百年前五十年内,写白话文排在前三名的都是我李敖、李敖、李敖。嘴巴上骂我吹牛的人,心里都为我供了牌位。"看到这段用粗号字体打在封面上的醒目文字,我惊诧万分,暗想:这厮是何方神圣,凭什么如此狂妄?

拿起这本又厚又旧的《李敖大全集》,翻开后,站着读完了一篇名为《老年人和棒子》的文章。这本书定价奇高,书贩居然只要价六元,可我口袋里总共才五元,我试着问了问:"师傅,少一块钱行不行?"

不承想,书贩大手一挥,豪情万丈地说:"行!"

接下来整整一周,我沉迷在这本收录了李敖大部分代表作的"全集"之中。阅读过程中发现大量错别字,这才明白原来这是一本盗版书,但这丝毫没有影响当时我对李敖作品的喜爱,反而逢人说项，向身边爱好文学的同学极力推荐李敖。

李敖，1935年生于黑龙江哈尔滨，1949年随父赴台定居。十二岁开始发表文章，三十五岁坐大牢，一生笔耕不辍，著作一百一十余种，累计超过两千一百五十万字；做过两千场电视节目；口诛笔伐过三千多人，影响力横绝一时。

一千个人眼中，有一千个李敖。正如李敖自己所言："我本像一颗钻石，是多面发光的人物！"

第一次"对话"李敖，已是初读李敖的十年之后。因为创立了文化品牌"作家富豪榜"，我有机会和李敖深入聊一聊，结果闹出了"乌龙事件"。

我拨打李敖家中电话后，很快听筒中传来李敖的声音："喂。"

"李敖先生吗？"

"是、是。"

"上周我们通过电话，约定今天上午十点聊一聊。十点钟的时候，我给您打过电话，您家人说您外出，让我晚一点再打一次，很高兴您在家……"

"咦，我怎么记得约的是下午三点啊，我还一直在期待您的电话。"

"有可能是我记错了，没关系、没关系。"

"谢谢！很抱歉，怎么搞的，错了错了。上次我们谈话，我觉得您对我很了解，您已经知道的细节我们就不聊了，您特别想知道的事情您就问我。"

接下来，在长达一百零七分钟的电话沟通中，李敖有问必答，言无不尽。沟通内容确定发表之前，李敖的朋友、摄影师赖岳忠，发来八张李敖的照片，供我挑选使用。

若干年后我才知道，这可能是李敖生前最后一次和内地传媒人的深度对谈。

2018年3月18日上午10点59分，李敖在台北因病逝世，享年八十三岁。

我一生争的是道理与是非，不是世俗的权与利

吴怀尧　2010年8月底您在上海参观世博会，有媒体记者注意到，无论是谁，给您端茶送水的服务员，还是灵隐寺的住持方丈，或者政府官员，给您拿过来什么东西，您都会恭恭敬敬地站起来，说："怎么敢当！怎么敢当！"我们第一次通电话的时候，我记得五分钟内您说了四次"谢谢"。生活中的李敖如此谦卑和气，文字中的李敖却张牙舞爪盛气凌人，到底哪个才是李敖的真实面目？

李　敖　（笑）都是真实的，因为我在现实生活中，不太跟人家有是非上的争执，但是写文章的时候就会发生冲突。通常我们反对一个人，是反对他的思想，而不是反对他个

人。我一生争的是道理与是非，世俗的权与利，我不放在眼里。

吴怀尧　您曾说如果自己在电视上或者写文章时表现得太客气，大家就不怕您了。我很好奇，为什么要让大家怕您？怕您什么？

李　敖　有时候我们可以以德服人，或以理服人、以钱服人，没有这么多条件的时候，让人家怕你，就可以解决很多问题，减少很多麻烦。人事上的交往我耐心很差，因为我无法容忍笨蛋，我觉得很浪费时间。我这个人很怕麻烦。

吴怀尧　您说自己很怕麻烦，但过去几十年您打官司变成家常便饭，或原告、或被告、或告发人、或代理人，进出法院，几无宁日，这又是为什么？

李　敖　这是人事之外的另外一个原则问题，凡是涉及是非与真理的争执，我是不厌其烦、据理力争，写文章找证据也是不厌其烦、斤斤计较。

吴怀尧　看《李敖回忆录》和《李敖快意恩仇录》，我感觉李敖真是生气勃勃、一往无前；不知道随着年龄增长，您自己是否有力不从心、英雄迟暮的慨叹？

李　敖　这是自然现象，我不会感伤和慨叹。老实讲，现在年纪大了，我的工作量减退了，不像以前精神头十足，现在有点迟缓。

吴怀尧　十多年前看您的《李敖的情话》，读您写给咪咪的情书，看您写给Y的四十八封信，都能感觉到您和对方两情相悦，用情至深，但在一些媒体报道和关于您的书中，李敖是放荡不羁的花花公子，风流成性，真实状况是什么样？

李　敖　事实上，我一生女朋友并不多，一来我很挑剔，二来机会也少，三来我们那时候还没有资格放荡，因为那个时候社会比较保守，跟女朋友去旅馆开房间都要被警察抓的（笑）。

吴怀尧　您的作品《坐牢家爸爸给女儿的八十封信》在大陆再版，这本书最打动我的地方，是您透露的一个细节：在给女儿李文写信时，为了增加趣味让她更容易理解，您尽量配以插图，这些插图都是从书上一点一点割下来的。牢里面没有剪刀、刀片，您就把破皮鞋中的钢片抽出来，在水泥台上磨出锋口，用来切割插图——这个细节让我感受到亲情在您心中的分量；李文接受采访时说，您是不希望有亲情的人——您对亲情究竟是怎么样的态度？

李　敖　不是说不希望有亲情，而是我没有把亲情看得那么重。

看得太重,对年轻人也不好,容易变成他们的负担。我举爱因斯坦的例子,爱因斯坦死了十年(1955年4月18日逝世),他的第二个儿子(爱德华·爱因斯坦)还在世(1965年10月25日逝世)。他这个儿子是有精神病的,一直住在瑞士的精神病院里,所以一般人都不晓得爱因斯坦有这么悲痛的事情。爱因斯坦生前也很少去看他儿子,不去看的原因,他说看了以后大家痛苦,所以有的人对亲情的看法和常人不一样。

吴怀尧　您现在对亲情包括家庭的看法,和您年轻的时候相比是不是有蛮大的改变?

李　敖　没有,本来我这辈子家庭关系就比较弱,因为我年轻时大部分时间坐牢,本来就是有落差。有的家庭关系很紧凑,我没有这种情况。

吴怀尧　在《坐牢家爸爸给女儿的八十封信》中,您给李文推荐了三本书:《格林童话》《三国志》和《红楼梦》,为什么推荐这三本书?您的孩子平时读您的书吗?

李　敖　在我们那个时代,这三本书都是很普通的书。他们不一定会读我的作品,大概读的也有限度,也不是每本都读,我也不清楚,我也不问(笑)。

买卖旧电器，卖节目，鉴定古董，间有版税

吴怀尧 自1949年到台湾地区，您在穷苦中长大，从写蜡版到送报，到省下早饭钱买书，到发表文章靠稿费救急……相比之下，您的孩子就生活得轻松舒适，李文去美国念书，李戡到北大就读。从一个父亲的身份来讲，您会在经济条件允许的情况下，给子女最好的生活吗？

李　敖 这个没有错。人遇到穷困有两个结果。一个是使人奋发向上，打破难局，像我这样子，我就经过穷困。还有穷困会使人浪费时间、精力和激情，花很多时间去打工，去赚钱，去谋生，浪费青春，使人没有信心。你看那些有钱人家的小孩，他不晓得天高地厚，可是他很有信心，这也算是一个优点。我个人穷苦过，所以现在对小朋友们的态度，就希望他们不要那么穷困，穷困是很不愉快的，我自己经历过，所以这方面我会特别注意。

吴怀尧 您写作五十年、成书百余种，照外国标准，理应巨富。可惜您的作品由于某些原因很难正常营销，书名也不能如您所愿。迄今为止，您的版税收入情况如何？

李　敖 我是大作家，可是惹了政府，成了大坐牢家。著作被

禁数目,世界冠军,又如何能靠写书有正常收入呢?六十一年来,我赖以维生的,不是版税,出版社都倒闭了、吓呆了。我靠的,是买卖旧电器、跑带子卖节目、鉴定古董,赢得江湖薄富名。事实是守点小钱以保自由而已,寒碜极矣!大家知道我外出多半是坐计程车吗……间有版税收入,五十年一除,扣掉查扣损失,每日约得九十元。

吴怀尧　作为一个著作等身的写作者,您如何看待作家和财富的关系?

李　敖　咱们过去的说法叫"文穷而后工",人在穷困窘迫的境地,有时反倒能写出成功的作品来,这是一种老式的说法。写文章,大规模地写东西,要很多的条件,我觉得有一些财富是好的。我能挺直腰杆,跟我薄有财富,可以不求人、不看老板脸色、不怕被封锁有绝对关系。钱对我而言,代表的就是自由。每见有些穷光蛋奢谈抱负,我就鄙视他们。这种人,连一己生计都弄不好,又如何能独来独往做独立的人?

吴怀尧　有一种观点认为对于写作者来说,当他有钱或者有很多钱的时候,会影响到他的创作,让他变得安逸,写不出好作品,对此您怎么看?

李　敖　没有出息的写作者才会这样。作品好不好，与作家有没有钱关系不大。没钱他也在干，有钱他也在写。如果写作者被财富多少影响，说明这个人很浅薄。

吴怀尧　我看到过您写的一段话："二十多年前，动物园给三只小狮子命名，我和小屯跑去了，挤在人堆里，抢住半个，合照一帧。我生平第一私愿是陪小狮子长大，看它在每天和我假装打斗中长大。终于有一天，大到必须分开。只有养小狮子，才有那种茁壮、短暂与必须分开的失落。小狮子呢，它也许记得我，但我不忍再去看它了。"在您眼中，您儿子是一只这样的"小狮子"吗？

李　敖　有的家庭对子女盯得很紧，我是顺其自然。我对李戡的感情，从文字上不能完全看出来，每个人表现感情的方式不一样，我不是那种看起来很热乎的人。他大了以后，和我一定会有距离。

吴怀尧　因为您的影响力，李戡就读北大曾引起各界广泛关注，但大家提到他的时候，通常会说这是"李敖的儿子李戡"，您有没有一种担心，李戡以后如果无法达到您的成就或名声，他会一直背负着"李敖的儿子"的称号？

李　敖　这种现象，任何人如果他爸爸很有名的话，一定不能脱身的。可是对他不一定是坏事，像替达尔文宣传"进化论"的托马斯·赫胥黎，他们家三代都是很有名的知识分子。所以他们说谁是谁的儿子，谁是谁的父亲，他的祖父是谁，对他没有坏处，不一定是"我的爸爸是李刚"，可以是别的嘛。这种情况是好是坏，要因人而异，要看个人成绩才能决定一切。好比说居里夫人她女儿也是那么优秀的科学家，结果一谈到她就谈到她是居里夫人女儿，可是她在科学界的成就也是非常了不起的，就是居里夫人女儿又怎么样呢，不是说一定是坏事。

吴怀尧　接受媒体采访时，您说李戡过几年可能会翻江倒海。在您内心深处，您是希望李戡按照自己的兴趣过一生，还是像您这样笑傲江湖？

李　敖　我希望李戡做一个自由大学里面的教授，我希望他能够这样。跟着那些媒体去赚钱没有什么意思，做不到老板，都做伙计，有什么意思？我觉得痴迷赚钱是一个坏习惯，因为没完没了的，一个人赚了钱以后不会停止的。因为我这样代价很大，而我又变得很凶悍，冲突面太大了，不一定好。

知识使我能够脱于逆境

吴怀尧　2010年8月，您在上海时谈到韩寒，批评韩寒"一进入知识的境界就出局了"，有人对此表示不解，一辈子嬉笑怒骂追求言论自由的李敖，为什么在七十多岁时警告另一位年轻人少说为妙？我注意到，甚至有媒体发表署名评论《李敖，您忘了〈老年人和棒子〉？》。对这些争论您作何感想？

李　敖　这是奇怪的，这些人书没念通。第一个我从来没有接到过棒子，接到棒子以后才能给别人。第二，对韩寒的部分，严格说起来，是聊天的时候谈到他，媒体发表的部分与事实有些出入，我也不便怎么更正。

韩寒的确是一个现象。他本身有很多优点，我个人对韩寒没有任何恶意，长得蛮好的一个小朋友。

吴怀尧　2005年您的"神州文化之旅"引发轰动效应，当时媒体征集提问，网友最想知道您当年在狱中思考什么，当时您为什么避而不答？

李　敖　这个问题有些笼统，在狱中忘掉那个环境是很重要的，就是人在牢里面，可是心在牢外面，如果整天跟牢里纠缠的话，就会不愉快。

吴怀尧　有些人遇到挫折的次数多了会变得消沉，您是如何保持斗志的？

李　敖　因为我能够在知识上面始终保持兴趣，并且持续不断地深入研究，这使我能够忘掉眼前那些乌烟瘴气的事情，知识使我能够脱于逆境，这点很重要。如果我没有这种对知识的乐趣，整天也会陷在牢里面，叫我整天坐在那里我也没有办法，我也不相信什么打坐这种事情。

批评我的人水准很糟糕，有些指责是小人之心

吴怀尧　我注意到，在2005年后，部分媒体人和知识分子对您的评价有所改变，有人认为您晚年变得比较油滑，"特别会审时度势的聪明人"。对于此类批评的声音，您本人听到过吗？

李　敖　我听到过，可是我很奇怪。我觉得有这些看法的人太不懂事了。为什么在台湾地区我可以这样子，因为我在台湾曾经有九十六本书被查禁的纪录，换句话说这个纪录是古今中外的世界纪录，被查禁还照样写，直到查禁我的力量没有了。

吴怀尧　如果要对这些批评正面回应，您会说些什么？

李　敖　我有这样的感慨：对我李敖的看法可以作为一个标杆。什么标杆呢？反过来不是说我李敖如何如何，而是你们如何如何，你们的水准，你们辨别是非的能力，原来是这个样子。问题不在我，问题在别人，他辨别是非能力不够，或者他没有这个资讯，看不到我在大陆之外出版的作品和发表的言论，以致不能辨别是非。

我认为大陆有很多不了解我的人，我不在乎他们不了解我，而他们对我的批评，正好反射出来他们是什么样的人。我是一个七十六岁的老头子（2011年），不重要了，重要的是批评我的人是为什么，他们批评的方法和标准是那样的糟糕，轻易给人戴帽子，戴帽子的时候戴得那么凶狠，问题出在这里。

吴怀尧　大陆的知识分子，有没有您特别欣赏的人？

李　敖　有，死掉了。马寅初就是我欣赏的，曾经的北大校长马寅初。

吴怀尧　说到北大，我想到您父亲当年是北大的文学新生，您去台湾地区念了台大。中间隔了一代人，李戡又回到了北大，他是不是帮您完成了一个心愿？

李　敖　从感觉上面有，我的父亲和儿子都在北大，很好，其实我个人没有这个机会。李戡同时考上台湾大学跟北京大学，但他选择了北京大学，他去北大完全是靠分数进去的，有人骂我给儿子铺路，铺什么路？这些指责都是小人之心。

吴怀尧　嗯，另外我想问问，做电视节目时您时常自称"李大师"，为什么要自封"大师"呢？

李　敖　（笑）我老喜欢拿冰山来比喻：冰山有八分之七在水底下，所以才能浮出来八分之一，我总觉得大家看到我的就是那八分之一，我的八分之七大家忽略了或者看不到，大家捧我捧得还不够，所以我觉得这个很可惜，就自己捧自己一下。在我表现狂气的时候，看起来有大头症、是自大狂，其实我内心深处，谦虚得很。大家看到的只是我的一些噱头，一些皮毛，真正的李敖大家无法完全知道。我苦心思虑的一面大家看不到，或者没有感觉出来，有点可惜，那是属于我的八分之七部分。

吴怀尧　您曾经对艺人小S提出加重诽谤罪，要求上庭前先上小S的节目《康熙来了》辩论三场。这件事被媒体报道后，有很多人觉得您变成了娱乐界人士。

李　敖　（笑）那不是八分之一的李敖，那是十六分之一的部分。

吴怀尧　大师都有传世之作，在您已经完成的作品中，您认为哪些作品有望传世？

李　敖　我觉得我晚年的东西应该越写越好，可惜你们看不到。我已经出版了四本新书，一共写了一百六十万字，《阳痿美国》《大江大海骗了你——李敖秘密谈话录》《第73烈士》《你笨蛋，你笨蛋》。

证明一个作家的实力，必须长篇作品才算数

吴怀尧　您今年（2011年）已经七十六岁了，为什么依然笔耕不辍？

李　敖　我对自己过去的作品不是否认，而是兴致不高了。人要进步，我希望自己不断进步。对文字工作者来说，整天努力写作，写出来的，却是一篇篇杂文；印出来的，是一本本杂文集，这是不够的。尽管写的字数不少，但不是专书，也不算"一以贯之"的著作。我著作等身，但直到《北京法源寺》问世，我才真正肯定我写出了专书，而以前问世的实在不够看。很高兴我颠覆了自己。

吴怀尧　如果让您给大陆的年轻人推荐一本您的必读书，您会推荐哪一本？

李　敖　推荐三本，没有推荐一本的。

吴怀尧　为什么推荐三本呢？

李　敖　（笑）因为每一本都好。

吴怀尧　好，请问具体是哪三本？

李　敖　《红色11》《北京法源寺》，还有《上山·上山·爱》。这是我比较得意的作品，如果不是纯粹的文学作品，都不够看。

吴怀尧　证明一个作家的实力，必须长篇作品才算数？

李　敖　那当然，短篇能代表一个感想而已。我那个《虚拟的十七岁》就是长篇小说，很厚一本书。跟《上山·上山·爱》《红色11》，都是并驾齐驱的。

吴怀尧　在文学作品之外，您做了很多有影响的电视节目如《李敖笑傲江湖》。我发现您上镜时特别喜欢红色，一袭红夹克从未改变，您为什么喜欢红色？

李　敖　（笑）那是很偶然的事情，因为我要做电视节目，我到现在为止没有西装，我就去买个夹克，希望买正点的，不要怪形怪状，也不要看起来很像年轻人的。最后就买了一件红夹克，还是个蛮贵的名牌。我年纪大了，穿上红颜色的夹克，颜色鲜艳一点也不错，看起来很快乐，就穿上了瘾。

吴怀尧　您始终保持特立独行，法国心理学家勒庞在他的著作《乌合之众：大众心理研究》中提出一个观点：个人一旦进入群体中，他的个性便湮没了，群体的思想占据统治地位，而群体的行为表现为无异议、情绪化和低智商。就您的经验来说，您认同勒庞的观点吗？

李　敖　他这个不算什么观点：事实就是这样子，个人进入群体以后，就会变得没有个性了，如果你要有个性的话，你就要付代价。

人不可靠，晚年概不交游

吴怀尧　我想到一个问题，您批评别人的时候非常严厉，但是对待自己的时候就有一种轻轻放过的感觉，在中国的传统文化里面，向来提倡严以律己，宽以待人，您好像正好是反过来的，您自己觉得是这样吗？

李　敖　不是宽严的问题，而是事实的问题，该宽就宽，该严就严，这是事实问题。对方是猪八戒，你怎么样美化他还是猪八戒，这就是事实问题。

吴怀尧　也有人说您借贬低他人抬高自己。
李　敖　这种观点是没有见识的观点，我抬高自己还需要贬低别人吗？

吴怀尧　鲁迅重病时拟定的遗嘱中有一条是："我的怨敌可谓多矣，倘有新式的人问起我来，怎么回答呢？我想了一想，决定的是：让他们怨恨去，我也一个都不宽恕。"您对昔日的"怨敌"，也是"一个都不宽恕"的态度吗？
李　敖　鲁迅那种太狭窄了，他跟别人纠缠不清才发生这个问题。我跟别人不来往，可是来往的时候才知道人也有王八蛋的，基本上人是经不得考验的，所以我对人的评价很低，尽量跟人不来往，也不太相信别人，原因就是觉得人不可靠。

吴怀尧　"人不可靠"是您年轻时就有这种感觉，还是后来总结的人生经验？
李　敖　越来越觉得人不可靠。你看我最近在微博中写道，司马光《涑水记闻》里提到一个怪人,叫王嗣宗。传说他有本"恩仇簿",上开名单,有恩报恩,有仇报仇,报完了,就打个钩。后来他老了,更火了,"晚年交游,皆入仇簿"。所有人,都变仇人了。我的聪明是晚年概不交游,个人关心的大部分都是文字的,不需要跟别人来来往往。

吴怀尧　您的这些人生经验会传给您儿子吗?

李　敖　这些经验很难都告诉他,因为给年轻人这些对人生灰色的想法,不一定是正确的。他待人接物可能会有吃亏上当的时候,这也很合理常见。人生成长的过程里面,第一次朋友骗你可以怪朋友,第二次他骗你就只能怪你自己,第二次就不要给朋友骗你的机会,这要看你个人的智慧了。第一次不可避免的。

吴怀尧　最后冒昧问一下,您曾说自己死后千刀万剐,这是什么意思呢?

李　敖　早在十多年前,我就公开捐出遗体,送给台大医院"大体解剖"了。一般提供"大体解剖"的人,最后仍收回遗骨;但我连遗骨都奉送了。死后可移植给别人的器官有心、肺、肝、肾、胰脏、眼角膜,还有皮肤及骨骼,还有小肠,甚至国外还有移植四肢和"变脸"的,如果成功，就有人"貌似李敖"了。我虽爱心广被，但是毕竟老了一点，"廉颇老矣，尚能捐尸否？"由医生决定。台湾有七千人等待器官移植呢，将就点吧。

吴怀尧　李敖先生，感谢您接受这次对话，请多保重！
李　敖　你能够有资料深入地了解一些问题，谢谢。你最成功的一点就是如果你把今天聊的问题集中澄清，包括我所说的关键——对我的批评，重点不是我李敖如何，而是读者对我的看法会反弹回去，你本人什么样，你对李敖有什么看法，可以反映出你是什么样的人，这是最重要的观点——你把这个传播出去就很了不起。
吴怀尧　好的，没问题。

沈昌文

—— 阁楼人语 ——

慢,也是一种进取。慢,人生才是一种享受。

一个月的时间，我和沈昌文见了四次面，他称我吴兄。

见面的地点都是在北京美术馆东街二十二号三联韬奋书店二楼雕刻时光咖啡馆，相当于阁楼的一个地方。

第一回聊完后，一起吃午饭，他点的菜里面有一种烤鱼味道很特别，带有烟熏香气。他喜欢这道菜，极力向我推荐，自己还喝了几杯冰啤酒。我说您一向喝冰的吗，他笑答，"要压一压欲火"。

第二回聊完后，我的朋友兼摄影师董鑫给沈昌文拍照，他很配合，脱了外套倚墙而立，眼睛看镜头，说过几年你们再想找我拍照，"我可能都不在啦"。

第三回正好我主编的《新青年》第一辑的文稿排完，我请他过目提些意见，他看后点点头，说已经非常好，"建议封面朴素些"。

第四回见面，我问他对一些社会事件的看法，他大多绕过去了，他端起黑咖啡，眉目间透着与人为善的表情，笑呵呵地说，"我老了，不想发表太多的意见"。

沈昌文，1931年9月生于上海，因家道中落，十四岁时辍学，开始长达六年的学徒生涯，工作之余自学无休，最后取得的学历是上海民治新闻专科学校采访系二年级肄业。

1951年考取人民出版社校对员，此后屡有文章及译作问世。1986年1月起，任生活·读书·新知三联书店总经理兼《读书》杂志主编，1996年1月1日奉命退休，此后仍会参加各类文化艺术活动。个人主要著作有《阁楼人语》《书商的旧梦》《最后的晚餐》《知道》，译作《控诉法西斯》《出版物的成本核算》等。

这个在出版界摸爬滚打五十余年的爱书人，尽管年岁已高，有着诸多光环，却无任何炫耀。经过多次沟通，我看到他的温润、谦卑、自省和坦诚。

他喜欢佛教，也读《圣经》，爱好美食，尊重女性。

他踽踽独行，不知疲倦，说话慢条斯理，少见慷慨激昂。因听力不佳，交流时他会侧耳倾听。他自嘲为"知道"分子，但细察会发现，他的观点其实隐藏在"知道"背后。

半个世纪以来，作为文化殿堂的守护神，沈昌文在捍卫阅读的趣味，点燃的是万丈书香。

2021年1月10日清晨，沈昌文在睡梦中离世，享年九十岁。

学徒生涯

从念小学开始,沈昌文就处于人性扭曲的环境之中。"我连哭都不能大声哭,笑也不能大声笑,说话也不能随便说。我始终要仰仗别人的帮助。为了能上一个好一点的小学,我连自己的姓都得改掉。我不能和邻居的孩子一起玩儿,因为我的祖母不允许,那是她眼里的'野蛮小鬼'。正是在喜好玩耍的时候,我唯一的游戏就是闷在家里,隔着板缝往外看。这形成了我比较特别的经历,也促使我这个当学徒的永远要念书,要上进。在以后几十年的生涯中,我始终不跟荒废时间的事情打交道,只知道要多学一点东西,自己去找饭吃。现在想想,我唯一的玩儿,现在也还是这样在玩儿,就是从板缝里看这个世界。"

吴怀尧 在见您之前,我们素未谋面,但是说到三联书店,说到《读书》杂志,说到沈昌文,还是会有一种油然而生的亲切感,不会觉得坐在面前的是一个陌路人。所以,我不想把这次沟通弄得很严肃很深沉,更希望是轻松有趣的谈话。

沈昌文 你已经界定了是聊天性的,我们聊天可以很亲切,可是一谈到业务啊,我就没有办法谈,因为现在已经很有隔膜了,我每天谈的没有一件事是正经的,没有一件事是要订合同的。说不正经,那倒也不是唱歌跳舞,都是谈跟文化有关的。这个在饭桌上就比较合适。我本人也喜欢做饭，我很少自己下厨招待别人，我会到饭馆点菜，有些饭馆我非常熟。这样我就经常跟朋友聊天，有时也在饭馆里聊。吃饭可以有一种高兴，有一种喜悦，谈事情就容易，感情也容易交流。

吴怀尧　接受媒体采访时，您常用"吃喝玩乐"形容自己的日常生活，我想知道，面对当下各种触目惊心的食品问题，您是"吃"心不改呢还是心有余悸？

沈昌文　我很大胆，我喜欢去小饭馆，用恶心的话说就是脏兮兮的小饭馆，都在这（美术馆东街三联韬奋图书中心）附近。我每天要做的事就是跟朋友聊天、交往，过半都是在饭桌上，如果大家很熟，就在附近找个小饭馆，不是太熟悉的，就去像样些的地方。

吴怀尧　平时您和朋友们主要聊些什么？

沈昌文　找我的朋友非常多，大部分来自海外，要谈的无非是内地的各种新情况，或者是思想界、文化界的各种倾向。这种闲谈，在饭桌上显然比较合适。我没有实质性的业务，没有谁委托我组织写稿，出版作品。如果有的话，我就牵线搭桥，我绝对不管所谓的业务，我已经七十八岁了（2009年），我不能再管这些事情。

吴怀尧　您生在宁波，长在上海，现在还会经常回去看看吗？又是出于什么原因，您可以这么多年一直待在北京？

沈昌文　我生在上海，长在上海。之所以和宁波有缘，是因为我妈妈是宁波人，我又在宁波人开的商店里打了六年工。现在年纪大了，哪里都不怎么去，家里也不放心我一个人去。我家人都不住上海，我太太是北京人，而且是蒙古族的旗人。

吴怀尧　您是1962年1月结婚的，到现在（2009年）差不多五十年。金婚对于现在的年轻人来说，是很难想象的事情。

沈昌文　我们那时候谈恋爱的方式很简单，是支部书记介绍的。我们的支部书记生病，去医院里看病，病好后就把女医生介绍给我了。

我可以告诉你一个秘密，因为这以前我在单位里追求女孩子都失败了，我们的支部书记说这样一个优秀的青年——我那时候正在积极争取入党，我是1961年10月份入党的——居然找不到对象——我遭到单位里面女同志的白眼。

吴怀尧　您恋爱受挫的原因是什么？

沈昌文　我原来是工人，尽管上过大学，也是业余时间念的，所以我到了单位非常急切地要上进，要做好多事，比如翻译。我原来是做校对，校对上升需要拿出东西来，在我们出版社能够自己做翻译或者写作。

当时我看上了一个做翻译的女同志。我们那里的优秀女士都跟我讲，你要追求，不是说直接告诉她"我们俩好吧"，这不行，得追求。可我没时间追求，我要翻译，我就是靠这个——说得难听点就是靠这个"爬"上去的，我能翻译不同的东西。所以人家说我变成工人阶级知识分子，我去当领导的秘书，然后当编辑，当编辑室主任、总编辑等等。

我的"邪门歪道"是，今天在座的有俄国人我讲俄国话，有德国人我讲德国话，有法国人我讲法国话，都能够多少讲几句。俄文我最厉害了，我是在上海淮海路学的俄语，都是夜校。我在上海、在北京都上夜校，夜校非常辛苦。多的时候一天要上五个补习学校，早上五点钟到晚上十点钟。

吴怀尧　自我教育和上进心真的是非常重要。

沈昌文　我自学的缺点是不注意文化积累，只注意谋生，学什么我就看将来能不能用于谋生。我在上海观察家庭教育，发现关键就是靠实力做事。我没有资产，也没有背景。我父亲是很有钱的家庭，行为端正，用我祖母的说话，连玩女人的心情都没有，可是他抽大烟，把家产全抽光，他死了以后，房子卖掉抵债。

后来我才知道，鸦片并没有那么费钱，以至于把家产都抽光，问题是抽了鸦片人就没有上进心，没有上进心就给人坑蒙拐骗，把事业给毁了。

由于母亲认定家道中落的原因是嫁错了上海人，所以我从小在上海的宁波圈子里长大。虽然家里一贫如洗，但外婆还是认定好人家的孩子一定要上最好的学校，于是我冒充一位在上海工部局工作的亲戚的孩子，得以进入上海工部局子弟学校——一个由英国人办的学校里上学。亲戚姓王，所以我读书时的名字实际上是"王昌文"。念到初二，交不起学费，学校老师来催欠款，很无奈，我祖母和我妈妈就决定让我离开学校。走的时候，我没有跟任何同学打招呼。十三岁时我又冒充宁波人，开始在南洋桥一家宁波人开的银楼里的学徒生涯。这一类的商店，为了知根知底用的都是同乡。

吴怀尧　您父亲去世时您多大？

沈昌文　我父亲死的时候我实际年龄只有三岁，我连他的容貌都不记得了，很多都是听我的家人，特别是我的祖母说的。我十多岁的时候，家里已经穷得一塌糊涂，就住在上海人所谓的城户临时建筑里。

吴怀尧　在您的成长过程中，实际上是缺少父亲这个角色的？

沈昌文　不但缺少父亲，而且我妈妈从小给我的教育就是上海人是不行的，她这辈子的错误就是嫁了一个上海人。按籍贯来说，我是上海人，可是我更看得起宁波人。我妈妈是宁波人。我从小就学宁波话，我在宁波人的圈子里长大，我讲宁波话比上海话还地道。尤其是我学徒六年，这个店是宁波人的商店，这个店是不许非宁波人进去的，宁波人的乡土观念非常厉害。

宁波人有一点是好的，做商业讲究诚信，我从1945年以后完全讲宁波话了，完全宁波化了，在这之前我还讲一点上海话，之后完全是变成宁波人了。所以宁波人的特点，在我身上非常明显，而宁波人除了有一套商业办法以外，还有本事，因为宁波开埠早，航海出去比较早，我的很多亲戚都是做航海的，做船长，因此能够接受外来文化。

吴怀尧　能否说一件在学徒生涯期间，让您难以忘怀的事情？

沈昌文　1945年抗战胜利，美国兵带妓女到处闲逛。我是卖首饰的，我要招呼他们，就喊美国兵"罗斯福先生"和"杜鲁门先生"，他们听了很欢喜，带着女伴就进来看。我在店里本来是工人，后来变成账房了。为什么做账房？我告诉你我的一大创造：那些卖给女孩的首饰，通常上面会镌刻赞美女性的词语，什么"沉鱼落雁""闭月羞花""国色天香"之类。后来我改革了，我从来喜欢改革，我改写成"妹妹我爱你"，这样一来，我所在的店里首饰卖得好着呢。

编辑时间

中华人民共和国成立后三联书店在上海招考，沈昌文喜出望外，写了一封热情洋溢的信毛遂自荐。"我觉得我是工人，三联书店一定愿意让我去。结果，人家回信说要的是大学生。再后来人民出版社在上海招考，这一次我就变成大学生了，因为我在市内的新闻专科学校读书。我自己刻了一个图章'学习报'，说'介绍本报记者沈昌文前来应考'。我考得也不错，就到北京来了。当年三联书店没有录用我，多年以后，我当了三联书店的总经理。"

吴怀尧　从1945年到1951年，您一共当了六年学徒，白天伺候八方来客，晚上去夜校进修，后来考取了民治新闻专科学校。按照这个路子往下走，您应该是当记者，最后怎么阴差阳错上了出版这条船？

沈昌文　在第一学期，我的采访学的成绩是五十分。六十分及格，我才五十分！班里属我最差，我真是丢人啊。这当然不能抱怨老师，我自己不会写嘛。我的摄影课、电影课成绩都很好，可是正经的新闻课都没有学好。我没有学好语文，只是念熟了《古文观止》，现在还能背很多。大概是1949年底到1950年，三联书店在上海招考，报名的条件是要有大学一年级的文化程度，我刚好够了。可是他们没有要我，我估计是我太诚恳了，写了真实心情，说我以前是个学徒，如何喜欢三联书店，想去为它工作。

吴怀尧　和现在很多大学生投简历的情况差不多？

沈昌文　1950年底，人民出版社要在上海招收校对员，我和几个同学就去了。这次报考，我接受了上次的教训，伪造了证件和介绍信，说我是报社的工作人员，后来就考上了嘛。第二年3月24日，我就到了北京，开始做校对，同时继续学习俄文。做校对时，"抗美援朝"错成"援美抗朝"，我却漏校了。最惊险的是1953年的"洗澡运动"，我怀着一种虔诚的心理，把自己曾经做过的"所有丑恶的事情"一股脑儿说了出来，包括如何隐瞒"学徒史"造假开证明，包括为了挣钱上学曾帮资本家做过假账等等。结果思想汇报交上去后，不久人事部门找我谈话，认为我"历史太复杂"，准备将我辞退回上海。

吴怀尧　刚直起腰，头又碰到天花板，心里不太好受吧？

沈昌文　是啊，觉得非常悲哀，等于以前所有的努力都白费了。好在这时，我翻译的两本书出版了，而且被时任人民出版社副社长的王子野看到，他推翻了人事部门的决定，不但没让我走，还把我调到了身边当秘书。不久我又被评为"青年社会主义建设积极分子"，现在奖状还在家里。

当时的人民出版社下设人民出版社、三联书店、世界知识出版社三块牌子，所以我实际上已经迈进了三联书店的门槛。在体制内，能当领导的秘书，一般都是比较受信任的。从1954年以后，我就一帆风顺了，入党，当编辑室主任，尽管也有挫折，我都过来了。

吴怀尧　对自己的发展方向，您是潜心规划好，还是且走且看，顺其自然？

沈昌文　两个都不是，开头是有目标的，后来发觉目标都达不到。我学过很多东西。我学摄影，没人找我照相，我也进不了照相馆。我学过收发电报，后来也没成功。我学过会计，因为没有很好的学历，我也当不了会计师。可是通过这些事情，我慢慢形成一个观念，一旦机会来了，你必须有所准备，抓住机会。我没有能力，我没有人脉，所以我在上海的学习很多都浪费了。一直等到20世纪50年代初，我才获得了机会，要是没有出书，我可能就被解雇了。

吴怀尧　现在回忆那些陈年往事，您是记忆犹新，还是需要努力回想？

沈昌文　我觉得比较清晰。我喜欢讲半通不通的英语，很抱歉，我们上海人的坏习惯，必须要不断地strive，斗争，只要有一种本事，总是会有成果的。

我是暗暗地用功，人们都不知道，我要翻译东西，换句话说我要出人头地。所以到了1954年的时候我得了大病，看上去没有什么，咳嗽很厉害，肺结核、气管炎、关节炎等等，我生活中最苦恼的是失眠了。当年我到北大医院看病也得头天晚上去排队，第二天早上才能拿到号。那一年上海的英汉大字典要重印，我会英语，就被派到上海去出差，里面有一些地方要做校对工作。

吴怀尧　您接触气功就是这段时期吧？

沈昌文　对，我在上海的时候，认识了一位叫蒋维乔的老先生，他当过江苏省的教育厅厅长。我跟他学气功时他已经八十多岁了。他的功法非常简单，不讲什么外功内功，乱七八糟的更是没有，起首只有一条，就是"意守丹田"。怎么能"意守丹田"呢？这一点我很得意，他讲的一句话我能落实,就是"破除我执"。

他认为,越是"执"于一点,就越不能成功,所以要放松。放松之后,把注意力集中在肚脐之下一寸三分,老是想着那儿,那儿就会发热,一旦发热了,就是所谓"得气"了。然后,你就按着书上讲的经络路线,把得的气引导到一定的穴位上。需要治哪个部位,就让气走到哪个地方,慢慢地病就会好了。

这个气功本身不重要,重要的是一个人生哲学,就是要把心安下来。比如说公共汽车没挤上,你可以恨得要死,这趟车看着就差一步,但是没赶上,可是你再解释一下就很简单,这一趟过去了,还有下一趟,下一趟可能更宽敞。

我过去有那么一股进取之心,可我不知道退。他告诉我,要进还要退,你才能有真正的进步。若是没有他告诉我这一点,我可能之后就毁了。我当然还是要进,但是不再刻意去追求效果了。

所以慢慢我就学了很多东西。他去世后,很多人说是正常死亡。厦门大学的谢泳写了文章,经过调查才知道,1957年底,蒋维乔知道儿子被划了"右派",老头想不开。老头一辈子教我各种想开的办法,结果他后来到气功室上吊死了。

吴怀尧　1979年4月《读书》杂志创刊，李洪林写的《读书无禁区》引发强烈的社会反响。1980年3月，您被调到《读书》杂志编辑部，这中间又有什么样的因缘际会？后来您又如何做了主编？

沈昌文　有一段时间我想离开人民出版社，去陈原主持的商务印书馆，当时我在人民出版社的顶头上司范用把我留下了，他说陈原现在还管着《读书》杂志，你就去《读书》吧。就这样，我到《读书》当了编辑室主任。

20世纪80年代初期，我们刊登了一些被认为是有问题的文章，老是要去做检讨，下面也流传说，《读书》出事了，要停掉。正在我们很紧张的时候，1983年，胡乔木在通俗读物出版会议上有一次讲话，他讲着讲着，忽然讲到《读书》，他说《读书》杂志大家很有意见，这个杂志该怎么办呢？我看还是要办下去，要他们加强马列主义的学习嘛，等等。所以，新闻出版署赶紧根据这个精神重新研究《读书》怎么办下去，其中一条是，把党员沈昌文的地位升高，变成执行副主编了。

这个事情过去以后，乔木同志给《读书》杂志投了篇稿，是他出版的诗集《人比月光更美丽》的序言。他完全是以普通读者的身份投稿给我们的，信中说：我写了篇文章，你们看看，能不能采用，等等。我就以编辑部的名义回信，对乔木同志来稿表示欢迎，并建议文章做两个改动，其中一个是把"我的拙著"中的"我的"两字删去。他又给我一封回信，同意修改，语气客气得不得了，意思是说，对他这样的人来稿，像对一般作者那样就好了，用语不必客气。后来，我到新闻出版署开会，"无意"之中，向署里的领导讲了乔木同志给《读书》投稿的事。不管怎样，《读书》最后还是过关了。

吴怀尧　您主持工作的十年，堪称《读书》杂志的黄金时代，它成为文化界的标杆性读物，许多知识分子以在《读书》刊登文章为荣。知名博主和菜头说："三联书店在您手下时，是那种值得学人骑自行车经过时踩一脚刹车，下来鞠一躬再走的所在。"现在回头看，您觉得《读书》当年为什么能登高一呼，应者云集？

沈昌文　它刚刚问世，就站在了一个很高的起点上。众多老知识分子和出版家为它塑造了一个独特的风格。《读书》的主张是陈原老总主张的，我觉得很受教益：要有思想性，要有启蒙，可是绝对不能说教，而是要有可读性。他认为文章要短，不能超过三千字，后来我接手后改为不能超过五千字。

大家说当年的《读书》如何如何，其实不是我们有能耐，而是我们当年形势有利，多年不开放，大门忽然敞开，金克木、张中行、钱锺书这些老知识分子憋了很久，第一次得到讲话的机会，金克木简直有写不完的文章，他说你们一个月才发我一篇，我一个月至少写四五篇。找金克木去谈事，在门口已经握手告别了，在门槛上他还要跟你谈十五分钟呢。钱锺书也有讲不完的话，滔滔不绝。张中行也是如此。当时还有一个痛快的是，我们从来不操心发行量和盈利问题。我接手的时候是两万册，我移交工作的时候是十三万册。

书商旧梦

回首过去的时光，沈昌文如此总结："我这一辈子都是做牛式的出版：听话、恭顺，不敢越雷池一步。你们可能不知道，在几十年前，说某人搞出版长于'独立思考'，那可能是对其他人最大的打击。这样一来，他也许会遭难多年。现在世道不同，新型的出版家们，可以做鸵鸟，做骆驼，做鲸鱼了。"

吴怀尧　1996年1月1日上午，您接到三联书店人事部门负责人的电话，被告知退休。退休之后您也没有闲着，一直在文化圈奔走，相比之前有什么区别？

沈昌文　退出后做事跟过去不一样了,就是玩的态度,不是真正的做事。过去做事是要求一个目标,讲穿了就是功名。退出后就是好玩了,这以后我还做了好多事,都是为了好玩,不是为了功名,我已经不需要功名了。

吴怀尧　也不做翻译了?

沈昌文　我跟你说实话,我的翻译水平并不高,我能翻译斯大林时候的东西,我不能翻译那以后的。现在中文的东西活泛,过去毛泽东时代的《人民日报》社论,多好翻译,我翻译当时那个《真理报》的社论,因为有一套规矩,很容易翻译。

这套规矩现在没有了,我何必呢,我花的成本太高,所以我现在就是玩了,完全是从个人主义出发,我是典型的个人主义,我想得挺透。

吴怀尧　不翻译但是写了不少东西。我发现您的著作《阁楼人语》《书商的旧梦》《最后的晚餐》,包括最近正在热卖的口述自传《知道》,没有一本是三联书店出的,为什么会这样子?

沈昌文　我离开三联以后,海外报纸不断地有文章出来,说《读书》犯忌,沈昌文被迫退休。有的人认为是我挑动起来的,这当然是个误会,我也不想去做解释。既然有了这么大的误会,为了保全三联书店,我只好划清界线，不再有业务往来。

我到三联来就喝咖啡，业务我一点儿也不管，我自己的事情更不能够求三联。

吴怀尧　您现在和三联是什么关系？

沈昌文　我是三联的退休职工，我不担任任何职务。

吴怀尧　在三联的时候，您引进《宽容》《情爱论》；近些年又引进《欧洲风化史》，编了杨绛先生的《我们仨》，还将台湾的《蔡志忠漫画》《朱德庸漫画》和《几米绘本》推荐到内地出版。这些书销量都非常好，相比之下，您对非大陆的作品似乎很看重？

沈昌文　大陆出版的发展在某些方面比西方落后，也比台湾地区落后。我做出版的，我很清楚，台湾地区出版走过的路子，我们现在正在走。所以，境外的作者经常有一些思路值得我们借鉴，并且境外的学术机构也没有像我们这样多，写纯学术、看不懂的文章是没出路的，他们比较讲究可读性。

吴怀尧　您的大半生都在跟书打交道，对当下的出版界怎么看？您会读什么样的书？

沈昌文　我个人的经验不足取，我喜欢浏览，因为我是书商，我要了解整个书业的全貌，我的缺点和优点都在这儿，我看得比较多，但是缺少深入的思考和研究。中国的出版，至今病在谋略太多，机心太重，理想太少。

可是不管怎么样，我相信开卷有益，不管你是什么态度，你都会得到好处。刚才我说了，我的毛病很大，因为我要看的东西实在太多了，一本书刚看了三页，发现一个问题，我又去查另外一本书，我家里书也多，这样一天到晚就在浏览。所以我做不了专家，当不成学者，我自己是"知道"分子，就是这个道理。而且我有一点特别觉得要告诉年轻朋友，你们身处现在很幸福，现在的书实在多，够你们看的了。要是前三十年，简直是不可想象。我个人特别爱看的书，我说不出来了，我只能学学某些老前辈的说法，我还是怀旧的时候多，我现在经常要怀旧的一本书，就是《古文观止》。

吴怀尧　从数量上讲，书是多了，但是有数据显示，因为网络和视觉影像的影响，加上各种原因，看书的人数在下降，对此您怎么看？

沈昌文　阅读率下降出版商要负责，应该用各种生动的手段来吸引读者。像蔡志忠用漫画的形式诠释包括《道德经》《论语》《菜根谭》等中国传统文化，就很流行。

"知道"分子

沈昌文算是文化出版界的"老土地",他表示自己有责任把知道的种种说出来,提供一些素材。"我特别担心的是,因为我是残留的老人中苟活得较长久的,后人会把改革开放时期不是我的功劳归到我名下。"

吴怀尧　我曾在《南方周末》上读到一篇写王元化的文章,说晚年的王元化在主编《学术集林》文丛时,不能把所有的思考都只集中在学术问题上。他在卷二的编后记中就体会到:"最头痛的是要花费大量精力,去排除本不应有的无谓干扰。编者已不年轻,以现在的年纪和身体来说,就成为超重的负荷了。"后来又在日记中写道:"凌晨醒来想到《集林》事。我名为主编,实为初审。经我定稿后,还至少要再过三次堂,且同一问题也需回答三次。编辑技术处理极差。只有妥协……"此类情形,您可曾遭遇过?

沈昌文　我的情况跟王元化完全不一样。我编的《读书》杂志是愿意发表各种不同意见,希望大家都写出好的文章,能够说服别人。我做编辑是我站在旁边看,王元化做编辑是主角,他有自己的观点,我本身没有观点,我是看大家在那说话。

吴怀尧　王小波的杂文集收录了发表在《读书》上的《摆脱童稚状态》《智慧与国学》《思维的乐趣》《花剌子模信使问题》等文章。私底下,您和他交往多吗?

沈昌文　没有什么个人交往,他就是投稿,我喜欢他的稿子。《读书》产生风波的时候,提倡思想解放,可是一定还要有可读性,王小波的稿子就有这两个特点,写得好是一种概括,指的是写得风趣。表达得好是非常难的艺术,王小波的表达是曲里拐弯的好,有一篇文章我现在背不出来了,讲的就是知识渊博,一篇杂文讲一个很简单的道理,三句话讲完了,他可以写三千字,而且写得很有趣。

吴怀尧　他在世时是曲高和寡,小说发表更是费尽周折。

沈昌文　我同意你说的曲高和寡,所谓(可读性)要好,往往是拐弯,拐了几个弯,有的人就不耐烦了。小波知识渊博,他讲道理的时候,表达方式简直出人意料。

吴怀尧　在您的口述自传《知道》中,有一句话是:"当时的那些事儿,我在回忆文章里不好写。不好写的事儿多着呢!以后会慢慢说。"到底是什么事情让您欲言又止?

沈昌文　主要牵扯到人事关系,张三看不起李四,李四看不起王五之类。过去阶级斗争为纲的年代,复杂的事情太多了。

吴怀尧　比较圆滑的手段……请问，您有宗教信仰吗？

沈昌文　没有，我没有宗教信仰，我喜欢佛教，但不是信徒。"放下"是中国宗教一个很重要的观念。此外因为工作的关系，以前也研究过宗教观，仅此而已。

吴怀尧　如果没有特殊情况，您每天早上四五点钟就起来上网，看各类新闻和博客，但是只潜水，从来不发言，是担心遭遇"跨省追捕"吗？

沈昌文　没有，我每天上网看各种东西，本来就不想发表评论，实在有的时候点名道姓让我发表意见，我也请朋友帮我代发，因为我不知道这个手续，要注册等等，我一听到"注册"两个字就非常紧张。我谢绝这些活动，可以说一句简单的话，老年人怕麻烦，我不愿意有这些麻烦，注册了人家还跟你讨论，有不同意见等等。从我做编辑来说，我需要了解这个世界，网络是很重要的窗口。我老了，我不发表意见，而且需要发表意见的地方太多了。

吴怀尧　就我所知，您和您的外孙关系不错，您对年轻人有什么建议吗？

沈昌文　在马路上不能卖弄聪明，比如说看见两个人在下棋，你认为你很高明，你告诉这个人该吃那个人的车了，这样一来你就糟糕了，他们会慢慢把你套上，然后跟你赌钱。你看对方本领不高，以为自己肯定可以下赢，可是快到你要赢的时候，他们突然说一句"警察来了"，这些人全走了，你的钱也不见了。

所以我在上海生活过以后，我到了北京，我实在很奇怪，怎么有人把钱存在银行里，凭一张卡去取，我不敢相信这个卡。我最相信 cash，现金，看得见摸得着的。

吴怀尧　您警惕性这么高，追根溯源，这和您小时候的生活环境是否有关？

沈昌文　我少年时生活的地方是上海最复杂的地带，挨着法租界，那个地方干坏事的最多，干好事的也多。好事是什么你知道吗？共产党听说要被抓了，就穿过法租界，国民党的警察就进不来了，那个地方叫老西门……

我就生活在这个地方，我念书时候的好朋友是扒手，他不念书，整天去扒，晚上跟我聊他扒到了什么东西。

吴怀尧　近墨者黑，很难得，您的扒手朋友没有带坏您。

沈昌文　我得靠自己的本事啊。在阶级斗争为纲的年代，我大量的时间是在翻译书，翻译了差不多有一百万字。我自学出身的，我靠什么让社会承认我呢，我要拿出东西来，我要翻译写东西。

所以我觉得年轻人重要的就是永远要有一个观念，就是要有一技之长，这一技暂时被冷落了没关系，时代在发展，你这个行业总有一天它又会走到前面，我就是靠这个东西起来的。外面的斗争再厉害，我应付过关，回过头来在家里做我的翻译，必须要有一种实力才能在社会立足。

吴怀尧　突然想起一件事情，曾有政协委员建议全国用十年时间，分批废除简体汉字，恢复使用繁体字，引发了一场关于是否恢复繁体字教育的论争。作为一个关切文化的退休主编，您是否支持此举？

沈昌文　我不支持。中国的文字原先是为有产者服务的，简体字工农大众都可以接受。大家说的国学热，有的人有意见，我是拥护的，因为我觉得能够治疗烦躁。中国的哲学对个人修养有好处，对社会是不是有好处我不敢说。我非常欣赏西方所谓的慢生活，现在不提倡快了，提倡慢，我觉得人生需要有这样的态度，这样才觉得人生是一种享受，也是一种进取。

吴怀尧　您的老友漫画家丁聪去世时，享年九十三岁，缅怀者众，让人徒生"风流总被雨打风吹去"之感。当然，生老病死乃人生常态，如果有一天您不在了，您希望有什么样的墓志铭？

沈昌文　关于丁老，最可敬的是他的豁达。我要向他学习，悄然谢世，不为人知最好。

郭敬明

— 奇幻逆袭 —

努力和勤奋,为了自己的理想竭尽全力,
这是我最看重的品质。

晚上6点30分，上海天渐黑。外滩二十七号，一栋英国复古主义建筑矗立在夜色中，从东门进去，左拐直走，乘观光电梯到九楼，就是一个露天阳台，凉风迎面吹来。

"怀尧怀尧，我在这里！"戴着鸭舌帽的郭敬明向我招手，在他背后，是上海标志性的黄浦江和东方明珠。暖黄的微弱灯光下，他看上去比上一次我见到他时显得更为瘦弱。

"无论别人怎么说，我想努力赚钱"，这是他曾经写在微博上的一句话。我们见面时，恰逢郭敬明的奇幻小说作品《临界·爵迹》在全国二十座重点城市发售。

这部郭敬明投入巨大心血的作品，不到三个月的时间，"首印的两百万册，已经没有什么库存了，发出去的书，书店也消化了百分之九十以上。《爵迹2》上市时，《爵迹1》就会开始加印。"郭敬明说，这部作品之所以分两册推出，"主要是考虑到读者的承受能力，图书定价低一点，青少年读者群才不会有购买压力"。

这是他的经验之谈，每次推出新书前，他都会通过终端书店，提前收集有效信息，比如学生群体最容易接受的图书定价是多少钱，对图书的厚度和纸质有什么要求。

此外，他还向我透露了一个细节："我们旗下有一大批名气差不多的作者，我做过尝试，将他们的书一个定价在二十元以上，一个定价控制在二十元以内，结果后者就是比前者卖得好！"

作为20世纪80年代出生的最具争议的话题作家，一直以来，郭敬明都站在舆论的风口浪尖，毁誉参半。偶像作家、杂志主编、公司老板、电影导演……每一样他都做得非同一般，并且在这些身份之间，切换自如，游刃有余。

郭敬明，1983年6月6日生于四川省自贡市一个普通家庭。郭敬明小时候，他的妈妈在银行工作，因为多给客户一百元而被罚，除了赔偿，还额外扣了一百元工资。

他说："妈妈为此流了两个晚上的眼泪，那个时候她的月工资只有一百二十元。"在他大概七岁的时候，爸爸买了人生中第一件有牌子的衬衣，花了一笔不小的钱，"但是爸爸笑得很开心，他站在镜子面前，转来转去地看着镜子里气宇轩昂的自己"。此情此景，相信大部分中国家庭应该都有过类似一幕。看似常见的事情，却让少年郭敬明觉得，"这些都是和钱有关系的，钱带来开心和伤心"。

上学后，郭敬明是标准"三好学生"，从小学到初中，每次都是全年级第一名。高中时代，学理科的郭敬明是班上的语文课代表，平时热爱读书，作文新鲜活泼，在同龄人中出类拔萃。

1998年,他的第一篇稿子《剧本》通过了第三届新概念作文大赛初赛。2001年,十八岁的郭敬明前往上海参加决赛,以《假如明天没有太阳》一文斩获第三届全国新概念作文大赛一等奖。2002年,郭敬明又参加了第四届全国新概念作文大赛,以《我们最后的校园民谣》再次获得一等奖。《萌芽》杂志举办的"新概念作文大赛",成为郭敬明踏上文学之路的契机。2003年1月,郭敬明出版首部长篇小说《幻城》,语言唯美瑰丽,想象丰富奇特,在青少年读者群中迅速风靡。等到他的"小时代"系列出版时,郭敬明已经是作家富豪榜上的常青树,青春文学市场领军人。

在写下了《小时代3.0:刺金时代》最后一个字后的大约三小时,我们相约在上海静安区紧邻南京西路处郭敬明寓所再次见面。持续多天熬夜赶稿,使他脸色苍白,双眼发红,黑眼圈非常明显,声音嘶哑,更糟糕的是右耳的中耳炎也犯了,疼痛袭来,他说"抱歉啊",随即放慢语速,用手捂住耳朵,头也微微右偏。

为了提神,郭敬明让助手泡了一大杯咖啡。他的客厅干净明亮,他依然戴着一顶鸭舌帽。一只有黄色大眼睛的灰黑色猫,在我们之间来回穿梭,有时候它会突然跳到沙发上,看着郭敬明"喵喵"声声叫唤。

有一天凌晨3点多,他还没有休息,他的作息时间与常人殊异。郭敬明说:"如果在赶稿期间,我要到晚上才能集中精力去写，因为白天有一些工作，公司同事也会不断有事情来请示，我要做很多的决定，很难静下心来，所以只能白天处理完工作上的事情，等到夜深人静大家都休息了，我再集中精力写。如果我像正常人作息，我是没有办法创作的，不断有事进来，电话、短信，电脑上或者公司里都会有人不断找我，是没有办法创作的。"

在舆论场，大众看到的多是郭敬明风光和有争议的一面，而常常看不到其背后的勤奋努力、所思所想及成长历程。

经过多次促膝长谈，我试图还原一个有血有肉的郭敬明，和他隐秘的内心世界。

我也有过文艺青年的日子

吴怀尧 您是从小就喜欢阅读和写作的吗？您第一次投稿具体是什么时候，现在还有印象吗？

郭敬明 对，我小时候比较喜欢文学，一直在往这个方面尝试，包括投稿、参加比赛等等。小学二年级就开始投稿，写一些类似通讯的东西。比如我们学校组织活动，我就写几月几号，天气晴朗，大家一起在操场上做什么。然后按照语文老师教给我们的方法，我写好邮编地址，说明想要刊登的栏目，给报纸投过去。我小时候身体差，也不会像其他小孩子，天天在外面玩，去踢球去打架什么的，大部分时间都待在家里。那时候也没有网络，电子游戏也少，所以就看了很多书：郑渊洁的《童话大王》，安徒生、格林的童话，小人书，连环画，作文选，一本接一本看。大概五六年级，才开始看一些稍微成人一点的青春文学和相关书籍。

吴怀尧　您的语文老师叫什么名字？

郭敬明　我的小学语文老师是陈泽宇，她在我的文学启蒙方面起了很大的作用，我到现在还蛮感激她的。

吴怀尧　您写的那些简讯发表过吗？

郭敬明　发表过很多，我第一篇简讯是小学二年级发表的，后来陆续都有发表。我是初中才开始转到给杂志投稿，转到比较个人化的写作路上。

吴怀尧　您念小学的时候，学习成绩怎么样？

郭敬明　一直都挺好的，从小学到初中，每次考试我都是全年级第一名。到了高中我也是全年级的前十名、二十名这样的。大学因为工作太忙了，所以学习才被影响。可以说我的整个学生时代，都是处于这种好学生的光环下，是标准的好学生。正因为这个原因，我爸妈对我不太管。

吴怀尧　现在有家长老是觉得小孩看课外书会影响学习成绩，您认为呢？

郭敬明　关键还是要看这个小孩的兴趣是往哪个方向发展，如果他本身对文学兴趣浓烈，其实看文学类书只会对他有好处，不会有任何的负面作用。就算他将来不当作家，阅读对他的人文修养也能有重要帮助。我们不能指望每个喜欢看书的小孩将来都成为作家，但喜欢阅读真是好习惯。

吴怀尧　您小时候好朋友多吗？小时候的朋友现在还有联系吗？

郭敬明　还好，正常吧，也没有到特别多的那种程度。我初中高中的同学，现在每年大家都会一起玩。

吴怀尧　您上初中后，开始向一些杂志投稿？

郭敬明　初中的时候，我自己开始买一些当时流行的《中外少年》《人生十六七》这类杂志，就像现在的青少年看《最小说》一样。那时候我就觉得这上面的人写的东西真好，开始崇拜他们，因为我小学就有投稿的习惯，就把自己的文章寄给杂志社。第一篇是在初二的时候发表的，后来开始陆续发表，越来越多。我不轻易表达和外露个人喜怒哀乐和情感变化，其实是闷骚型，那时候的性格就是一个标准的文艺青年性格。喜欢看一些小众的电影，喜欢听一些别人都没听过、都叫不出名字的摇滚，越小众的、越没人知道的东西我越喜欢，大众喜欢的我就很反感……时间一晃，反倒现在自己的作品变成大众化的了——其实我也有过文艺青年的日子。

吴怀尧　小学二年级发表第一篇简讯，初二发表的是什么？

郭敬明　是一首诗歌《孤独》，因为开始的时候不懂诗歌到底是什么，就觉得诗歌挺短的，比写一篇文章容易。现在诗歌写得少，偶尔会写一些歌词。

吴怀尧　初中学习成绩很好，文章又不断发表，相比同龄人，您显得孤僻吗？

郭敬明　孤僻倒不至于。我初中不太爱说话，我爱看书，那个时候青春期比较敏感，伤春悲秋的情绪很多，整天沉浸在自己的世界里面。后来到了大学才慢慢变得比较开朗，在大学之前，我其实是另外一个性格。

吴怀尧　2001年，您十八岁，就读于四川省自贡市富顺二中高中。这一年您获得第三届全国新概念作文大赛一等奖，算是迎来了一个转折点。当时怎么想到要给《萌芽》投稿？

郭敬明　我是在路边书店买书，正好看到有一本新概念作文大赛的精选集，那是第二届了，当时看了很震惊，里面的文章跟我们想象中的作文不一样。我从头到尾看完了这本书，我觉得这些人写得真是太棒了，我从来没有想过作文可以那样写。那些文章无形中跟我内心想表达的东西是一样的，但第二届我要参赛已经晚了，它已经截稿了，我只能参加第三届。到了第三届我就准备了很久投过去，结果没想到拿了一等奖。

吴怀尧　我记得韩寒第一届新概念就拿了一等奖，您注意到这个作文比赛的时候，有特别留意到韩寒同学吗？

郭敬明　当时知道韩寒，但没有特别在意，因为那一届优秀的获奖者有很多，后来韩寒成为社会上讨论的现象，才开始关注到他的。

吴怀尧　那您自己参赛的时候，做了哪些准备工作？

郭敬明　我一口气写了十几篇稿子，陆续寄给主办方，一直到截稿日那一天我都还在寄稿子。后来才从评委那里知道，其实我第一篇文章就成功入围了。

我是那种做一件事情就会做得很好的人。我不断寄稿子，想法也简单，也许第一篇不行，我再寄第二篇，寄第三篇，增加命中率，总会有一篇被评上的。再后来，这些文章也结集出版了，就是《左手倒影，右手年华》。

吴怀尧　您去上海参加决赛的时候,家里人是什么态度?

郭敬明　家里很担心,说这个比赛到底正不正规,会不会是骗子啊。最后我还是坚持要去比赛,家人说既然你愿意就去吧。为了我的安全,他们帮我订了机票,那是我人生第一次坐飞机,一个人拎着包就去上海参赛,以前没有出过远门。

吴怀尧　获得新概念作文大赛一等奖前后,您文章的发表率有多大改变?

郭敬明　在给其他杂志投稿时,还是经常被退稿。2003年《幻城》出版后红了,退稿的状况才有所改善。

吴怀尧　当时想到过自己会留在上海发展吗?

郭敬明　因为没有考上厦门大学所以去的上海大学。我最初报的是广告,厦门大学广告专业非常有名。那个时候其实我就已经在往创意营销这个方向发展了,我并没有说死命要做一个中文系学生或者作家。广告应该怎么打,如何包装一个作品,怎么把一个作家推向市场,是我的兴趣和爱好,所以我报了厦大,但是阴差阳错没有考上,所以就来了上海。

现在回头再想,也许当年我去了厦门,一切都不一样了,不会像今天这样,在上海综合发展。

吴怀尧　您在上海生活了十多年，如何评价上海？
郭敬明　这是一个伟大的城市。

我甘愿做文学垫脚石

吴怀尧　有很多文章分析为什么您的作品卖得这么好，甚至有很多出版人也纳闷，不清楚到底是怎么回事。您自己觉得您的书为什么卖得好？

郭敬明　有一个怪圈，就是人们在潜意识里不愿意承认这本书写得好看，他们会分析是不是出版社在炒作，或者他们包装得好，很偶然。但是，如果一个作家可以连续七年每年都红，换句话说，一个出版社如果有这么强的功力，只要去包装去炒作就可以，那么，就不会只有一个郭敬明，他们可以用同样的模式去包装另外一个人。

有的人分析这个原因，分析那个原因，他们永远不会面对的原因就是：会不会他这本小说真的写得好呢——他们不会去想这个问题，他们会抛开这个问题去找其他的原因来分析为什么畅销，所以我觉得还是别人潜意识里不愿意接受或者不愿意承认是小说写得好看。但是我觉得这个不重要，读者的眼光是最简单的，包括我们看电影，我们看电视，都会选自己喜欢的看。

吴怀尧　所以您觉得很关键的一个原因就是好看？被吸引的对象主要是青少年群体吗？

郭敬明　我觉得我的小说好看，而且我觉得我的小说是可以吸引人的。当然，我目前写的生活大部分是这个群体。但是我自己也在成长，包括《小时代》，我身边很多很多的人，包括三十多岁的，他们都在看，看得津津有味，他们跟我说写得很棒，所以我觉得随着年龄的增长，我可能阅历更多，经历的事情更多，就不再会去写小朋友看的东西，这种转变需要时间。当我十七岁的时候我能写什么呢，写婚姻，写家庭，写伦理吗？那些我都没有经历过，所以归根结底，还是评论家、媒体对我的期望值太高了，希望我一上来就达到某种高度，但这是需要时间去培养的。

吴怀尧　关于您的各种争议一直以来都不曾停息。有一年在做作家富豪榜数据调查时，在武汉，一家图书发行公司的老总对我说："郭敬明对孩子们的影响比很多人想象的要大得多，而郭敬明的书中，消极的东西太多，包括怀孕、堕胎、自杀，这些都是他的小说因素，孩子们看了，肯定有负面影响。"对于这种观点，您怎么看？

郭敬明　其实他还是不了解我的作品，他如果认真看就会发现，哪怕我写到堕胎，我都是把它当成一个悲剧，是反思式的。这些作品发表后，我也听到很多读者说，小说中人物的悲剧，让他们更加珍惜现在的生活。还有一种声音是，本来觉得自己很灰暗很倒霉，但是看到这些人物，突然觉得自己是幸运者。

如果大家真正去看我的作品的话，其实我在"80后"作家中是最主旋律的，我永远在描写友情、爱情这种正面的、善良的、正义的力量。其中的一些悲剧色彩，也是梦被粉碎后的一种惋惜和心痛。其他"80后"作家中，描写吸毒、反叛、地下摇滚、逃学旷课者不在少数。而我的小说里面，写到接吻就不得了了。但是随便一本成年作家的小说，你拿来看看，不可能只到牵手。所以我觉得我并没有像他们想象的那样，去倡导这种东西。恰恰相反，我知道自己的受众都是年轻人，无形中增加了很多压力，包括文学创作上，我写的看上去都是很积极很美好的。每一个作家都有自己内心的欲望和冲动，我们有时候也会去想描写一些严肃的事物，去暴露这个社会的阴暗面，去写这种很刺激人的东西，但是一想到自己的身份，我就会考虑是不是应该做这些。

很多人批评我，写的东西太浅薄，没有人性的丑恶，没有批判意识。我心里会想，我可以写这种东西，我也感受过很多，我的心理年龄远远超出同龄人，但是这种东西写出来是否好，我的读者群是不是承受得了，或者会不会改变他们的世界观、人生观，这个我会去考虑。很多时候，其实我是最无奈和尴尬的那个人。一方面我想要去写很多东西，一方面很多东西我不能写，所以我只能在我可以驾驭的范围里面，尽量把我的小说写好。

吴怀尧　您觉得自己在文坛上扮演的是什么样的角色？

郭敬明　在文学这个圈子里面，我一定是边缘人物。在社会的认知度上面，当今的作家已经在公众的视野里处于边缘，因为公众大量关注的都是电影明星、娱乐明星，或者是财经明星、商界首富、有钱人，作家是在很边缘的一个地带。从这个意义上讲，我又是作家里面最被关注的一个人，我是很主流的；但是在作家圈里面，我又变成了很边缘的一个人。所以其实还是很微妙，呵呵。

吴怀尧　有些纯文学作家，不会为了讨好读者而写作，但是您在创作过程中，经常会选择和读者互动，这是出于什么样的考虑？

郭敬明　我觉得作家分两种。一种是探索内心和思想，这建立在作家本身具有很优秀的品质和思想（的基础上），而且这些东西写出来，是可以影响人的观念的，我觉得这个非常好。

另外一种作家是希望写好一个故事，小说的核心是故事，读者在看这个故事时，能体会到阅读的乐趣。我可能是后一种作家，我不希望用很个人的东西去影响那么大的一批读者。

如果今天只有一万个人看我的书，可能我的感觉就不一样了，我就非常随心所欲，想写什么就写什么，因为这一万个人是跟我臭味相投的，他们认同我的观念。但是现在，如果我把一个阴暗的内心世界写出来，影响了中国的一代青少年，那是很恐怖的一件事情。

所以我写小说，很多时候是在叙事，而不是传道。我不会说你应该怎么样，这件事情带给我们什么，我只是把这个事情表达出来，至于你能感受到什么，体会到多少，那是你的生活环境决定的。现在太多的人不看书了，一个不看书的人是很可悲的，都在上网看那些偶像剧，我觉得好可悲。

中国现在很多人批判我的同时，他们没有想过，如果今天没有像我这样的作家，他们孩子的这些时间和精力也许用来打游戏，也许用来看电视，也许用来上网跟别人聊天。当他愿意坐下来认真看一本书的时候，你批判个什么劲呢？我就不能理解。说实话，我今天不写，你觉得他们会去看那些严肃的书吗？他们根本连书店都不进。但是可能他看完我的书之后，体会到了阅读的乐趣，他可能建立起了文学兴趣，他会去看更好的、更伟大的作家们写的书，你需要把他引入这个行列中来。我甘愿做一个垫脚石，我甘愿做这个，你就不要再批判我了，因为我并没有做伤天害理的事，包括我做杂志也是。我希望学生在学校，你有这个钱有这个精力，你来看书，看小说，看文学，总比你去上网，乱七八糟打游戏荒废时间好得多。

吴怀尧　甘愿做文学垫脚石，让读者体会阅读乐趣？

郭敬明　我自己心里明白，我也承认我并不是写得最好的，有很多文学家，包括我们今天看到的很多大师级的作家，他们写得非常棒，但是并不是说完全没有接触过文学的人，他们就看得懂的。我初中时看《尤利西斯》，觉得那是什么啊，看了三年都没看完，但是当我真正阅读过很多东西，就会觉得它有它伟大之处，它有存在这么多年的道理。从未接触过文学的人，不是一下子就可以看懂的。先要培养他读书的兴趣，他的兴趣和阅历到达一定层次的时候，他自己会去选择，他不会说我永远就去看这一种，他会去选择其他人的东西。这样会有越来越多人来关注这个领域，去体会阅读的快乐。

再见啦，小时代

吴怀尧　很多作家是写完作品后再想名字，而您如果没有想好小说的名字，就会笔墨不畅，这是为何？

郭敬明　我喜欢先定下一个大的范围和中心，然后围绕这个来写。也可以理解为，我的写作更多地是靠一种技巧性的控制力，而不是一种激情的创作。

吴怀尧　在您以前的作品中，王子公主式的主人公比较常见，有些甚至带有玄幻色彩，尽管文字绚丽，但给人感觉不够真实和生活化，从《悲伤逆流成河》开始有所改变。我好奇这之间的转换，是什么让您开始尝试另一种表达？

郭敬明　我喜欢在我的创作里不断出现新鲜的元素和新鲜的表达方式。甚至在最新连载的《小时代》里，我希望用文字呈现出美剧一般的节奏感和悬念感。我希望创造一种新的阅读快感和跨界的文字表达方式。

吴怀尧 《小时代》发表之初,您以自己主编的《最小说》为阵地,采用连载方式拉近了与年轻读者的距离,并为此后的系列埋了伏笔。相比之前的作品,这次您想表达什么?

郭敬明 每一本书我都想去做新鲜的东西,每一本书我都想要不一样的感觉,这一本我是希望给别人跨媒体的阅读感觉。比如读者在看这部小说的时候,脑海里全部是电视剧的节奏和画面。我在描写的时候,也是按照电视剧的节奏来写,我甚至会把配乐都描写出来。每一集是固定的容量,固定的时间长度,跟现实生活中的时间是同步的。所以大家才会有这么强烈的感觉,看小说像看电视剧一样。我觉得大家能这么讲,就证明我的尝试是成功的,听到这样的反馈还是很开心的。

吴怀尧 对于看过前两部的读者来说,这一部最大的亮点在哪里?

郭敬明 其实《小时代》有一个最大的特色,它是随着现实生活中的时间,随着读者的成长,一步一步往前推进的,故事里面会有一种奇妙的代入感。《小时代》第一次连载是2007年开始的,前后差不多连载了五年。

五年对于一个人来说,初中生变大学生,高中生变职场人,大学生搞不好已经结婚生子了,五年在人生阶段是挺长的时间段。当年初中生看第一本《小时代》会激动雀跃，我如果还是那种风格，或者描写的东西大同小异，也许读者到了大学就不喜欢。

吴怀尧　《小时代》完成，您是兴奋还是疲惫？

郭敬明　很兴奋。因为确实很不容易，这是我第一次写这么长的小说，它和我的生活，衣食住行，息息相关，这么长一段时间一直在陪伴着我。

我在它完结的时候，第一次在我的作品后面写了三行字，第一行是"全文完"，第二行是"感谢你五年来的阅读与陪伴"，最后一行是"再见啦"。

《小时代》真的是我的生命里面的一个告别，我自己对它也产生了很特别的感情。

吴怀尧　您有没有特别无助或者寂寞的时候？遇到这种情况，一般如何调节？

郭敬明　天下没有白吃的午餐。你要在别人看得见你的时候风光时尚，那就一定要在别人看不见你的时候辛苦劳累。这个世界是讲等价交换的。我有很多时候都会觉得无助，这种无助来自自己对很多事情的控制力还不够，并且还有很多不懂的事情没有充分地去了解和学习。寂寞时候不多，我有那个寂寞的时间我一定会用到别的地方上去。

我觉得人可以独处，可以沉思，可以反省。但是寂寞，实在是一种太浪费时间的行为。我在少年时代已经以寂寞这种姿态大把挥霍过时间了，我成年之后不会再重复这样的消耗和错误。

吴怀尧　您现在最不能接受什么样的批评？截至目前，有一些文学界人士还不认为您的写作属于文学创作。

郭敬明　我还好，我什么批评都能接受，没有什么是我不能接受的。我接触过的一些评论家和一些老一辈的作家，我有机会把我的书给他们看，他们看完之后，会觉得有闪光的地方，当然也一定会有缺点，每个人都会有缺点，但是不会说这个不是文学。我相信很大一部分做出这种评论的人还是不了解，或者没有看过我的作品。其实我不是对他们有意见，因为我自己也是这样的，我很多书也是不看的，可能我也有先入为主的时候。我现在红了七年，可能在我红了十年，或者红了二十年之后，就请你不要再忽视这个现象了，没有一个人可以凭运气红二十年。我希望去坚持，在我红了这么多年之后，请你不要再忽视我。

你用心来看，如果你看完之后，你还是觉得它是垃圾，那没有关系，我继续去努力；但是如果你看完之后，你觉得有好的地方，我也希望（你的态度）可以改变一点。因为我觉得人都是这样的，包括我自己也是这样的。可能现在那种韩国方面的小说，我也不会去看，我也不知道它写的什么，但是我下意识就会觉得它不是文学，但是也许它有好的地方，也许它有很差的地方。你看它出现一年两年之后，逐渐就降温了，就越来越小众了，没有人写了，这样的东西是经不起时间考验的，那我会觉得自己的判断是对的。但是如果有一天这种花花绿绿的东西红了十年二十年，我就会说为什么它会有这样的生命力。总而言之，我愿意花这个时间，有这个耐心，相信经过一段时间以后，别人是不能忽视你的。

作品被购买才具有价值

吴怀尧　在和朋友相处时，您最看重他们的什么品质？

郭敬明　努力和勤奋，并且为了自己的理想而竭尽全力。这个是我最看重的品质。简而言之就是一个"工作狂人"。

吴怀尧　由人及己，您的理想是什么？

郭敬明　关于写作的理想，我大部分都完成了：成为一个作家，出版自己的书，受到读者的喜爱。可能没有做到的就是拿一个茅盾文学奖，我觉得那太遥远。

另外一个方面，我在经营自己的公司，我希望自己是一个作家的同时也是一个优秀的出版人。如果谈到真正的理想，我希望在青春文学，或者是青春文化、青少年文化这一块，涉足的领域会越来越多，而不是郭敬明编了一本杂志而已。

吴怀尧　您也是个工作狂人吗？狂到什么程度？

郭敬明　上个礼拜五，我飞出去，礼拜六在北京，做三个活动，礼拜天在保定，下午到晚上再回北京开一个会，开完会回到上海9点多，也没有回家，直接来公司加班加到晚上12点，然后把工作带回家做，做到凌晨4点睡觉，早晨8点多起来，到外面跟别人去谈合作，前后谈了两拨人，回来之后又和你聊。等我们聊完，我有一个全公司一起开的会，开完之后还约了另外一个人谈事情。这差不多就是我平时的状态。记得有一个星期，我每天只睡两三个小时。

吴怀尧　您现在有多重身份，现实与您的文字构成一种怎样的关系？

郭敬明　现实中的我，渐渐比较像一个职业的出版人，主编和策划人是我的身份，公司的项目和对外的合作，这些占据了大量的时间。而我的文字则是来源于我一直以来的作家身份,这个和我的现实生活没有太多的关系。

吴怀尧　在作家和商人中间,您更偏向于哪种角色?

郭敬明　作家和商人我没有完全把它们对立起来,对我自己而言,成为一个优秀商人也是我从小就有的一个梦想。我小时候就对金融、文化产业链很有兴趣,当我自己可以从事相关行业的时候,就希望我在这个领域可以做到更大,让别人认为郭敬明不仅仅是一个优秀的作家,同时还是一个优秀的出版人、优秀的商人。

吴怀尧　您如何定义"作家"?

郭敬明　我没有去想过这个问题。广泛意义上讲,出版了作品就是作家,但是如果狭义一点,我觉得真正优秀的作家,不应该只是昙花一现,他应该是有持久的影响力。一个优秀作家需要做到的,是他的作品可以流传。包括他感染的人群应该是很庞大的。古往今来很多成功的作家,比如曹雪芹大师、鲁迅大师,他们都是这样。对我自己而言,要达到这个目标还有很长的路要走,我只能期待,并未奢望我的作品在我死后还会怎么样。

现在社会发展太快了,每个人都没有这样的耐心去等候。我只希望当我还在创作的时候,不要被这个社会遗忘,不要被读者所抛弃。一本书出来印一百本,放在家里自己看,那没有意义的。

吴怀尧　文学和商业并非完全对立,不少经典文学作品都曾全球畅销。我想听您谈谈作家与金钱的关系,尽管这个话题有很多人谈过。

郭敬明　当书籍还摆在书店里贩卖,当书本背后依然标注着定价,作品就依然是一种商品,商品只有被购买了,才具有价值。否则,标榜得再厉害的作品,失去了购买者,就什么都不是。当然你可以认为精英文化永远都是小众的东西。但是,能被小众购买,也是价值。

童年的梦想是成为作家

吴怀尧　您毕业于上海大学,念的是影视编导(艺术系),这个专业对您的写作是否有影响?

郭敬明　专业的影响不大。倒是我自己很喜欢看影视作品,电影或者剧集,这些都对我的写作产生了很大的影响。特别是美国的编剧团队,他们的写作水准和控制力,让人很叹服。

吴怀尧　在您尚未成名之前，也曾在网上用"第四维"的网名发表作品，这也是有很多人叫您小四的原因。但事实上您不习惯在网络上阅读，而是喜欢纸质图书，但并不是每一个网络作家的作品都有机会变成纸质书。说说您对网络文学的看法。

郭敬明　是一种新的文学载体，但是本质都是一样的。有些人习惯网络阅读，有些人习惯纸质阅读。

　　　　网络文学我了解得并不多。很多也是在线下出版成实体书之后，才会关注。

吴怀尧　说到关注，我想起您和其他一批"80后"作家被纳入作协时曾引起的争议。某些青年作家为显个性拒绝加入或者毅然退出作协。作为作协的一员，您对作协怎么看？

郭敬明　在别人看来，我进中国作协才是有个性的事情。而且我觉得能加入作协是好事，得到长辈的认可，对自己也是一种鼓励。

吴怀尧　您说过看到那么多人喜欢自己，会觉得很开心，也会觉得很累：写几千次自己的名字，回答相同的问题，晚上倒在床上立刻就会睡着……如果有一天这些一去不返，您会是什么心情？

郭敬明　我倒是很平静的。因为我现在在做的事情，也是在逐渐地把自己转向幕后。对于策划和公司的运营，是我的兴趣所在。准确地说，是成年后的我，更感兴趣的方面。所以如果有一天褪下明星的光环，对我来说，也许是件不错的事情。当然前提是我要在商业上足够成功。

吴怀尧　现在很多青少年和父母存在代沟，甚至连沟通都有问题。您和父母关系如何？平时交流多吗？对您而言，他们意味着什么？

郭敬明　我很爱我的父母，我和他们的沟通不多但是也不少。大多停留在简单的母子父子关系。我很少和他们聊到我的工作。

吴怀尧　您童年时代的梦想是什么？还记得吗？目标让人奋进，说几件您最想实现的事情。

郭敬明　目前最想要实现的事情，都在商业条款中，"不可对外透露本合约内容"。哈哈哈。至于童年时代的梦想，那是有一天自己可以出书，成为作家。这个已经实现了。

吴怀尧　周杰伦是我喜欢的歌手。你们曾经联手出版过电影写真书，您撰写的名为《墨与光的赞美诗》的配文也得到了周杰伦的盛赞。是什么促成了你们的合作？对您来说，这是否是一次美妙的经历？

郭敬明　我觉得他很有才华。我个人对他也很敬仰。所以他们公司的出版方找到我，我也很乐意。

沉默其实是一种力量

吴怀尧　年轻人的婚恋一直是社会话题，您打算什么时候结婚？现在有恋爱对象吗？

郭敬明　我本来打算三十一二岁结婚，我爸妈也是差不多的想法。但感情这事很难讲，随遇而安吧，搞不好明年遇见合适的人就结了。我也不要求对方有钱，感觉OK就可，而且我自己现在实在太忙，真的没有时间去经营或者维护一段感情，我觉得可能还是要等。这两年是我企业最关键的时候，等过两年真正安顿下来，就会开始考虑成家立业。我内心还是很传统的，包括生活方式，我很热爱过春节，我其实是有一点古板的人，远没有大家想象的那么叛逆。

吴怀尧　您平常的阅读癖好是怎样的？说几位您喜欢的作家和理由。

郭敬明　我的阅读范围很广。文学反倒是我最不常阅读的一个领域。我看杂志和财经类的书比较多。

吴怀尧　我注意到，面对非议和指责您常常沉默以对，这是无能为力的表现，还是您解决问题的方法？

郭敬明　沉默其实是一种力量，因为你不需要辩解，你的存在，你的姿态，就是最好的一种回答。那天我跟一个评论家聊天，他是很关心我的一个人，对我特别好，看过我很多作品。

他就跟我说："小四，你完全不用去理会当下的各种评价……当我们五十年后，一百年后，再来写中国文学史的时候，你在这十年里面创造的任何一项业绩是没有人可以毁灭的。只要有人写中国文学史，绝对避不开'郭敬明'三个字，他如果避掉郭敬明，这本书就是不公平甚至缺失的。还有你的位置就是这样，整整七年里面没有一个人可以像你一样，只要出书就是当年的冠军，这样的作家都不能在文学史上占一席之地，我不知道什么作家可以。"

我自己不太会去看负面新闻，或者站出来说我要怎么样，我觉得那些不重要，新闻就是新闻，可能一个月之后甚至一周以后它就被人忘记了，但是作品是可以长时间流传，这些对我来说更重要。

吴怀尧　作为一个优秀出版人，您现在公司的运作也是游刃有余了，旗下合作的作家，发展情况如何？

郭敬明　其实落落和七堇年，现在她们的作品都可以卖到二十多万册，韩寒有些杂文也没有这个销量，所以说我愿意去培养很多作家，培养比我年轻的人。并不是说今天只要我郭敬明红，不要其他人红。我觉得阅读市场是巨大的，像我一年出一本书，但是读者看这本书只需要五天时间，他剩下来的三百多天干什么呢，一定会看别人的东西。这个市场靠一个人的力量是填不满的，所以我希望有很多人来丰富我们的选择余地，你不能只看郭敬明的书，除了郭敬明，还有很多其他的人，这些人非常优秀，需要一个平台来让他们发光，让他们发展。所以我希望我做的这件事，也是建立起这样一个平台，你说这个完全没有私心，那是不可能的，因为我建立起这个平台是要控制这个平台，将这些作家凝聚在一起。"郭敬明"这三个字今天已经不是我个人的，不是作家署名的郭敬明，而是行业或者产业里面的一个聚光效应，只要是我策划的，是我关注的，是我在涉足的一个领域，就会迅速吸引目光，无论是我们生产产业链上的目光，还是下游读者群的目光，它会变成效益。这也是我做出版的另外一个目的。

吴怀尧　据我所知，您和年轻的作者签约时，合同非常苛刻，他们只有同意签合同了，您才愿意全力以赴去推荐他们。

郭敬明　也不是苛刻，我们的合同对每一个作家都是一样的，只不过决定谁重磅推。但是你可能就是一个三线作家的实力，不具备一线作家实力，那你就需要更长的时间去磨炼自己的文笔，提高自己的创作能力，这些都是需要去综合考虑的。

吴怀尧　您签约的作者里面有没有因为不符合您的标准，悄悄解约的？

郭敬明　几乎没有。一来我们签约年限比较长，不太可能一两年就解约。二是我从来不会有固定的标准要求作者一定要怎么样写，我希望他们发展出自己的特色。我在努力建立这样一个生态：我们有创造严肃文学的作家，也有安东尼这种你都无法对他的作品进行归类的作家。我们内部也会有梯队，一线作者销量可以卖到五十万册甚至八十万册，二线作者可能卖一二十万册，三线作者可能卖几万本，还有没有出书的新人，他们就像预备生一样还在培训中。

吴怀尧　您不会主动跟旗下作者解约，那作者发现自己无法适应您的团队，要提前解约，会不会赔很多钱？

郭敬明　我们公司签了一百多个作者，只有一两个作家因合同到期，有了新的合作伙伴，这个也很正常。签合约只是有打底的契约精神，真正的驱动力还是双方的信任。像现在我和笛安、落落、安东尼已经很熟了，他们很多时候签合同因为信任我，可以连合同都不看，但我还是会一条一条念给他们听。我在外面帮他们接商业代言，也会帮他们把关，不会纯粹从赚钱的角度去考虑，而是从作家品牌建立的角度去取舍。

吴怀尧　我多次看到您接受采访谈及某件事时说"这不是我的性格"，您是什么性格？

郭敬明　我这个人的性格就是专注在我自己努力的范畴内，很少去碰其他的领域。因为我本身不是一个社会活动家、慈善家、记者或者新闻评论员，我的行业要求我首先要出好书，写作品。我的私人生活是什么样，这个就是我个人的自由选择，这也是为什么我的微博大部分是写我自己生活的原因。

吴怀尧　各人自扫门前雪，莫管他人瓦上霜？

郭敬明　我也管"瓦上霜"啊。我今天是一个受欢迎的作家，靠写作赚很多钱，但是中国有很多作家不是这样的，有很多怀抱着梦想的年轻人他们没有这样的机会，我愿意通过自己的力量，去发现他们，把他们一个个推出来。我做出版后很多人从中受益，书店从业人员，印刷厂从业人员,甚至快递人员,从这个角度来讲,我对这个行业的贡献还是很大的。

吴怀尧　您炫富一直是大家诟病的地方,为什么要炫富呢?
郭敬明　我身上有很多优点,对理想的执着,对事业的热情,但我也有很多缺点,比如过于讲究物质生活,这些我自己也知道。个人生活方式,我从来不会掩饰。有些人总拿韩寒和我比较,但事实上,韩寒的商业代言可能比我还要多,我买名牌,可能他换车的速度比谁都快,这些都是花钱。每个人都在花钱,不能用道德标准来衡量花钱品位高低,大家选择不一样,不要动不动就道德绑架。

吴怀尧　据我所知,您对慈善其实挺热心的,但外界知之甚少。
郭敬明　《最小说》成立后,每本都会捐出一分钱,尽管不多,但持续在捐。我不会捐一笔钱后马上说出来,今天我们捐给了谁谁谁,来给我拍个照,发微博,要去秀,我觉得慈善如果变成这样一种方式,它已经变味了。

遗忘鲁迅是国人的悲哀

吴怀尧　我们聊一聊伟大的鲁迅先生吧。鲁迅在遗嘱中写道："忘掉我，管自己的生活——倘不，那就真是糊涂虫。"近一个世纪过去了，大众依然无法忘记他，各种纪念此起彼伏，对此您怎么看？

郭敬明　鲁迅宁可自己被忘掉，因为早在生前他就预料到了死后被异化但无处申辩的境地。"文人的遭殃，不在生前的被攻击和被冷落，一瞑之后，言行两亡，于是无聊之徒，谬托知己，是非蜂起，既以自炫，又以卖钱，连死尸都成了他们沽名获利之具，这倒是值得悲哀的。"也许是无聊之徒太多了，拿着鲁迅做幌子到处"滋事"，以为纪念他可以自炫，但是却不知早在几十年前就已经被骂了。所以我并不想发表太多自己的观点，只是借用鲁迅自己的话来表达。

首先我觉得两句话并没有任何连带关系，鲁迅的遗嘱是写给妻子许广平的，并非写给广大的中国人，更不是写给七十年后已经出生或将要出生的人群。鲁迅是一个很谦逊的人，他在写给友人的信中声称自己一生太平凡无法立传，更认为自己和诺贝尔奖相离甚远，在《呐喊》中，他也早已说过："我决不是一个振臂一呼应者云集的英雄。"所以他的遗嘱几乎没有含沙射影之意。

另外,"过去的生命已经死亡。我对于这死亡有大欢喜,因为我借此知道它曾经存活"。鲁迅是一个用死来证明生存意义的人,对于死,他想到的是他曾生过,而绝不是死后他将如何被祭奠。

鲁迅如果被忘掉只能说是中国的悲哀,中国人的悲哀,如此而已。其实我觉得无法忘记是必然的,鲁迅是五四精神的魂魄。一个真正的作者是永远不会被时间所淹没的,鲁迅在证明这个道理的同时也被这个道理证明了,难道你认为鲁迅应该被忘记吗?

吴怀尧　您如何看待一度很火的否定鲁迅潮?

郭敬明　一千个人眼中有一千个哈姆雷特,更何况鲁迅站得太高了,更容易成为众矢之的,不论是否定、褒奖、吹捧、谩骂都是很自然的事情。苏格拉底饮鸩自尽,耶稣被众人推上十字架。鲁迅对自己的遭遇也一定不会感到奇怪,他曾说过"誉之者众数也,逐之者又众数也"。不知道你注意到没有,伴随着否定鲁迅一般都有吹捧胡适的"热潮"。鲁迅"粉丝"和胡适"粉丝"的争论太多了,但是令人莫名其妙的是两人生前彼此尊重。

吴怀尧　您认为鲁迅作品适合收入中小学课本吗?

郭敬明　适合,但是应该有所选择。其实我们的课本中回忆起来印象最深的课文大多是鲁迅的，不仅仅是因为要背诵、是重点，还因为他笔下的人物是前无古人，后无来者的。但是鲁迅的文章有些太过难懂，有了些阅历的人才能略懂一二，尤其是《野草》，对于孩子来说太过晦涩，也许过早接触会产生抵触情绪，适得其反。

吴怀尧　鲁迅的作品您读过多少？怎么看他的成就？

郭敬明　不多不少。其实多少是次要的：很多人读得很多，但是却成了书柜和存储电脑；有些人读得很少，但是却可以深得精髓，用自己的思想去诠释。中国旧社会的黑暗和鲁迅振兴中华的责任感使他的天赋遭到了扼杀，本来以鲁迅的学识和思想，完全可以写出与世界接轨的作品，可他却被社会的桎梏限制了思想。曾有人说《野草》才是天才的作品。冷嘲热讽什么也不能解决，批判对大多数人来说只不过是短暂的或沉默或反思或咒骂。而鲁迅自己也认为，他的杂文耽误了太多时间，他的论战实则是无聊的事情。其实把他的成就单单定格在作品上未免有些狭隘，他的成就更在于他那肩负着民族兴亡的责任心。

吴怀尧　您对鲁迅的感情如何？日本作家大江健三郎说自己一生的努力是为了靠近鲁迅，对此您如何看？

郭敬明　我敬佩鲁迅。每个人心中都有这样一个人，只不过大江健三郎的这个人是鲁迅而已。

吴怀尧　鲁迅生逢乱世，一度居无定所，却笔力遒劲，直面人生，他对我们今天的作家有什么样的启示意义？

郭敬明　鲁迅的一生是痛苦的，并不是因为他流离的生活，更是因为无人理解的窘境。那些青年学生，那些他所揶揄的左翼，那些诸如林徽因、徐志摩一样过着优越生活异想天开的文人墨客，这里面只有他的支持者和反对者，没有他的知己，甚至包括妻子许广平。他直面人生，但他也曾麻木地抄古碑，经过了沉默的十年。"启示"这个词鲁迅一定颇为反感，因为他厌恶居高临下的一切。不过鲁迅是在不断地彻底否定自己中完成涅槃重生的。鲁迅的定位首先是战士——精神界的战士，其次才是作家，所以他的人生不仅仅是对于今天的作家，对于记者、其他知识分子来说都有着先行的存在性。他一生追求真理，"自己背着因袭的重担，肩住了黑暗的闸门，放他们到宽阔光明的地方去，此后幸福的度日，合理的做人"。

朱大可

—— 再见文学 ——

大师们正在离去,世界文坛已经变得空空荡荡。

凌晨一点多，手机突然响了，是朱大可的短信。

他问我见面时间能否推迟一个钟头。我回"好"。

原本我们约的是上午九点见面。

上午十点，我出现在朱大可下榻的宾馆。

门开之后，朱大可出现在我面前：圆脸，淡眉，目光炯然，中等身材，微胖，没有想象中的肃然或张扬。"好多人都以为我是凶神恶煞，有的还把我想象成又高又瘦的电线杆。"他笑着说，普通话里夹杂着些吴侬软语。

朱大可，祖籍福建武平，客家人。澳大利亚悉尼科技大学博士，同济大学文化批评研究中心教授。入选《凤凰生活》杂志"影响世界未来50华人榜"，与李敖、程抱一等人一起，被誉为"思想的力量"代表人物。听名字像个四平八稳的老学究，事实上却是中国文化界极具影响力和杀伤力的批评家，以独特的话语方式见长。

1986年，朱大可发表了《谢晋电影模式的缺陷》（又名《告别谢晋电影模式》），将知名导演谢晋电影归为一种"与现代意识毫无干系"的"电影儒学"，引发一场关于"谢晋模式"的大讨论，此后数载谢晋创作陷入沉寂。

1999年，朱大可发表了《抹着文化口红游荡文坛》，剑指余秋雨散文，认为余秋雨的散文充其量是一种都市里的"文化口红"，暂时麻醉读者的心灵，但不能深入剖析人生，缺乏正视社会丑陋的勇气，从此"文化口红"就成为余秋雨挥之不去的标签。

2011年，张艺谋执导的《金陵十三钗》热映，朱大可甩出一篇《十三钗的情色爱国主义》，总结出张艺谋作品的创作公式"张艺谋公式＝情色＋暴力＋苦难题材＋爱国主义"，一时间被疯狂转载。

朱大可像一头公牛，闯进了文化领域的瓷器店，打碎了一件件精美的旧瓷器，然后逃之夭夭。

"昨晚在这个房间和一个朋友喝酒，一直喝到凌晨五点多，睡了三个多小时我就起来啦。"他拉开窗帘，烧水沏茶。这次他来北京，是作为嘉宾参加中央三套的一档节目。

落座后，我们开始对话，准确地说，是闲聊漫谈。

话题涉及某些人或事时，他会忍不住哈哈大笑，说到兴奋处眉毛都要飞起来，在强调某个观点时双手在空中比画，时不时做出类似拧螺丝钉的动作，让人联想到他曾经当过钳工。

往事并不如烟

1994年,因为一场"不愿详谈的家庭变故",处于声名鼎盛时期的朱大可辞掉在上海师范大学的教职,去国离乡远赴澳大利亚。七年后他回国定居,就教于大学又宣布与文学"离婚"。

"很难有谁能改变我的生活方式。如果我接触的人很多,时间一长就会感到不安,我就喜欢一个人,自在、独立。我对婚姻状态不是太习惯。"谈起那次"变故",朱大可轻描淡写。

刚到澳大利亚时,他在一家报纸做主编,不久又离开。然后有一段失业经历,其间"在建筑工地扛过石膏板,做过清洁工",此后开过广告公司,还在一家上市公司网站做过媒体总监,但时间都很短。"这都是非常美妙的经验。"他说,最长的一次是在另一家报社做了四年总编辑,后来又在悉尼科技大学读博,一直到回国为止。"反正就是什么活都干过了,还包括自己创办网站。"

网站最初名叫"澳大利亚新闻网",后来改成"文化先锋",在中国知识界颇有影响。但由于诸多原因,网站关闭的时间比开放的时间更长,朱大可自嘲似的笑笑:"不过没关系,这显得更有趣了。"那时每天上午,他至少有一个半小时在网上浏览各种新闻,从中触摸中国社会变动的脉搏。

在澳大利亚定居期间,1998年底,朱大可的文学批评集《聒噪的时代》出版,国内文学界惊呼朱大可"复出"了。有评论文章指出:"他那些貌似瑰丽的批评语体后面,蕴藏着摧枯拉朽的'原创性'力量。在众声喧哗、扑朔迷离的文化语境中,他对当下文化现象敏锐的洞察和大义灭亲式的批判,更显出了他的难能可贵。"

2001年,朱大可回国定居,宣布与文学"离婚"。原因听起来耐人寻味:"文学一而再、再而三地辜负了我的期望。"不久,他又陆续出版了《话语的闪电》《流氓的盛宴》等著作。

回想国外的那段时光,他觉得"没多大意思"。

"那个国家对孩子和老人挺好,但是我的母语是汉语,在那里属于少数民族。连越南人和黎巴嫩人都可以歧视中国人。留学的唯一好处,是得到了文化比较的机会。"

往事并不如烟,他的神色有些黯然。

十七岁那一年"突然成熟"

朱大可童年结束是在十七岁那一年,父亲的死让他"突然成熟了"。1974年7月,朱大可中学毕业,进入上海第三机床厂技校读书。其父是在1975年11月一个寒冷的黄昏病逝的,当时正值"文化大革命"后期。"亲友彼此都不敢来往,人际关系非常冷漠。"说到这里,他两眼向上凝视,声音低了下去,

"我父亲是民主党派人士,在'文化大革命'中备受折磨。他去世时,病床前就我跟我母亲两个人,四周既没有亲戚,也没有朋友。他们都逃得很远。"

在朱大可的记忆里,"父亲是和蔼的,可亲的,宽容的"。小学时,朱大可和母亲住在一起,并且在母亲执教的学校读书。

"我母亲最先是音乐老师,后来改做语文老师了,她很严厉,而且不苟言笑,从来没有宠过我,对我就像对其他学生一样。我对音乐和语文的喜欢,主要是受她的影响。父亲是历史老师,所以我对历史也很喜欢。"朱大可的父亲在很远的浦东教历史课,一个礼拜才回来一次。"他从来不打骂呵斥我,因为我超出了他的期望。"

朱大可的表现可圈可点,小学还没有毕业,"已经通读四大名著"。到他十二三岁的时候,父母执教的两所学校的图书室他全都看遍了。进入中学后,西方古典文学他也拣重点过滤了一遍。

"这些'文化大革命'残留的书,被保留得很好,而且传播广泛。很多书破旧发黄,封面、书底都没有了,你只能猜它的书名和作者,但我们通常都能破解这种谜案。"朱大可和母亲轮流看书,很多时候通宵不眠。罗曼·罗兰和托尔斯泰的小说,雪莱、拜伦和但丁的长诗,"是我的隐形的精神摇篮"。

听课"挑肥拣瘦"

1976年7月,朱大可技校毕业,被分配至上海照相机四厂担任钳工。"我是做照相馆用的相机,海鸥牌,"他用手在空中画了一个圆,"那种大的。"对于一个饱读诗书、喜欢音乐,想做钢琴家、指挥,后来又想当作曲家的少年来说,钳工的工作无疑是枯燥乏味的。他烦做工人,"开始琢磨如何改变这种状况"。

1977年,高考恢复。这一年,朱大可二十一岁,这个年轻人摸不准考大学究竟意味着什么,"没敢考"。直到次年,他终于明白,只要上了大学,就有可能逃离工厂,改变工人身份,改写人生轨迹。

1979年9月,他考入华东师范大学,"我是新三届里面的最后一届"。高考填报志愿的时候,他的第一志愿是历史系,第二志愿才是中文系。在他看来,文学是自然天成的,完全不需要课堂教诲。"我曾经想考音乐学院,结果这个梦像泡沫一样破灭了。由于父亲的影响,我想做历史学家。"

结果阴差阳错,他被分到了中文系。说起当初为何选择华师时,朱大可告诉我:"当时我母亲每月的退休金是七十块钱,我们家的房租是二十五块,还剩下四十五块,两个人用是很拮据的。那时华师每个月有十八块五的补贴,基本上能够解决我的伙食问题。"

刚进大学时,他兴奋,如鱼得水,"戴着校徽到处走动"。

听课"挑肥拣瘦",非常清晰地辨认哪门课重要,他一直在走读,拒绝住校,"不重要的课完全逃掉"。逃到公共图书馆,"从早看到晚上"。

再后来,朱大可进入高校,自己成了一名大学教师。

当我询问如果有学生逃课他会如何处理,他说:"我从不点名,学生可以自由选择,因为我就是这样过来的。"说完后他笑了笑,赶紧补充道:"事实上,我的教室都坐满了人。我不需要靠点名来维持到课率。"

打小就自己跟自己玩

1983年7月,朱大可从华东师大毕业,被分配至上海财经大学汉语教研室工作,讲授"大学语文"课程。

由于与所学专业和研究领域不符,加上失去了大学时代的人文环境,他的心境比较压抑,"失去了方向,心灰意懒,无所事事啊"。

此间,除了一篇《电影系统论》,他几乎中止了所有的写作,蛰伏了近两年之久。

转机出现在两年后。1985年,朱大可受邀参加在厦大举办的全国文艺批评新方法研讨会,"这改变了我的未来"。

这次盛会几乎云集了中国当时最优秀和最走红的人才。而朱大可则是"无名鼠辈"。回去后不久,他的第一篇诗歌评论《焦灼的一代和城市梦》问世,并于1986年发表在当时极具影响力的《当代文艺思潮》上。

"这篇文章完全背离了批评的一般准则,很幼稚,但有杀气,充满奇思怪想,与其说是在阐释他人作品,不如说是在自我卖弄。"对于这篇当年引起文学界普遍关注的文章,朱大可自己并不以为然。

1986年,《谢晋电影模式的缺陷》发表后,在海内外引起轩然大波,当时中国电影评论学会会长钟惦棐撰文:"朱大可的文章很有闪光处,除了作为理论的概括和勇气,更重要的是他把电影作为文化现象,表现了对整个社会和文艺的责任感。"

之后,凭借一系列文学研究和批评文章,朱大可在中国文坛声名鹊起,并且奠定了自己的先锋批评家地位。"那时候我年轻气盛啊,狂得要死。"他说。在很高规格的学术会上,也可以藐视与会者,自己随性说一通,在众人瞠目结舌中当场退会,"得罪了很多人,因为根本不顾别人的感受"。

"这和我的成长环境有关。我是独生子,精神上极度渴望自由和独立,打小就自己跟自己玩,孤独惯了。"

从小学到中学,他的成绩单上,评语里总有"骄傲自满"这几个字,"老师总希望我'戒骄戒躁'"。如今,朱大可很少与人争论,他觉得"那个没意义,浪费时间而已"。从他的语气听,我能感受到被他小心藏起来的傲气。

"其实我四十岁时就知天命了。"他端起茶,嘬一口,"我是很有争议的人,有人喜欢,有人讨厌。"他低头又抬头,看着我说,"其实,争议是最好的状态。没有争议才是不正常的。我为下个世纪写作,因为历史是最好的评判者。"

"市场英雄"与"文学英雄"

吴怀尧　从图书销量上看,"80后"作家异军突起,您如何看待这些年轻的创作者?您读他们的作品吗?

朱大可　他们的书占有了巨大的市场份额,这是资本催化所带来的市场价值。人们可能觉得书卖得好,文学价值就高,这是一个很大的误解。

市场繁荣不等于文学繁荣。他们的作品有时我会看一下,文学性大多不足。新生代作家都面临一个严重的瓶颈,那就是如何完成市场价值向文学价值的转型,从市场英雄变成文学英雄。

近年我能够看到的这代人中,李傻傻是个例外,我想他可能是其中最有前途的小说家。韩寒,我欣赏的不是他的小说,而是文化反叛的犀利立场。他是中国最优秀的

"博客写家"之一。至于郭敬明,王朔已经有过很好的评判,我就不再多嘴了。

吴怀尧　您曾经说中国文学成就最高是先秦,相对于先秦文学,您怎样评价当代文学?

朱大可　当代文学,诗歌的成就最高,更弱一些的是小说,散文最差。到今天为止,散文大多都受杨朔文体的风格支配。各大学的校刊,中文系学生写的散文,还继续沉溺在"杨朔体"里。这是令人失望的事情,我认为散文的问题相当严重。

吴怀尧　您早期的文学评论几乎把"终极价值"视为最高甚至唯一的标准,并有浓重的基督教神学的价值取向。但您对"后朦胧诗"之后的诗歌评论很少。是不屑于评,还是阅读有限?

朱大可　那个时期大约是我去澳大利亚之前,也就是1988年到1994年这段时间,有五六年吧,我进入了神学写作时期。写作的母题和核心价值,主要围绕基督教神学,而现在,我转入了新的阶段。中国诗歌总体上是退化的。20世纪80年代一度到过一个高点,90年代再次发生退化,诗歌自然是小命难保啦!退到现在,好像已经所剩无几了。

现在所谓的"80后"写作，根本就没有接过优秀的传统。他们的话语方式，继承的是 50 年代杨朔、秦牧之类，以及中学作文程式的传统，跟 80 年代的文学成就没有任何关系，这是我觉得特别可悲的一点。中国文化是断裂式的进化，每一次都回旋到原点，从零重新开始。你说这是悲剧吗？我看是的。

吴怀尧　您在澳大利亚修过哲学博士，请简单说一说中国哲学和西方哲学的区别吧。

朱大可　东西方哲学有相似之处，也有很大的差别，而差别是被蓄意夸大的。西方古典哲学以康德为代表，强调理性的价值，而中国哲学却是主张感性的，老庄都特别感性，孔子也是这样，这是中国哲学和西方哲学的本质区别。但是西方哲学后来在尼采那里发生了巨变，突然折回到了感性，用隐喻表达思想，包括以后的现象学。这是哲学内部的革命。但感性应当被限定在文化的范畴。亚里士多德开始的理性传统，是建构合乎人性的社会制度的支柱。

吴怀尧　我听过一种观点："诸子百家之后中国就没有哲学。"您怎么看待这个问题？

朱大可　我同意这个说法，后来出了很多哲学家，但都是阐释者，不是原创者。朱熹、王阳明，以及五四以来的几代文人，像熊十力和牟宗三，都是优秀的阐释者。我本人也是阐释者之一，如此而已。要超越先秦的高度？那是说笑了。

吴怀尧　于丹、易中天等人通过电视媒体走红的同时，也将大众的视线重新带到了传统文化，这是不是意味着国学的复兴？

朱大可　我看这不过是一种有限的文化复苏，还远远谈不上文艺复兴。前两年，新儒学曾经喧嚣一时，他们把孔子和儒家文化作为唯一的核心价值，排斥其他一切学派，这跟文艺复兴倡导的人性解放，相距十万八千里。国学热还好点，它至少还承认有道家、墨家和佛教等多种文化形态的存在。对待孔子，应当以平常心来解读，把他当作一位有趣的老师和朋友，而不要像儒学家那样，把他捧到至圣的地位。那很危险。

世界文坛已经变得空空荡荡

吴怀尧　您怎么看待当下的文学生态和现状，还有不时发生的学术界抄袭事件？

朱大可　当下的文学生态，跟用激素、化肥、杀虫剂弄出来农作物一样。出版物很多，看起来琳琅满目，可以拿来"吃"，但却大多是"问题食品"。现在也丧失了基本的检验标准。文学的核心价值究竟在哪里？它人间蒸发了，完全不能支撑作家灵魂的内在超越，作家书写的目标只是基础价值，也就是市场和版税，而不是终极价值，甚至不是中间价值。

抄袭是社会道德机制瘫痪的结果，国人的道德防火墙不仅没有更新，而且被卸载了。当然，腐朽的机制是应当被卸载的，尤其是对身体过多的禁锢。但道德自律的全面崩溃，却引发了另外的危机。

吴怀尧　中国作家有很浓的"诺贝尔"情结。您觉得诺贝尔文学奖是世界文学最高的荣誉和价值标准吗？

朱大可　相对而言，所有奖项都有自己的缺陷，但诺贝尔文学奖还算是一个世界公认的重要奖项。当然它本身也在二流化，这是我的一个基本评估。大师们正在离去，世界文坛已经变得空空荡荡。全球文学都面临萎缩的危机，这是因为新的媒体、新的娱乐和阅读方式，已经取代了文学。

吴怀尧　外国文学的翻译对当代文学的影响是毋庸置疑的，您认为现代汉语的成熟和成就，与翻译家的翻译有没有关系？

朱大可　当然关系很大。汉语的现代化依赖的不是作家，恰恰是那些出色的翻译家，他们的贡献远远超出作家本身。中国作家的作品，很多只是他们的摹本，比如马尔克斯的汉译本，就是一个被无限模仿的范例。

翻译家为20世纪80年代中国文学的转型，提供了坚实的基础。翻译家的成就，超过了作家本身。这些年出版了数不胜数的文学史，却没有一本提到这点。我要再一次强调，如果没有这些优秀的翻译家和翻译文本，中国文学的进化是无法想象的。

李银河

—— 宇宙微尘 ——

生命就是幽灵岛,它在大海上突然出现,又瞬间消失,其意义并不比一座山或者一棵树大。

"喂——"声音低沉、急促并且警惕,似乎带着防备,"你们到哪了……对,就是这儿。"

尽管之前已经通过数次电话,并且有过一面之交,但是,当我再次拨通李银河的电话时,电话那头传来的声音,依然显得谨小慎微。

我的摄影师朋友董鑫,开车载我前往李银河家。按照李银河的提示,车子七拐八绕后,总算到达了目的地。

这是一栋隐藏在北京大兴郊区的乳白色两层别墅。2002年起,李银河一度择居在此。

李银河,美国匹兹堡大学社会学博士,中国社会科学院社会学所研究员、教授。主要研究领域为家庭婚姻、性别与性。业余写作小说、随笔和诗歌。曾被《亚洲周刊》评为"中国最具影响力的50人"之一。

一条大狗龇着白牙,趴在门口。我放慢脚步。

"没事没事,它不咬人。"光着脚,穿着红色塑料拖鞋的李银河,站在门口迎接我们,"我现在生活很规律,一般不熬夜。早上起来后喜欢到院子里散散步。"院子里月季花正在盛开。

"这些花都是我种的。"她颇为自得。

作为中国第一位研究性的女社会学家和著名作家王小波的爱侣,李银河一直是媒体和公众关注的话题人物。她就同性恋、换偶、一夜情等社会现象发表的一系列"离经叛道"的观点,更是引发激烈的讨论。赞同她的人捧之为"英雄",反对其观点者则斥责她的言论"无耻"。

见面这一天,她的寓所正在装修,叮叮当当的响声不绝于耳。我们的对话在二楼相对安静的一间书房内进行。午间的阳光透过玻璃,打在李银河的脸上,随着光影转换,她看上去忽明忽暗,仿佛一条水草在湖底飘摇。在长达三个小时的沟通中,她始终斜靠在椅子上,跷着二郎腿,手上还摆弄着一支铅笔,随意而旁若无人,诚挚而言无不尽。

身为社科院社会学所家庭与性别研究室主任,李银河每周二都会去一趟单位,其他时间则待在家里,除了写论文和专著,就是看看电影读读书,"陪着可爱的小壮壮"。

小壮壮无疑是她温情母爱的寄托。这个小男孩是她的养子,在李银河授意下,他羞怯地向我问好。

"有时候一想起世界上有这么一个小小的生命在依恋我,眼泪就流个不停,眼泪一直流到耳朵里,凉凉的。"李银河说。而电影则是她的生活必需品，每天都会看一两部，已经养成了习惯，"要是没有电影频道，那生活质量就太低了"。

对于现在的居住环境，她感觉满意："空气特别好，吃的东西也很新鲜，刚搬来的时候，都是我们在自己院子里种菜，西红柿、茄子、韭菜什么的，根本就不用到外面去买菜。"

对于物质，李银河要求不高，"一个人消费的欲望再高，他睡的只能是一个人的床位，吃的只能是一个人的饭量"。在生活上，她崇尚节俭，从来不买名牌，"衣服都是四五十块钱的，比我们家保姆穿的还便宜——她一条裤子都两百块呢"。

平日闲时，李银河喜欢躺在家里的沙发上，随手翻看各种书籍，"好就看，不好就扔在一边"。或坐在电脑前，"有感觉就写，找不到感觉就停下"。

有时候，她还会把自己的一些观点和思绪写进博客。但是，某些网友的谩骂和人身攻击让她觉得无法忍受。"我真替他们难过。"她摇了摇头，眼睛看着地面，"我的亲朋好友对我的做法都挺支持的。王小波如果活到现在，立场肯定也和我一样，只不过他表达的方式会更幽默。"

2007年2月4日，是李银河五十五岁生日。岁月鎏金，她的白发、眼袋还有抬头纹，已经清晰可见。"小时候，每年过生日总免不了感慨万千，随着年龄渐长，却变得越来越麻木。"她露出笑容，"我的生命在走向后半段，我急切盼望着六十岁以后的生活。"

2019年1月10日，据一条报道，退休后七年，李银河居住在威海的海边，过着非常规律的三段式的生活。上午写作、下午阅读、晚上看电影，早中晚三次去海边散散步。闲时，会在微博上回答网友们的付费提问，这些问题也都离不开性爱、婚姻和家庭。

被裹进时代的洪流

1952年，李银河出生在北京。父亲是山西人，母亲是河南人，均为知识青年，抗战时相识于延安。革命胜利后随部队进京，后来被分配到《人民日报》工作。

李银河兄妹四人，她排行老末。"大姐比我整整大一轮，老三也比我大五岁。"现在回想童年，她感觉很幸福，"非常和谐，而且不缺玩伴。"

"我们家有一个特点，兄弟姐妹都是属于特别乖的孩子，学习特别好。"李银河说，每次考试，不管数学还是语文，自己都能力拔头筹，无一失手。

说起父母时，她若有所思："在成长过程中，对我影响最大的其实还是他们。"

"父亲经常会给我们讲一些为人处世的道理，像'水至清则无鱼，人至察则无徒'之类。"李银河回忆，为了让自己明白这句话，"父亲还举例分析，说有一次报社开会，大家互相提意见，他直截了当地对一个同事说：'我觉得您这个人有点虚伪。'后来父亲挺后悔的，他告诫我们，以后决不能这样做。"这些言传身教，对于十几岁的李银河来说，影响深远。

若干年后，当一些专家和学者对她的某些观点大加讨伐时，人们很少看到她站出来反驳或者与之激辩，更多的时候，她一笑了之："如果我们对周围的人只观察，不批评，那么我们一定会活得更快乐一些；如果我们总是尝试去欣赏美好的东西，而不去看丑恶的东西，那么我们一定会活得更快乐一些。"

1969年，李银河十七岁，正是花样年华。然而，"文化大革命"却把她裹挟进时代的洪流。

本来是要被分到吉林去插队的，当她得知内蒙古正在招人后，有些坐不住了。为了争取到内蒙古去的机会，"我写了血书表决心"。在她看来，内蒙古有军队编制，算是屯垦戍边，不像纯粹插队的知青。"就是当兵了嘛，我觉得挺光荣的。"

这一去就是三年。"内蒙古那个地方啊，风沙特别大，有时刚刚挖好的水渠，一场风沙就把它平掉，然后又得重挖，如此反复。"最让李银河无法忍受的是，她插队所在地位于河套地区，属盐碱地，农区亩产量仅七十斤，但是下的种子就有三十斤。

"这种无收获的劳动说白了，是对人的一种折磨。如果说其中有什么正面意义的话，就是让我明白了社会，知道它和学校还有家庭是不一样的。这也算一种人生经历吧。"说起那段生活，她没有太多抱怨，只是摇头苦笑。我能感受到在不理智的时代，个人何其渺小。

1974年是李银河的人生拐点，因为一篇描写农村生活的文章，她被推荐到山西大学。"我从初一就开始停课，物理、化学一天都没学过，最终进了历史系。因为是工农兵学员，所以大学只念了三年。"

少女的心弦被拨动

在山西大学读书期间，一次回京，李银河在一个朋友那里无意间看到王小波的习作《绿毛水怪》，"觉得很震撼"，少女的心弦被文字拨动，想去看看这个王小波究竟是"何方神圣"。

1977年，李银河回北京过寒假，朋友去王小波家有事，"我也跟着去了"。第一次见王小波，她微微有些失望——"他长得不太好看，而且不热情，只是随便和我打了个招呼。"

大学毕业后，李银河回到北京。和现在的大多数毕业生一样，"很茫然，没有明确的目标，就好像在准备，然后等待机会"。《光明日报》的总编辑是她父亲的老朋友，通过这层关系，加上本身的文字功底，她成为报社的一名编辑。

然而，让她措手不及的是，刚到《光明日报》工作没多久，王小波就骑着自行车去报社找她，聊了没多久便单刀直入，问李银河结婚没有，"我说没有，他对我说，那您考虑考虑我怎么样。"——李银河被他的直率吓住了。

不久，他们开始通信和交往。王小波把情书写在五线谱上，让李银河至今记忆犹新。

确定恋爱关系之后，李银河的母亲不大放心，觉得"王小波这孩子傻大黑粗，看上去挺怪，怕靠不住"。每次母亲问起，李银河的回答总是明确而坚定："这人有很睿智的头脑，别人不能比。"

热恋时，她想试探一下这个大个子的底，于是问他最坏能做出什么事。"他要是说杀人，我怎么敢嫁给他呢。"李银河又笑了，"结果小波想了半天才说，杀牛。在农村他可能杀过牛，从人道主义来说这确实比较残忍。他说这是他做过的最坏事情，我能接受。"

1980 年 1 月 21 日，王小波、李银河登记结婚。没拍结婚照，也没举行婚礼，两家各请了一桌。那时王小波二十八岁，正在大学读二年级，因为学生有规定不准结婚，所以两个人结婚是秘密进行的。

当我问起王小波的缺点时，李银河想了好一会儿才回答："主要体现在生活上，脏乱差，比较懒，看书时像根木头，你喊他，他听不见，要踢他一脚才行。有的时候我回娘家去，他到两点还不吃中午饭,我就电话遥控,告诉他冰箱里有什么吃的东西。我妈开玩笑说你以后就买个大饼套在他脖子上,省得他饿死。"

以温柔优雅的态度生活

1982年,李银河去美国匹兹堡大学社会学系硕博连读。两年后,三十二岁的王小波也来了。在美留学期间,他们驱车游历了美国各地,并利用1986年暑假游历了西欧各国。在美国的四年,王小波基本上没有工作,只是在家读书写作,李银河下班回来后就忙家务、做饭。他们的好朋友丁学良在一篇回忆王的文章中感叹:"李银河真可谓是贤惠,王小波则像个大爷。"

对此,李银河的解释是:"我不忍心让那样智慧的头脑去干粗活。"

1988年从美国回来后,李银河开始了自己的专业研究。主要集中在四个范畴:婚姻、家庭、性别和性。其中关于性的研究多一些,她的第一本论文集就是《中国人的性爱与婚姻》,其中除了中国人的离婚、独身、自愿不生育等问题,还深入研究了一些同性恋的内容。此间,王小波在中国人民大学执教。小说《黄金时代》在台湾地区获奖后,他干脆辞掉公职,当起了自由作家。

"当初之所以选择这个专业方向,是因为这几个领域都是社会学的经典研究领域,尤其关于性的研究,在国内还很少有人涉足。"她说,对这些问题自己好奇,"研究它们能感觉到快乐,而且,对那些陷于不幸的人也有所帮助"。

幸福时光让李银河沉醉,却没想到如此短暂。1997 年 4 月 10 日,王小波发给李银河最后一封电子邮件:"北京风和日丽,我要到郊区的房子去看看了。"次日凌晨,王小波心脏病突发辞世。其时,李银河正在英国剑桥大学做访问学者。得到消息后,她"脑子一片空白,耳朵嗡嗡作响"。

后来在《浪漫骑士·行吟诗人·自由思想家——悼小波》一文中,李银河深情写道:

"作为他的妻子,我曾经是最幸福的人;失去他,我现在是世界上最痛苦的人。"

"我最最亲爱的小波,再见,我们来世再见。到那时我们就可以在一起一百年,一千年,一万年,再也不分开了!"

王小波去世十年,2007 年 4 月 11 日,李银河和十二位王小波的忠实读者发起了"重走小波路"的活动。

"这个活动其实是很私人的,就是一帮小波的粉丝为了纪念他,想做点儿跟他有关的事儿。他们向我发出邀请,我正好没去过云南,就答应了。它本身确实没有什么太大的意义。"当我问及私下李银河会选择什么样的方式怀念王小波时,她淡淡一笑，回答朴实无华："在心中默默想他。"

回首自己的前半生，李银河觉得平淡无奇："跟小波在一起有点轰轰烈烈，除此之外，应该说是乏善可陈，也比较枯燥。"至于目前的状态，她觉得自己有清醒的认识："对社会学还比较喜欢，做起来有一些快乐；对文学无限向往，但是缺乏才能；也许最终发现，我真正喜欢做的事情是观察四季轮回。梭罗有一句话说得好：'我们为什么不能像攀折一枝花朵那样，以温柔优雅的态度生活呢？'"——她语气平缓，似乎在问旁人，更像是在问自己。

晚上不敢看星星

吴怀尧　如果可以从头来过，您希望如何度过此生？

李银河　读有趣的书，写有趣的书，听美的音乐，看美的画，观赏令人心旷神怡的风景，和自己喜欢的人在一起随心所欲地享受生活。

吴怀尧　您有很多机会去国外定居，为什么选择留下？

李银河　在美国，国家是人家的国家，文化是人家的文化，喜怒哀乐好像都和自己隔了一层。回国后，国家是自己的国家，文化是自己的文化，做起事来有种如鱼得水的感觉。在中国，有些事让人看了欢欣鼓舞，也有些事让人看了着急生气，但无论高兴还是着急都是由衷的，像自己的家事一样切近，没有了在国外隔靴搔痒的感觉。

吴怀尧　针对您的言论的各种批评，是否会影响到您的生活与心情？

李银河　我生活得很愉快。我想我所想，说我所说，如果碰巧有人喜欢，我引为同道；如果有人不喜欢，那也是意料之中的事。我不可能让所有的人都喜欢我，我从来没有这样的抱负。

吴怀尧　您的一些看似惊世骇俗的观点，在西方可能并不新鲜。作为一名社会学家，在理论创新方面，您有什么遗憾吗？

李银河　在理论上我没有太多的抱负，毕竟理论上的创新是非常非常难的。我现在所做的，更多的是传播观点和经验研究。

吴怀尧　据我了解，您即将有新作问世。这是一本什么样的书？它和您以往的作品有何不同？

李银河　我之前的作品都很沉重，而这本书相比之下要轻松得多，是一本表明我生活哲学的随笔集，并且收了一些博客里的文章，由中国妇女出版社出版。（不久，李银河的随笔集《以温柔优雅的态度生活》出版，本篇对话被全文收录。）

吴怀尧　当王小波成为现象后，有一拨人在文风上刻意模仿他，甚至自称"王小波门下走狗"，对此您怎么看？

李银河　小波的文章有一种传统写作中十分罕见的自由度，看了没有紧张感，反而有一种飞翔的感觉。他的反讽风格实在是大手笔，而且是从骨子里出来的，同他的个性、生活经历连在一起，不是别人想学就能学得来的。

吴怀尧　古人说四十不惑，我发现在您的文章中"生命"这个词出现较多，现在是不是对此感触很深？

李银河　生命都是很偶然的东西，人类在宇宙中也是很偶然的。我愿意用幽灵岛来比喻：生命就是幽灵岛，它在大海上突然出现，又瞬间消失，其意义并不比一座山或者一棵树大。有一阵，晚上我都不敢多看星星，因为看着看着我就会想，咱们这个地球不就是这群星星中的一颗嘛，人就像小蚂蚁一样，爬来爬去几十年就死掉了，无影无踪，就跟没存在过一样。这些东西想多了，非常恐怖的。

吴怀尧　爱情常常是不可预知的,您还会结婚吗?

李银河　如果有人想问我会不会像封建时代的妇女那样守活寡,我的回答是绝对不会。如果说生活中有新的遭遇,那为什么不可以呢?至于我为什么这么多年没结婚,是不是没有遇到合适的人,这些,以后我写回忆录时就会真相大白,现在还是留个悬念吧。

岳 南

—— 南渡北归 ——

这个世界上,有些东西是可以怀疑并推翻重来的,有些却不能。

2008年8月的某一天，岳南在位于北京亚运村的居所接待我。他的家摆设古朴，进门右手就是一排书架，上面摆放的大多数是他的著作。书房门半开着，能看到里面堆满书稿，门上贴着《南渡北归》的海报。

从阳台远眺，可以看到鸟巢与水立方。在客厅临窗的餐桌边，我们促膝而谈，空调吐出冷气，茶杯冒着热气，聊到傍晚时分，夕阳照射，满屋子金灿灿。

岳南，中华考古文学协会副会长，台湾新竹清华大学驻校作家。1962年生于山东诸城，1991年毕业于解放军艺术学院文学系，现居北京。其考古纪实文学系列"考古中国"，洋洋洒洒十一卷，将考古发掘与史海钩沉熔于一炉。

说起民国名家，岳南滔滔不绝如数家珍，沟通的过程漫长，原因很简单：他的山东诸城版普通话，有时候我实在听不懂，就需要不时打断他激情飞扬的叙述，请他放慢语速，"请您再说一遍吧。"如此再三，直至夜幕低垂……

英国历史学家赫·乔·威尔斯，在其著作《世界史纲》中谈及中国唐初诸帝时期的文化腾达时，既满怀景仰又充满疑惑，似乎如此辉煌灿烂的文化景象有些像天方夜谭。

让人欣慰而刮目的是，三十多年来，作家岳南始终以严谨考究、处处有典的态度书写史著，为读者在古今交织与中外错综的叙事宏构里重现华夏文明。

2000年夏，岳南曾担任中央电视台"老山汉墓考古发掘现场直播"嘉宾，因准确预判出老山汉墓墓主身份和两千多年前被盗过程的细节，轰动一时。

岳南近年以新作《陈寅恪与傅斯年》和《南渡北归》系列，步入畅销书作家之列，持续荣登作家富豪榜，莫言、杨振宁、俞敏洪等各界名人均成为《南渡北归》读者……

既然你喜欢，我就写本书给你

吴怀尧　您的文学启蒙是来自家教还是来自社会，还是来自身边的师友？您目前在写作上的追求与您当初的文学启蒙有多大关系？

岳　南　我的学生时代，有很长一段时间适逢乱世，当时中国已取消了通过考试继续到大学读书这一方式，主要靠阶级成分推荐上大学。

谈到文学启蒙，家教有一点，更多的应该是齐鲁之地厚重的文化积淀的原因。我们村尽管偏僻一点，但有些老头老太太能口述中国历史和传奇小说，比如《三国演义》《隋唐演义》《水浒》《七侠五义》，甚至一般人不太了解的《矿山英雄传》等等，还有一些民间传奇故事。我自小有听别人讲故事的嗜好，也就是家乡说的"把瞎话儿"。在不同的时间和地点，断断续续听了一些"瞎话"。记得有一年冬天，每天晚上吃过饭都到一个七十多岁的老太太家里听她讲古书。这个老太太我喊她叫舅妈妈，人很慈祥，很能说，我一边听一边帮她扒棉花桃子——秋后不开的棉桃，采到家中扒开再晾晒——结果一个冬天下来，一部《隋唐演义》加半部《矿山英雄传》就听完了，现在我所知道的隋唐历史人物与故事，大多是从她那里来的。类似这样的民间"把瞎话儿"，对我后来舞文弄墨并当这个空头文学家起了相当大的启蒙作用。

不过，当时毕竟还是一个学生，从小学到高中，老师的传教当然是最令我受益的。好像一种天意，我上学的时代，遇到的语文老师都特别有水平，有几位后来还成为省内外颇有影响的作家，如我在中学时候的王良瑛老师，后来到了山东省作协，并一度出任过《山东文学》

主编,曾以长篇小说《野色》奠定了他在文学界的地位。这些小学与中学的老师传授给我的知识,是后来能够搞点文学创作的基础和最基本的条件。

还有一些课外书和文章,都成为滋养我文学创作的一部分。比如说1973年,辽宁省兴城县白塔公社枣山大队第四生产队队长、下乡知识青年张铁生,他在参加当年6月份全国高等学校招生文化考试时,几乎交了白卷,语文38分,理化6分。他自知录取无望,便将事先准备好的一封信抄录在理化考卷的背面交了上去。这封信被发现后,他作为"白卷英雄"轰动全国,一时成为大红大紫的风云人物。《人民日报》曾以《一份发人深省的答卷》转载了这封信,全国师生组织学习,我自然也要参加。

当时我感到这封信文采很好,让我很感动,完全可以当作模范文章来读,有些段落就背了下来。张铁生君这封信开头的第一句话是:"书面考试就这么过去了,对此,我有点感受,愿意向领导上谈一谈。"这是迄今为止我所见到的文章中最好、伟大的开头,干净利索,不卑不亢,掷地有声。后来听说法国女作家玛格丽特·杜拉斯于1984年创作完成并获当年龚古尔文学奖的《情人》,开头第一句就是"我已经老了……"。

吴怀尧　杜拉斯和张铁生……我第一次听到有人把他们俩联系在一起。人们常说，以史为鉴，可以知得失。您涉猎考古文学多年，得到了什么，失去了什么？

岳　南　准确的说法应是"以古为镜，可以知兴替"，这是唐太宗李世民的话，他主要是从政治角度来说这话的。至于我的感受，这个有点复杂，所谓失，没有什么感觉，写了就写了，没有失去什么。

　　说到得，就是把自田野考古学引进中国以来，在这块土地上所发生的最伟大和具有代表性的考古发掘事件，在当事人还活着的时候，通过采访、调查写出来了，给后人留下了一段较为真实的史实。比如说再过二十年、五十年，后人来到北京周口店，来到安阳殷墟，来到十三陵或者法门寺或者兵马俑坑，那个时候所有亲身发掘的人都死光了，来龙去脉也不清晰了，如果我或我的朋友如杨仕、商成勇等人不写这个发掘经过，可能后人就不知道当年发生了什么。但这本书现在写出来，五十年后的读者看过之后就会说："噢，原来是这么回事！"读者或观众知道了历史真相，这就是我的所得。

吴怀尧　我很好奇，您在军艺读的是文学系，后来怎么对考古感兴趣了？

岳　南　我是一次偶然到十三陵去旅游，看到了定陵的地下宫殿，觉得写一写发掘过程应该有些意思，于是就开始采访和写作了。这就好比莫泊桑与大小仲马写妓女一样容易理解。

我已经说过，在我少年时代，曾听到家乡不少老头老太太讲过历史小说，比如对朱元璋、永乐皇帝等等明代的人物、事件也有所了解。所以说到写十三陵的定陵地下宫殿发掘，并牵涉明代的一些事儿，并不觉得突兀，反而感觉很自然。

吴怀尧　我还从您的朋友处听到一种说法，您写《风雪定陵》是为了获得一个女孩的尊敬和爱情，这是奇闻还是逸事？

岳　南　刚进军艺没多久，我想交女朋友，但是因为我的山东口音太浓一时难以得逞。后来我在某杂志上看到各种交友信息，就给杭州一个自称爱好旅游、写作的女孩拍电报："速来京，解放军艺术学院作家岳南邀请你。"

没想到，这女孩过了两天还真来了！我就带她去十三陵游玩，她看完后很激动，觉得非常美。我说既然你喜欢，那我就写本书给你看吧。我与定陵考古队长赵其昌夫人杨仕共同努力，花费近一年的时间，终于合作完成了《风雪定陵》。

吴怀尧　看来歌德说的还是很有道理，伟大的女性引导我们上升。回到创作，通常您是否经过增添删改反复打磨才能完成一部作品？当一部作品杀青时，您心情怎么样？

岳　南　我是2000年之后才开始用电脑写作的，此前出版的八部作品全部是一稿成功，基本不改动，送到出版社后由编辑删削加工，没有我的什么事了。海明威说他每写一部作品，就像与狮子搏斗一样，当把狮子打倒的时候，自己也累趴下了。我的感觉没有这么酷烈，但也感觉很累，一旦作品完成，真有一种被捆绑后突然释放的感觉，身心俱感轻松。

哲学是逻辑的诗

吴怀尧　我看过一篇叫《圆明园画家村札记》的文章，说作家岳南基本不读外国书，真是这样吗？

岳　南　言重了，外国书还是读的，只是读得较少。这个与兴趣有些关系，但主要还是没有时间。因为在我28岁之前，基本上是当学生、农民，当兵。当学生的时候没有好好学习读书，当农民的时候，由于体力劳动很重，很难再读书，加之当时农村也没有什么书可读，所以纯文学的书特别是外国文学书自然就不会读得太多。但像当年流行的《钢铁是怎样炼成的》与高尔基的作品，甚至肖洛霍夫的《静静的顿河》，契诃夫的《草原》，最近去世的索尔仁尼琴的《古拉格群岛》等等是读过的。

吴怀尧　据我所知，百年来，在纪实文学作家中，只有《罗马史》的作者蒙森在1902年获得过诺贝尔文学奖。而这一年的竞争异常激烈，有享誉世界的文坛大腕托尔斯泰、左拉、斯宾塞、叶芝、卡尔杜齐、显克维奇等人，但诺奖评委会最终选定了同样杰出又易让人接受的蒙森，其获奖的理由是："既有完整而广泛的学术价值，又有生动有力的文学风格……他的直觉能力与创作能力，沟通了史学家与诗人之间的鸿沟……今世最伟大的纂史巨匠，此点于其巨著《罗马史》中表现无遗。"您希望成为中国版蒙森吗？

岳　南　好像还有丘吉尔的《第二次世界大战回忆录》也得过这个奖。此著分六卷在伦敦出版，1953年获诺奖。尽管这个奖对丘氏来说，有为他此前没有得到和平奖而弥补、平衡的味道，但毕竟是以文学奖的面目出现的，所以这部著作也应看作是纪实类的诺奖受益者。至于做蒙森，没想过。蒙森是考古学家、历史学家、古文字学家、哲学与文学家，属于百科全书式的大学者。

蒙森与后来的傅斯年一样，都是受兰克史学影响很深的人，从他的身上，我们可以看到兰克学派的影响，也可以看到实证主义史学的痕迹。然而，他与傅斯年的几乎全盘照搬又有所不同，蒙森卓然树一家之帜，不属于任何一个学派，因而曾被柯林伍德称作"实证主义时代遥遥领先的最伟大的历史学家"。我与蒙森出生的环境、受的教育和训练等等皆不同，写不出像《罗马史》那样深沉博大又文采斐然的《中国史》。

吴怀尧 考古在中国方兴未艾，这是否表明人们喜欢怀旧，对旧事物情有独钟？近百年来，大多数创新都来自西方，对此您如何看？

岳　南 不只是在中国，考古这个行当在世界各地都是热的。与你的提问恰恰相反，中国人并不喜欢怀旧，恨不得把旧事物特别是旧的文化遗产全部砸掉焚毁，扔入历史的垃圾堆才感到舒服痛快。

中华民族确实创造过光辉灿烂的文化，有过鼎盛之时，但通观历史，对世界文化的发展做出的贡献却与这种光芒极不相配。当新的王朝推翻旧王朝的时候，胜利者所做的第一件事就是把前朝的庙宇、宫殿、楼堂馆舍一把火烧个精光，然后是城墙拆除，器物砸掉，这种文化灭绝式的浩劫从著名的项羽率江东子弟兵火烧阿房宫、秦始皇帝陵园开始,一直延续到 20 世纪。

所以说,中国文化自身破坏性大,对世界贡献小。谈到西方的发明创造,在远古的时候就很了不起,近几百年主要是在地理大发现的基础上,刺激并引发了工业革命。东方或中国没有搞,闭关自守,所以就落后了。

吴怀尧　盗墓小说一直是中国古典文学的保留品种之一,《搜神记》《太平广记》《聊斋志异》,这些家喻户晓的古代作品里都有"盗墓"的身影。盗墓类"悬疑小说"也颇受年轻读者喜爱。对这些通过网络走红的新锐作家的作品,您看过吗?他们中的一些人曾公开或私下表明受过您的影响,对于他们的作品您能否评价一下?

岳　南　如你所言,有的作者公开说受到我的作品一些启发,但他们的东西与我的不是一回事。所谓考古纪实文学再有几年就写完了,因为这个东西主要依赖考古大发现,且是有意思的大发现。像这样的大发现没有几个,所以顶多再有十年就该谢幕了。这个品种也就算枯萎了。以后只能作为古董式的文本为读者所见到。当然,我所指的是纪实类的,若是虚构的小说还是可以写下去的,延续多少年没有数,至少在中国是如此。

心是有弦的

吴怀尧　据我所知，您创作生涯中的长篇处女作《风雪定陵》出版即引惊叹，在台湾地区出版后获得1996年《中国时报》十大好书奖，与王安忆的《长恨歌》同时获奖；继之又被美国《世界日报》评为年度华文最佳非虚构文学作品，其情形与王小波的《黄金时代》颇为相似。而当时您还是解放军艺术学院的一名年轻学生。我希望您先讲讲个人经历和家庭背景，这对于那些不了解您的读者，相信会有所帮助。

岳　南　我的个人经历和背景都比较简单，1962年农历十二月出生于山东诸城贾悦镇一个有着三道小河穿越、号称"西伯利亚"的偏僻村庄，在村子和镇上完成了小学与中学学业。1979年高考落榜后，回到庄里生产队种了一年地，当了一年小学预备班的老师。

1981年秋参军入伍，到山东日照武警边防支队藏家荒边防派出所服役。先后在派出所与支队机关当过战士、打字员、公务员等，后来考入武警济南指挥学校，当时叫教导大队。毕业后回到原部队当了一名司务长，主管伙房饭菜与炊事员工作。

再后来因为我经常写点小诗或新闻稿在报刊发表，就被作为"人才"调到济南武警总队机关做电视宣传工作。1989年考入解放军艺术学院文学系，开始《风雪定陵》《复活的军团》（又名《世界第八奇迹》）两部考古纪实文学的创作。这两部书于1991年、1993年由解放军文艺出版社出版。1994年调入北京武警部队机关工作。同年考入北京师范大学鲁迅文学院文艺学研究生班。1995年转业到中央国家机关某杂志工作。

吴怀尧　您的《陈寅恪与傅斯年》我很喜欢，透过您开启的历史门缝，我得以领略民国初年蔚为壮观的知识分子群落的命运剧变，是什么机缘促使您写这本书？

岳　南　我上中学时，对中国知识分子这个群体的人与事就比较感兴趣，那个时候"文化大革命"结束不久，号称"科学的春天"已经来临，报纸刊物上开始宣传知识分子与他们的生活、理想、事业、信念与追求等等，像数学家陈景润，"文化大革命"时期独自猫在北京中关村一间小屋里，默默地证明"哥德巴赫猜想"，这是知识分子群体中的典型，是我心中的偶像。

还有事业加爱情的，如《第二次握手》主人公的生活与凄美的爱情故事，通过《中国青年报》连载，让我知道了原来没有听说过的人和事。当然，真正产生要为知识分子写点什么的想法，是20世纪80年代末90年代初的事了。

随着改革开放，一批民国时期自由知识分子的身影开始出现在大众视野并在我眼前晃动，当我静下心来较为详细地研究一番时，这批自由知识分子的人格魅力与渊博学识，令我深受感动，觉得自己有话要说，不吐不快，这就是后来你所看到和我正在创作着的自由知识分子系列作品创作的初衷。

吴怀尧 在20世纪初叶的学术大家中，梁启超、王国维、胡适、鲁迅、陈寅恪、傅斯年、钱穆……个个大名鼎鼎，许多人的成就至今都无人能及，您为什么对陈寅恪与傅斯年情有独钟？

岳　南 写作这种事，不能说谁的世俗名气大就写谁，也不能说写大总统就比写小人物更有意义和更受读者欢迎。主要还是看作者与所写的传主是否在感情上有所共鸣。

心是有弦的，没有拨动你的心弦，再伟大、重要的人物也激不起你创作的欲望与冲动。这一点我想你能理解，比如曹雪芹的《红楼梦》，法国小仲马的《茶花女》、莫泊桑的《羊脂球》等等，他们所写的并不是多么了不起的大人物，应该说大都是些社会中的小人物，甚至是在世俗社会看来最底层的妓女，但就是这些小人物的命运感动了一代代人，这些作品也在世界文学史上放出了不朽的光芒。

我对陈寅恪与傅斯年两位自由知识分子情有独钟的原因，在于他们的学识特别是人格魅力，比之前面列举的其他几位作者更能打动我，更容易令我的心弦为之跳动。或者说，在潜意识里，我觉得这两个人更能使我产生一种亲近和温暖的感觉，心灵更容易沟通。就这几个人论，梁启超的色调有点冷，也就是给人冷冰冰的感觉；王国维有点软，有的时候你看他处理的那些公事私事，我都替他着急，真是像鲁迅所说的"老实得像火腿"一样的人物，对于这种性格的人我不喜欢；胡适与鲁迅嘛，此前写得已经够多了，我不愿意再去炒别人的剩饭，或者是在浑水里摸鱼；赵元任与李济的专业有点深奥，要解释起来难度大，读者不容易搞清楚，一时还不好动笔；陶希圣给我的印象就是一个政客，可佩的地方不多；钱穆与顾颉刚学问当然是没得说，但总觉得缺点什么，要写一部传记，兴趣不大。

在上面列举的人中，我最喜欢傅斯年，他的性格和为人处事的方式、方法很称我意，这可能牵涉我与傅公同为山东老乡的地理关系，骨子里都有一点山东响马与梁山好汉遗风的关系吧。

吴怀尧　对于傅、陈而言，他们各自的经历都跌宕起伏，可独成专著，您把他们放在一起写的原因是什么？

岳　南　傅、陈均出身清代名宦世家，傅斯年是大清开国顺治朝首位状元、武英殿大学士、掌宰相职的傅以渐七世孙，陈寅恪是晚清湖南巡抚陈宝箴之孙，二人都有显赫的家族史，陈寅恪嫡亲表妹、曾国藩的曾外孙女俞大彩是傅斯年的妻子。陈寅恪自十三岁起就赴日本留学，后来又赴美国哈佛大学与巴黎、瑞士、德国等欧洲国家高等学府留学，时间长达十六年。

在中国历史上，有名有姓的留学生，留学时间达十六年的，除了唐代的玄奘，就是陈寅恪了，无出其右者。傅斯年是著名的五四运动北京学生游行总指挥，北大毕业后赴欧洲留学，与陈寅恪在德国柏林大学共同度过了四年时光。陈寅恪与傅斯年二人学成归国，陈进入清华国学研究院，成为名闻天下的"四大导师"之一；傅斯年出任中山大学文学院院长，开南国一代学术新风。国民党北伐成功后，傅斯年出任中央研究院历史语言研究所所长，陈寅恪兼任中央研究院史语所历史组主任。这个关系从1928年始，一直保持到1948年底，长达二十年之久。而傅、陈二人在中央研究院史语所这一历史性的聚合，开创了一个举世瞩目的学术流派，为海内外学术界敬佩。但最后的结局是：傅斯年、陈寅恪这对同学兼同事，外加姻亲关系的旷代天才，遥天对望而不能相聚。最后，一个无声地倒毙在台湾地区会议大厅，一个死于大陆岭南病榻。

《陈寅恪与傅斯年》一书将两人放在一起写，不仅仅是因为两人是同学，是战友，是姻亲，更主要的是因为两人在国学大师群中的"双子星"地位以及他们"独立之精神，自由之思想"的光辉人格。前者依靠本身的研究成果对学术界产生了巨大影响，后者除了个人辉煌的学术造诣，还留下了制度性的遗业，在学术界维持着长远弥久的影响力。

需要补充的一点是，傅斯年本人从来没有因为自己是大清开国第一位状元的后代而自豪，相反，他以为是一种耻辱。他不愿意在人前提起这位状元公，偶尔提及，也是大为不满。傅斯年认为清军入关，南明政权依然存在，他这位祖先不该与清军合作，应该与他们斗争到底，血染疆场才符合君子之道。

大师之后再无大师

吴怀尧　为了写好《陈寅恪与傅斯年》，您曾奔赴长沙、昆明、重庆、成都、李庄等地调查采访，并耗时4年完成这部著作，百岁高龄的北师大史学名家何兹全教授撰文，称您的写作难能可贵,"此书涉及不少史事属首次有理有据、条理清晰地对外披露,填补了陈、傅两位大师研究领域的空白";福建师大文学博士生导师王珂,甚至将这本书列入文学院研究生的必读书。对于学界的反馈您是否感到满意?

岳　南　几年的辛苦换来这样一个评价和实际效果,我自然是满意的。除了满意,更多的是感激,感激那些为我的采访与创作提供材料并给予各方面支持的人。

吴怀尧　金庸先生生前在广州大学讲学时透露,尽管自己未能亲自受业于陈寅恪,但敬仰其学术并尊之为师,自称"私淑弟子"。相比之下,今天的年轻一代对傅斯年与陈寅恪已不是特别了解,您觉得是什么原因造成大众对傅斯年及他那一代知识分子精英的"漠视"?

岳　南　原因很多,但主要的还是1957年反右扩大化之后,特别是"文化大革命"十年,将历史文化命脉割断了,使其失去了传承的土壤和条件,因而年轻一代不知道二公的学问与事业是正常的。现在这种状况稍好一点了,但还是感觉不到位。

吴怀尧　在您的这本书出版之前,已有为数不少的民国知识分子个人传记面世,并形成了民国知识分子史热。易中天先生称之为"不该热的热了起来""劝君免谈陈寅恪",理由是"陈寅恪是了不起,可惜我们学不来",您是否同意他的观点?

岳　南　这是大势所趋也是民心所向。人类进程有曲折坎坷,但总体来说是向上求进的,这种现状其实是反映了一种世道人心。我不同意易中天的观点。什么是该热的,什么是不该热的?陈寅恪了不起,学不来,就不该热了?难道曹操就是一个该热起来的人物?

吴怀尧　在《陈寅恪与傅斯年》282—283页,针对陈寅恪诗"食蛤哪知天下事,看花愁近最高楼"的理解时,您说"后代有学人钱文忠者""至于后生小子如钱文忠者";您可以不同意钱氏的解释,但没有必要在著作中用这种尖酸刻薄的口气评述吧?

岳　南　我是从《读书》杂志上看到一个叫钱文忠的人考证陈寅恪与蒋介石的关系,说陈寅恪的父亲三立先生在庐山做寿的时候,蒋介石曾提着礼物专门前往拜寿,而陈三立拒收其礼。又说陈寅恪在重庆与蒋介石初次见面,认为蒋是一只癞蛤蟆,不足成事云云。因为这则小文排在杂志的后半部,而且是在很不起眼的地方,这就证明《读书》杂志的编辑没有把其人其文太当作一回事。

我读过此文,又将这段史实考证之后,认为钱姓作者所说根本不是那么回事（蛤蟆之说，最早来源于吴宓）。于是我断定这个作者功力不足，可能是个二十多岁的大学生，或蹲在哪个地方写些报章文章用以打发无聊时间的青年文学爱好者，就作如此称谓。

当然，所谓后生小子，也含有后生可畏的意思，是对钱文忠的一种鼓励。

吴怀尧　我是否可以这样理解，传记作品，特别是写大学者的传记作品带有学术研究的性质，它的作者不仅是作者，更应该是学者，他应该有作家的感受力，更应该有学者的洞察力。在您看来，外界对您的这种关注度，是来自公众对"揭秘"过程的兴趣，还是对您研究功力的认可，抑或话题本身就具有足够的看点？

岳　南　我想两者兼而有之吧。其实所谓"揭秘"也谈不到，只是由于政治因素，使陈、傅二公的生活经历与事业成就湮没于历史的风尘之中，现在靠着一些最新"出土"和披露的资料，我尽了最大努力复原了陈、傅二公那段历史事实，因而有些人觉得新鲜，就当作"揭秘"来看待。这个事情与临潼的兵马俑发现有些相通的地方。事实上，当年的兵马俑从制作到埋葬，是许多普通人都知道的史实。只是一朝湮没，一朝发现，时间的转换就使看到它的人在心理和视角上感到不同。

吴怀尧　人类学家克罗伯曾问过这样一个问题：为什么天才成群地来？中国近现代史上，我们也有过一个"天才成群地来"的时代。可是后来，那些成群而来的天才又结队而去，您称之为"大师之后再无大师"，您觉得问题在哪里呢？这种遗憾如何才能解决？

岳　南　天才成群地来的时候，与他们所处的历史阶段、环境、社会风气等密切相关。就人文科学来说，这批人在少年时就打下了深厚的国学功底，后来又有机会到东洋或西洋学习现代知识，二者如同两块不同的磁石，一旦碰撞，必然产生耀眼的火花和能量。但这批大师之后，社会风气变了，人们的价值观变了，后起者受世风的影响和条件的限制，既缺乏深厚的国学功底，又很难有机会到国外深造、潜心苦读，所以就产生了大师之后无大师的遗憾。

真正意义上的科学探索，是对真、善、美三位一体的追求。就自然科学而言，由于人类生命和智力的局限，以及社会迫切需求，使人文与科技的隔阂越来越大，学科分化越来越繁杂又越来越精细，新一代学人都把精力集中到各科的分支独径上去了，很难有通才产生。

如果说 19 世纪与 20 世纪初叶还有通才的话，那么在这之后就只有专家了。就物理学来说，有人称恩里科·费米是现代物理学的最后一位通才，这个说法是有些道理的。当然,就中国的情形论,十几年的运动与改造,有成就的学人被打倒在地,当翻身坐起来的时候已经垂垂老矣,而新一代人又没有好好读过书,别说出大师,就是出小师也困难了。

中科院古脊椎动物与古人类研究所的研究员徐钦琦先生,曾给过我一个他最新的研究材料,大体是说文学艺术与科技成果的发明与进步,与气候有很大关系,历史上每一次群星灿烂的时期都是一种特殊的气候所致。文中他举了若干事例加以证明,如希腊文化的发展奠定、罗马文化的兴起,以及著名的文艺复兴等等。我认为他的研究有一定的道理,但气候的原因只能代表一个方面,远不能包括一切因素。重要的因素仍然是人的意识和精神状态,不是环境与气候。

希望之光

吴怀尧　19世纪末,德国哲学家威廉·尼采喊出"上帝死了!",这个从他嘴里吼出的警句引起近一个世纪以来欧洲知识分子的深思,您希望"大师之后再无大师"论起到类似的作用吗?

岳　南　有一天我在院子里遇到了一个传教的人正在向作家钟亦非传授教义，钟亦非对他说："尼采不是说上帝已经死了吗？"传教者把嘴一撇，颇不以为然地道："你说错了，是尼采死了。"

我说的"大师之后无大师"，不是预言，更不是像尼采一样的宣判，而是一种感叹，这个感叹暗含一种希望和期待，就是希望在人类文明进程中仍有大师出现，这个大师是民众的一分子，他与芸芸众生共同努力，使人类走向更加民主、自由、光明的大道。

吴怀尧　什么样的人才算得上是真正的知识分子？自五四运动以来，谁有资格被誉为大师？您认为他们对今天的文化人有哪些启示和值得借鉴的地方？

岳　南　按照一般的解释，知识分子是指具有较高文化水平，从事脑力劳动的人，如科学工作者、记者、教师、医生、工程师等。但我心目中的知识分子定义有所不同，除了有较高文化水平外，还须有"独立之精神，自由之思想"，且为人类文明进步思考、实践、做出贡献的一个特殊群体。

关于谁有资格称大师，前面列举的那几位都是有资格的，当然这只是人文方面。

但不管以什么标准来划分，陈寅恪与傅斯年都是应该进入此列的,他们给后人留下的启示,首先是才华、学问方面的,更重要的是他们的人格力量,也就是前边说的"独立之精神,自由之思想"之人格风范。试想一下,假如中国大陆十年"文化大革命"期间,没有陈寅恪等为数不多的知识分子以生命为代价在苦苦坚持与支撑,而全部像有些人一样随风而倒,去为"四人帮"效力,那就证明一个民族的自信心与文化大厦全部塌陷了,知识分子群体的人格力量与精神意志也就陷入万劫不复的深渊。

正是由于陈寅恪等极少数自由知识分子所显示的傲然风骨与精神意志,才令世人看到一个民族的希望之光,并由此得出,只要这一火种存在,任何强权与暴力都只能逞凶一时,最后必将被这一火种引燃的文化良知与道义之火烧得粉身碎骨。傅斯年随国民党去了台湾,且早早地死掉了,大陆上发生的"文化大革命"他没有看到。陈寅恪不但看到了,且是亲身感受了,但陈寅恪却充当了十年浩劫中那一颗蛰伏的火种和支撑民族文化的基石与奋起的动力。

在人们心目中,当然包括我自己在内,陈寅恪作为"火种"的价值和意义已远远超出了他的学问以及在学术事业上所做出的贡献,他成了"独立之精神,自由之思想"的一个符号和丰碑,他的良知和勇气,使冰冷残酷的铁幕终于显露了一丝缝隙，使后世人类在为那场浩劫感到哀伤与耻辱的同时，多少感到了一丝欣慰。要探讨陈氏内心的道德力为何如此强悍比较困难，不是三言两语能说得清楚的，但有一点是肯定的，如果陈寅恪前半生没有受到优秀的中国传统文化与先进的西洋文化熏陶与浸淫，在他病卧岭南之后的一系列残酷政治桎梏与对人性的戕害中，面对险恶环境，很难设想他还能成为一颗不灭的"火种"。

吴怀尧　您的作品始终建立在细致入微的采访和对档案资料的广泛研究之上，其中蕴含大量细节与文献，揭示了许多不为人知的史实；同时我注意到，也有人指出，像您这样的纪实文学作家，作品并非完全原创，只是在拼凑和叠加史料而已，对于此类观点，您怎么看？

岳　南　傅斯年在组建中央研究院史语所的时候，就提出过这样的口号："我们要科学的东方学之正统在中国""史学就是史料学""把些传统的或自造的'仁义礼智'和其他主观，同历史学和语言学混在一起的人，绝对不是我们的同志"。

尽管傅氏提出的这个"史学就是史料学"的观点曾遭到不少人的质疑和批评，但若平心静气地思考一下，还是具有重大意义的。

在傅斯年与史语所那一代学者的身上与学术成果中,我们可以看到普鲁士学派的影子、兰克学派的影响,也可以看到实证主义史学的痕迹。史学如此,纪实文学很大一部分就是史学,延伸一下就是傅斯年所说的"史料学"。因而在史料搜集上下功夫,是纪实文学作家首要的不可或缺的一环,这个过程将直接影响到作品的成色。史料收集后,当然是要进行拼接融合,就像一个木匠把木头弄来经过一番手续,做成一个柜子或箱子一样,用文学语言的胶水把它们粘合成一部成型的作品。换句话说,什么样的纪实文学才算完全原创?如何去写才称得上是完全原创?以《罗马史》获诺贝尔文学奖的蒙森曾在一篇文章中指出:"历史学说到底只不过是关于实际事件的清晰知识,它一方面发现和检验可获得的证据,另一方面依据对造成事件起主要作用的人和当时环境的理解把这些证据编写成叙事文"。蒙森是受兰克学派影响很深的学者,他这番话我是赞成的。

我所创作的纪实文学与别人之不同就在于不是凭空想象的"原创",而是通过当时的人所见所闻与回忆,将这些材料原原本本地排列出来,一个消逝的历史场景就复原了,死去的人物也由此而鲜活生动起来,任何在现代与时俱进的凭空想象与"创作",与这些发黄的材料比起来都是缺乏血肉与生命力的。因而,对于缺乏"完全原创"这一条建议或说批评，我到现在还没有认识到它的益处并不准备接受。

用一生时光修筑

吴怀尧　您在文学创作方面的雄心究竟是什么？

岳　南　古人说"立德、立功、立言"乃男子汉的三大理想或追求。我现在的写作，属于"立言"一类。既然如此，就要在自己喜欢的领域，把这个"言"立得正、立得直、立得真一些，为这个世界留下一些别人没有发掘过的历史史实和真相，用一生来发掘湮没的材料，为修筑一道新的文化长城出自己的一份力。

因而，每一份材料、每一个朝代的史事在我笔下都是一块砖石。如果这些都不能实现，至少做到在良心上能过得去，不要给别人添堵或出卖文化良知。

吴怀尧　您认为网络会带给文学什么样的影响？

岳　南　网络是个新生事物，以前对它认识不足，自从开通博客、微博后，感到网络的力量很强大，相互间交流起来更快捷更方便了，许多信息采集起来也方便得多，有些资料不用到图书馆就可以查到,这对增加知识面,提高创作效率是很有益的。

如果没有网络,要写一本书肯定要付出比现在多得多的时间与力气,这是网络时代给创作者带来的好处。当然,就我在网上看到的文章而言,特别是博客文章,大多是肤浅的八卦文章,有的跟"文化大革命"的大字报差不多,看上去沸沸扬扬的,迎风招展,很有气势,但看过也就看过了,像风沙掠过面颊,基本上留不下什么印象。

吴怀尧 此前有媒体报道,年近七旬的南京建筑学家陈景元为查证兵马俑的真实来历,独自调查研究三十余年,认为兵马俑的主人根本不是秦始皇,而应当是秦始皇的祖先秦宣太后的陪葬品。您也出过关于秦始皇陵的专著,对于陈景元的观点,您作何评价?

岳　南 我与陈先生是朋友,经常通邮件交流这方面的看法。对他提出的观点大多数不赞同。我觉得陈先生的研究,"想象、猜测"的成分居多,理由并不能完全令人信服,目前还只是停留在"猜疑"的层次上。

这个世界上,有些东西是可以怀疑并推翻重来的,有些却不能,我本人还是更相信司马迁的《史记》与现代田野考古成果。也就是现在史学界提出的要从"疑古"转到"释古"上来。

陈先生后来又发表了一系列文章,认为20世纪70年代在骊山脚下秦始皇陵园出土的两组铜车马,也不是为秦始皇帝陪葬的。继而又说骊山秦始皇帝陵埋葬的只是他本人的衣冠,真正的秦始皇帝尸体被埋在了河北井陉附近的大山中。他列举的主要理由是,秦始皇帝出巡途中在河北邢台的沙丘死掉了,按常理,秦始皇帝的灵柩,应当向南,取道洛阳,经崤函古道,直接返回咸阳。可是,这条四百八十里长的道路,非常地狭窄,"车不同轨,马不并辔",地上车辙宽度只有一百零六厘米,根本不能通行四马驾驭的、车轮轮距为二百零三厘米的"辒辌车"。

《史记》里说:秦始皇的灵柩车,是从邢台向北,经井陉、进太原、入雁门、过云中、抵包头,然后沿着"直道"回到咸阳。这一路的行程,大约两千五百多千米,以每天五十千米的速度去计算,也需要超过五十天时间。因而秦始皇帝的尸体和车队将会遇到四个方面的难题:

一是路途遥远;二是天气太热,容易使尸体变腐生虫;三是因轨道太窄,载秦始皇帝尸体的车子过不去;四,路途遥远又遇暑热难当的月份,尸体不入棺无法保存,而入棺后人抬不动,车拉不走。在这种情况之下,秦始皇帝尸体出不了河北地界，唯一可行的解决办法是就近寻找一个"合适"的地方，尽快将尸体进行秘密埋葬。因而陈景元先生认为，秦始皇帝的尸体在李斯与赵高的主持下，令人在井陉附近的大山凹穴处，开挖不长的水平隧洞，运进赶制的棺木，封死入口之后，山上驻军奉命扔下大量土石，使墓室融进山体之中。一些直接知情的工匠，被统统生埋在这个隧洞里。一个千年的隐秘就这样消失于历史的视野之中了。

对于陈先生这种推测或考证，我本人不敢苟同。众所周知，秦始皇帝的一大功绩就是"车同轨、书同文"，他会允许出巡的唯一道路上存在这种不能走的路吗？假如载秦始皇帝的车真的由于车轨的原因不能前行，那么把他的尸体拖出来装入一个麻袋，找几个亲信背过去，再找辆车载到咸阳不就行了？如果秦始皇帝到了井陉附近没有死，仍然好好地活着会怎么办？是不是因为车不同轨就回不了首都咸阳了？因而我感觉这个猜测有点太离谱，甚至有点荒诞意味，像《西游记》中的唐僧与孙悟空师徒四人去西天取经差不多了。

吴怀尧　"君子和而不同"，受教了！目前，无论是出版界还是网络，历史题材的作品都非常受欢迎，有些作者还成功跻身中国作家富豪榜，但严肃厚重的作品似乎并不多见。

作为在国内外具有广泛影响的纪实作家，是什么触动您从敦煌石窟到汉墓，从定陵到秦兵马俑坑，从大国衰荣到沧桑历史，去写这一段被掩蔽了的历史岁月和尘封了的人物？

岳　南　引发我创作热情的是自己对这个题材的兴趣，有一种天然的表述的冲动和欲望，当真沉下心来打开历史尘封的黄卷，以及观看历几千年而沉默地等待我到来的文物时，内心生发出一种亲近感、使命感与光荣感，认为自己该为这份珍贵的文化遗产做点什么，为后世人类传承点什么，于是就开始一部接一部地写作起来。

我这个说法不是对你说无中生有的大话、空话与套话，是真实地表达内心的情感。

人这种动物，有的时候内心确实会生发出一种使命感和对文化的敬畏与自豪感。当我为寻找秦始皇时代修建的长城，独自一人冒着严寒在冬日的西部地区黄沙翻腾的野外奔波时，望着起伏的沟壑与无垠的大漠戈壁，心中会生出许多感慨。

记得20世纪初，瑞典的探险家与地理学家斯文·赫定到罗布泊探险之时，说过这样一句话："我来了，我看见了，我征服了。"他说这个话不是指对文化与地理的征服，是指对一只看不见的企图蓄意掩蔽历史与文化之手的抗争与征服。就在这次探险中，斯文·赫定发现了迷失千年的楼兰古城，这一发现震惊了世界。

就我自己的情况而言，如果从1990年采访定陵地下宫殿考古发掘队队长赵其昌并与其夫人杨仕合作撰写《风雪定陵》开始，到现在（2008年）已是近二十年，之所以能坚持下来，与读者的关注以及整个社会的关怀是分不开的，其中包括海外的出版商与读者。

吴怀尧　最后一个问题，当您离开这个世界的时候，您希望碑石上镌刻什么样的字句？

岳　南　这是岳南先生的墓，这个为学术和文化的进步，为思想和言论的自由，为民族的尊荣，为人类的幸福而苦心焦思、敝精劳神以至身死的人，现在在这里安息了。

李 蕾

—— 电视精灵 ——

我最大的挑战是：不说谎，勇敢地表达自己；
有足够的体力，准确地完成表达。

"南有李蕾，北有柴静"。

这两位是曾在中国电视界获得广泛好评的女主持人。

柴静，因为十年中央电视台生涯，因为《看见》一纸风行，因为《柴静调查：穹顶之下》流传海内，几乎是家喻户晓。

相比之下，李蕾不扬于众——20世纪70年代生于西安，曾在陕西电视台主持《开坛》，广受好评，金庸"华山论剑"的全球直播，她是现场主持人；后来在上海电视台主持《风言锋语》，再后来在中央电视台和易中天搭档主持《1起聊聊》，喜欢她的观众，称其"电视精灵"。

李蕾的半自传长篇小说处女作《藏地情人》，首刊于2013年11月的《萌芽》杂志，受到年轻读者热捧。

我们的这次长谈，就在这本书单行本出版后不久。

我害怕变成没有好奇心的人

吴怀尧　2009年秋天，我从北京来到上海。现在回头看，发现其间交到的新朋友，都是各领域的高手，其中当然包括您。记得第一次见您是在一个杂乱的饭局，那天，烟雨连城，您热情地跟每一个人打招呼，最后还悄无声息地埋单，至于大家茶余饭后聊的什么，我已经记不太清。由此知道您叫李蕾，是上海滩有名的电视节目主持人。您是怎么入的电视这行？

李　蕾　这女汉子是我吗？哈，我都不怎么记得了。我很早就在广播电台和电视台兼职了，那时候不到二十岁吧，很想做事，很想赚钱，觉得能养活自己，不伸手跟父母要钱是最基本的。做谈话类节目主持人是在2002年，陕西电视台有一档《开坛》栏目找主持人，我的老师和同事推荐，栏目组就找我去试镜。我主持《开坛》六年，这个"坛子"教会我很多，逼我做功课，遇见很多"有营养"的人，也得到很多人善待。所以我现在遇见一些年轻人，都觉得应该对他们好一些。

吴怀尧　您生于西安，长于西安，受教于西安，成名于西安，却不安于西安。是什么机缘促使您来到上海？

李　蕾　我来上海比你早一点点，2008年。一直有人问我：你在西安什么都有了，为什么还要离开？我也说不清楚。可能就是不安分吧，我害怕变成一个没有任何好奇心的人，所以宁愿付出很大代价，尝试改变。一辈子没那么长，到最后财富、名誉、亲人都带不走，只有经历是属于自己的。我从西安来上海，也得到很多人的帮助，比如应启明老师，上海纪实频道的总监，他是老上海人，是他给我申请了办理特殊人才引进手续，其实我和他不熟悉，并无私交。手续办得很顺利，我也是从应老师身上看到了上海的特点：有契约精神，有分寸感，公平和透明。在这一点上，全国没有任何一个城市可以与上海比。这也是我喜欢上海的理由。

吴怀尧　说到西安，我想到韩东的《有关大雁塔》，许巍的《蓝莲花》，还有钟鼓楼小吃一条街上热气腾腾的羊肉泡馍。在您的心目中，西安是一座什么样的城市？

李　蕾　西安是个穿灰衣服的男人。四四方方，一些街巷的名字千百年没变过，藏着异人。历史都在人的脸上。西安女子有情有义；西安男人心热口拙，年少时叛逆，年长后固执。

我喜欢城墙，在上面骑自行车，尖叫。还喜欢乾陵，又大气又性感。我对这座城的感情一点也不现代，爱得婆婆妈妈，很念旧。

我懊恼没有能力写得更真切更好

吴怀尧 2013年11月,《萌芽》杂志增刊头条推出您的长篇小说处女作《藏地情人》,不久《藏地情人》作品研讨会在上海举行,我留意到孙甘露也去了。据我了解,《藏地情人》上市不到一个月就加印,您几乎成了准畅销书作家,您最初是怎么想到要写小说的?

李　蕾 你告诉了我一个好消息。这是我的第一个长篇小说,我心里希望它卖得好,不敢说出来,不自信。我不懂市场,也没想过别人要看什么,就像一只笨鸟,只管用自己的方式飞。我从小就想当作家,以为作家又体面又有钱。长大一点遇见个男人说:你想要什么?我给你。我翻白眼,说我想当张爱玲,你能给我不?真会气人啊。年纪越大越发现,你真正想要的东西只有一点点,谁也给不了你。写小说就是我的野心,谁也帮不了,一天不完成它,它就来折磨我,不能忍。

吴怀尧 藏地是一个让人神往的地方,"情人"是一个让人浮想的词语。在《藏地情人》中,为爱痴狂的主角明妙姑娘,满世界疯找神秘失踪的情人,一路交织着爱与恨、残酷与温暖。对于明妙的爱情,您怎么看?作为一名女性,您心目中的完美爱情是什么样的?

李　蕾　任何一个小破地方、小角落，都可能很有感情。所以藏地没那么重要，情人也没那么重要，这是小说的背景。我写的是一个女子是怎么长大的，她长得很缓慢，不断努力，不断犯错，有朋友有敌人，走回头路，也伤害过别人，她叫明妙，也许每个人身上都有一点点明妙。年纪越长，我越觉得成长对每个人来说都不容易。我有点爱明妙的是：不管遇到什么，她还是相信爱情的。相信会有一个人，愿意喝下她的骨灰，用一个温暖的身体来埋葬她。

如果我是个男人，大概不会这么蠢，认为小说的全部秘密就是感情。很多男作家并不这么想，他们有更多的计划和头脑，所以我觉得他们不可爱。我重视爱情，因为世界上从未出现过完美的爱情，你爱上什么，就会为什么吃苦头。所以爱情是一面照妖镜，你骨子里是什么变的，照一下，清清楚楚，赖都赖不掉。

吴怀尧　对桑塔格而言，情人是一种类似于大麻的物质；对杜拉斯而言，情人是高贵的精神，是刻骨的回忆。您也在写情人，情人之于您，意味着什么？它是否值得您用十多万字来娓娓叙述大书特书？

李　蕾　情人就是埋伏在生命中的刺客。你可能已经忘记了在什么时候辜负了他，辱没了他，可他不会消失不见，他埋伏在你必经的路上，随时会给你致命一击。这很危险吧，如果不危险，人就不会保持活力，杜拉斯七十岁还有爱的能力，桑塔格直到生命的最后都不相信自己会死掉，这样的生命多美多强大。我只是懊恼没有能力写得更真切更好。

吴怀尧　较之于官僚、商贾与黎民大众，作家是一个特别的群体。在您眼中作家可以分为哪几类？您更喜欢哪一类作家？

李　蕾　我没想过给作家分类。我喜欢的作家有共同点：惊人，勇敢，略顽皮，有扭曲或创造一些新东西的能力，他们是所有人，又谁都不是。

我迷恋马尔克斯和小王子

吴怀尧　"一个人下定决心实现愿望，总是有办法的，可是大多数人终其一生都未尝过愿望成真的滋味。人们假装没有钱，没有时间，没有愿望，没有不顾一切的决心，直到真的一无所有。"您写进《藏地情人》的这段话在微博、微信和论坛广泛流传，引起很多人共鸣。我想知道，您自己小时候的愿望是什么？是否已经实现？当下有没有新愿望并在为之努力？

李　蕾　我小时候三心二意的，连数学测验考九十分都当成愿望，去求一棵大核桃树保佑。十五岁第一次在报纸上登了文章，拿到三十五元稿费，我立即忠诚了，想把所有白纸都写满，想变得不普通，想有钱买好东西，只有当一个作家才能满足我这种虚荣心。这么多年，我写专栏，也出过几本书，当作家似乎也没那么荣耀了，可我一直不大敢说自己是个作家，我对自己的手艺不满意。手艺人觉得自己活儿不好，这很让人沮丧，怪谁也没用。幸运的是我还不算太老，莱辛写到 93 岁呢。我现在的愿望就是身体健康，埋头写，写到废掉，一笔勾销。一想到将这样老去就很快乐。

吴怀尧　伍尔芙说，所谓的天堂就是持续不断、毫无倦意的阅读，我们知道，阅读总是一件愉快的事。但是一旦投身写作，就面临着史蒂芬·金似的两难，您为自己写作，还是为读者写作？

李　蕾　我在写作的时候从不考虑别人。我最大的挑战是：不说谎，勇敢地表达自己；有足够的体力，准确地完成表达。

吴怀尧　在写作方面您有什么期望和目标吗？

李　蕾　我挺倔的，认定一条路，不走到黑走到死，绝不甘心。到这个年纪，作家不是小时候的梦幻了，现实是，写作既费力又不赚钱。但是它让我感到愉快。我觉得不难的事情都不值得做吧。今年过生日，我许愿祝自己长命百岁。这是最大的心愿了，有个好身体，像农民种地一样，老老实实地写，写到那些字句都不肯带我玩的时候。最好不靠出书赚钱，也不要穷困潦倒。

吴怀尧　有没有什么书，是您百读不厌，愿意逢人推荐的？如果有，说说理由。

李　蕾　脑子里飞快闪过一架子书，可见我多么没耐心。在阅读这件事儿上，我贪得无厌，喜新厌旧，说实话，没有一本书能让我读一百遍。每隔一段时间就找出来看看的书是《小王子》和马尔克斯的作品，其中有我所迷恋的天真和才华，真是化成灰都会迷恋。

我承认自己笨拙又普通但在变好

吴怀尧　我读过您一篇写父母的文章《唯有我爹我娘是没办法选

择的》，感觉字里行间满满的都是爱。现在回想，您觉得您父母对您最大的影响在哪里？

李　蕾　我是父母的第一个女儿。我不大会做女儿，他们也不大会做爹娘。这些年我常常觉得爹娘是住在电话里的。中国的家庭有很大一部分都是这样吧，最亲的人是最揪心的陌生人。

我在文中写：我爹我娘不说爱，不说对不起，他们肯剜出心来给我点灯，砸锅卖铁也要成全我的心愿，但他们从来不问我想什么，想要什么。一个朋友看得大哭，我倒不难过，人间的感情就是这样的，一辈子互不理解，也可以彼此温柔对待，这就是好的感情了。我的父母很普通，我年少时反抗所有普通人的普通生活，现在懂点事儿了，觉得我爹我娘挺了不起的，他们对我唯一的期望就是身体健康，能自食其力，女孩子不要贪便宜。我做到了。

吴怀尧　您的亲人对您的写作生活和日常状态持什么态度，你们现在关系如何？

李　蕾　我的小说出版后，寄了一本给爹娘，纠结死了，心想最好他们不要看。我长成了一个秘密，不再是他们甜蜜的小女儿。我爹我娘老了，我不知道他们是怎么老的。我希望走过去坐在我爹腿上，可我已经长得太大了，不值得被那么疼爱。一周前，我娘跟我说，小说看了，越改越好了，只是太辛苦了，不要再写了。我知道她一定会这么说，她也知道说了我也不肯听，可是她说出来，我听着，就挺幸福的。

吴怀尧　陈小春有首歌叫《男人与公狗》，您听过这首歌吗？里面有句歌词是"为了爱我愿意摇尾又摆头，掏心掏肺只想有人爱我"，相比写作唱歌，恋爱是不是更有趣一些？

李　蕾　没听过呢。第一次听你说这歌词，感觉好贱（笑）。我真的觉得恋爱有意思，它好麻烦，不麻烦就没那么有意思了。

吴怀尧　昆德拉在《小说的艺术》中说，人类一思考，上帝就发笑。他认为，那是因为人在思考，却又抓不住真理。您有没有想过，我们活在这个世上，最该明白的真理是什么？

李　蕾　昆德拉太聪明了，他聪明得让我钦佩，同时又觉得有点讨厌。我现在终于敢承认自己又笨拙又普通，对我来说，唯一的真理就是改变。我正在艰难地变好，但你不必期待。

吴怀尧　最后，告诉我一个您从来没有告诉过其他人的秘密吧。

李　蕾　有些秘密说出来会死的。实际上我是外星人，我的责任是欺骗每一个地球人。

于坚

—— 骑字飞行 ——

我热爱生活，生活在过去，在当下，也在将来。
时光可以倒流的话，我还是选择做我自己。

在诗歌小众化被冷落甚至边缘化的年代，并不是每个诗人都能获得尊重和声誉。生活在中国西南边地、擅长骑字飞行的于坚是个例外。

于坚，1954年生于昆明，1984年毕业于云南大学中文系。1970年开始写作诗歌、散文、小说、评论至今。1980年开始摄影至今。1992年开始拍摄纪录片至今。著有诗集、文集多种。获数十种诗歌奖、散文奖。诗集《只有大海苍茫如幕》获第四届鲁迅文学奖诗歌奖，长篇散文《印度记》获2012年《人民文学》杂志非虚构作品奖。

在第十五届华语文学传媒大奖中，于坚荣膺"2016年度杰出作家"。纪录片《碧色车站》入围阿姆斯特丹国际纪录片电影节银狼奖单元。系列摄影作品获2012年美国《国家地理》杂志华夏典藏奖。在国内外多次举办摄影展。

我在网络上很狼狈

吴怀尧 您在散文和诗歌中不断写到人与大地、自然的关系,还获得过《南方都市报》的"生态致敬作家"奖。2008年5月12日14点28分,四川汶川发生大地震,后来统计遇难者近七万人。对此事件,您心情怎么样,作何感想?地震发生时,您在做什么还记得吗?

于　坚 大地震袭来时,我正在写信,房子摇篮般地晃了几晃,我立即意识到这是地震,这是我平生第一次感觉到大地在动。我继续写信,我知道这是地震,但我没有打算逃走,在我居住的小区,就是逃下楼也没有躲避的空间,水泥构件太密集了,唯一的办法就是听天由命。

后来我和我的长诗《飞行》的法国翻译者魏简在夜晚的街道上走,人们惊魂未定,还站在黑暗中议论着。忽然魏简的电话响了,他父母从巴黎打来。那时候全世界都在打电话,各种语言不用翻译也知道是在说什么。很久不通音讯的朋友纷纷出现,鼻子发酸,哽咽着。

天地无德,几分钟之后,一切从零开始。为什么救灾人员进不去?那不是抢修的问题,他们面对的是重新崛起的高山、刚刚形成的湖泊,一个原始世界。大地震使我们重新尊重生命。废墟下的待救者没有阶级,没有贫富,没有性别,没有年龄、贵贱高低,芸芸众生,一视同仁。一个字,救!生命高于一切,纵观20世纪以来的中国历史,这样的认识来之不易,当我们拯救受难者的时候,其实是在拯救我们自己。最终得救的,是心。

吴怀尧　您是2006年2月10日开通博客的,在此之前您上网多吗?如果上网的话会关注什么?"网络改变生活"这句话对您是否同样适用?

于　坚　我上网好几年了,也多次卷入到网络诗歌论坛的争论,算是个漩涡吧。网络为中国带来一个言论自由的平台,但也有很多弊病。它是现代化的产物,而现代化是对人和世界的重新设计、改造、规范和教育,网络要求基本的民主生活训练,知识分子素质、游戏规则的约定……在中国,这个基础还没有完成,网络就来了。

吴怀尧　我浏览过一些诗歌论坛,发现里面谩骂多过沟通,互怼成为常态,感觉好好说话的特别少。

于　坚　中国的网络"硬件"很前卫,却使用传统的"软件",比如"文化大革命"刷大字报那一套。在一些论坛上认真讨论问题、交流作品的时候确实很少,大部分是圈子里的人彼此搞来搞去。我在这方面心理承受力不是很强,尤其害怕的是"文化大革命"以来诞生的"新文化"所时兴的告密、检举、揭发这一套,杀熟,"大义灭亲"。找个"正确"理由、立场或者主义搞别人。不讨论诗歌,而是攻击人品、道德、立场,"功夫在诗外"。我很狼狈,过去对诗人太信任。能写诗是我信任他人、产生好感的基础之一。

写诗是一种善。鹤立鸡群,必须惺惺相惜。我忽略了语言作为工具这一面对人性的影响。

吴怀尧　怎么狼狈?

于　坚　在诗歌论坛上,许多饭桌上说的话,哥们之间说的话,甚至一张照片都被当把柄揭发出来,作为攻击武器。匿名就更可怕了,造谣诽谤可以完全不负任何责任,尤其是当匿名被用于针对具体的个人、真名实姓的个人时尤其可怕。其实匿名攻击对国家社会无损毫毛,对个人伤害就相当大。这与人们的素质有关,民主需要知识和教育,自由要以不侵犯别人的自由、对别人的尊重为前提,而网络上的自由是原始自由,很可怕。

许多针对具体个人的诽谤造谣其实就是有健全的法律系统也很难追究,这只能依靠公民素质。素质是什么?就是人们不可能那样说话,那样的恶毒和无聊是在底线以下的,哪怕匿名人们也不会那么恶毒。而在网络上,底线以下的恶毒、无耻好像很随便。多年压抑的结果,暗藏着的剧毒被释放了。但是,那些地狱里的话都公开说出来了，太阳照样升起，所以说到底还是好事情，中国社会的进步就在于已经能够接受这种虚拟的言论自由。其实天不会塌下来，我这几年被攻击得那么厉害，好像也还是活得好好的。但无边无际的虚拟也令人厌倦。

吴怀尧　您是厌倦了论坛的乌烟瘴气转而开通博客的？

于　坚　网站编辑邀请我开博客啊，博客很好，自己当自己的主编，不喜欢的访客格删勿论，在我自家的客厅不必给你讲什么民主，你要来就得尊重我。

另一方面，过去许多作家的名气依靠的是编辑部的审美标准，一个国家也就那么几本刊物，读者看也得看，不看也得看。在网络上，就不一定了，网络的选择是很直接的，某种程度上，它是作品真正的试金石。

网络确实在影响当代生活，至少人们通过网络在学习民主生活，学习尊重别人，唯我独尊是没有出路的。但虚拟性也有很大的欺骗性，一个帖子有几百个几万个人点击，令人以为这就是全世界在关注你，从此，写作变成为了被注意到而写作，标题竞赛，许多标题取得非常抢眼球，内容荒凉如撒哈拉沙漠。

网络容易使人陷入自我膨胀。现实与语言分裂，名不副实。在网络上你是个上帝，自我虚拟扮演什么角色都可以，我发现许多人在网络上都喜欢虚拟大人物。

人们对诗人的要求太高

吴怀尧　诗人写散文,已经不是新鲜事,您的散文集《相遇了几分钟》出版后热销。在这本书里面,有您对世界的独特看法。对于"诗歌比散文更高级"的传统文学观念,您如何看待?会不会担心有人说您江郎才尽,才转向其他文体?

于　坚　作为文体,诗、散文都是平等的,你不能说前后《赤壁赋》没有"大江东去"高级。文章为天地立心,心就是诗意。文章没有任何规矩,怎么写都行,只看是否立心。文人写的是一切,挫万物于笔端,文体太不重要了。

我现在的文是诗、小说、随笔、散文混为一体,古代有很多这样的写作,比如《滕王阁序》。20世纪的汉语写作受西方文化影响,逐渐放弃"立心",写作成为知识分子的专业谋生技巧,作家、诗人的分类其实将写作变小了,坛子化、圈子化、象牙塔化当然不可避免。

写作已经成为为"坛"写作,为文坛、诗坛、沙龙写,反对派也只是回到所谓大众、底层。我理解的写作比这些辽阔得多,我的写作一直很自由,写散文并非近年的事,我一直在写,无所谓转向。

吴怀尧　在汉语世界中，诗歌占什么样的地位？

于　坚　汉语的最高典范是诗确立的，这与拉丁语言不同。你要写诗，读者就随时有权用过去那把辉煌的诗歌尺子来量你，这把尺子藏在汉语中。汉语的尺子是以诗为最高标准的。有个传说，宋之问因为外甥刘希夷写出"年年岁岁花相似，岁岁年年人不同"，强要刘希夷将这诗归到自己名下，刘希夷不干，宋就将他杀了。

宋也是诗人，写"楼观沧海日，门对浙江潮"，很机智、巧妙，但哪里有"年年岁岁花相似，岁岁年年人不同"自然、本真、合乎大道？对诗在乎到这种地步，全世界只有中国。

白居易去长安，人家讥讽，长安居不易啊，白居易怀里掏出诗一把，令人看了肃然起敬，写得这样的诗，居易，居易！那时候诗人很神圣、很牛，也很危险。

在中国，写诗可不能轻举妄动，许多诗人对此估计不足，以为只是风花雪月的修辞游戏。中国是个诗国，诗承担着类似宗教的责任。诗人是为汉语守灵、招魂、传神的。人们对诗人的要求太高了，那是对圣人的要求，又要他两袖清风，又要他忧国忧民，又要登大雅之堂，又要取悦下里巴人，为什么"庾信文章老更成"？他一辈子都在琢磨啊！

用摄像机拍诗

吴怀尧　您曾拍摄过一部以滇越铁路为题材的纪录片——《来自1910年的列车》，让大家见识了您在摄影方面的才能，您曾透露准备拍摄一系列的诗歌电视，这件事还在继续吗？为什么想要将诗歌画面化？这些纪录片和您诗歌中对日常事物的描写是否殊途同归？

于　坚　还在拍，诗性的纪录片。我其实在写着许多东西，做着许多事情，都与诗有关，只是它们都不是被预定的，是我自己想写想拍的。所以，慢慢地，它们需要时间生长。我的东西都是生长，成熟，自然地出现的。

我的诗本来就有很强的画面感，用摄像机来拍诗，对我是很自然的，不假思索，我早就说过，我的诗是看见的。看见而不是想象世界。我的诗来自对经验的虚构式回忆，而不是凭空虚构。

我并非刻意地将日常事物作为诗歌题材，这是很自然的事情，我是诗人。我没有这个世纪许多诗人中普遍存在的"比你较为神圣"的优越感。人生不就是每一日的日常生活吗？自古的传统，诗教，汉语承担着诗歌类似宗教的责任，但这个天命在诗人那里处理不好，就容易自我神化、装神弄鬼。20世纪，受到基督教文化的影响，许多诗人企图扮演上帝了。李白、杜甫、苏轼的伟大在于,文章为天地立心,传神。但诗人自己并不是唯我独尊的上帝。20世纪诗人中流行的自我表现,其实就是自我神化。如果道法自然,上帝就是做作。

吴怀尧　您如何看待为了写而写的诗作?您自己心仪的写作态度又是什么?

于　坚　怎么写是作者个人的自由,怎么写都可以,自我肯定、吹嘘也很可爱。

诗歌当然有不同的标准,但确立标准的事情应该交给读者和时间,而不是依靠话语暴力、权力来搞定。杜甫说:"千秋万岁名,寂寞身后事。"我心仪的是这种写作态度。

我不信任同时代的读者

吴怀尧　以前的诗人似乎更纯粹,写诗也是艺术高于技术,没有那么多的功利心。

于　坚　是啊,过去的诗人相信的是"千秋万岁名,寂寞身后事""吾丧我",作者是匿名的,诗有自己的命。作者对于作品的态度,只是"作者已死"。匿名是诗人的自觉。有着张扬自我这种传统的西方现在才开始讲"作者之死"。为什么为古代的诗人写传记很难？李白的身世只剩下些支离破碎的传说，这并不是因为时间久远，记录散失，而是作者们自觉地匿名，自觉地"齐物""吾丧我"。文人如此，民间大师就更是如此了。没有作者，只留下作品，是中国文明的一个传统。

老子、孔子其人是谁，过去不大关心这个，《论语》《道德经》不就是孔子、老子吗？作者匿名在自己的作品中，是为天人合一。考证孔子、老子的传记，是近代的风气。这是要将作者从作品里分离出来，张扬他的自我。

今天许多诗人，受的是西方文化的影响，写作主要是自我表演。过去君子不为的品行，现在大行其道，大言不惭、自吹自擂、目空一切、唯我独尊很普遍，"文化大革命"创造的那个假大空社会在市场的影响下，越来越走向实际。而诗人却在网络上继承假大空，自我突出，这也许是诗歌离市场最远的缘故吧。语言的金子、毒素、垃圾都在诗歌中释放，诗是语言的金字塔端，也是极端。许多诗人整日想的是"斗到底"。不是网络的话，大家文质彬彬，这些东西释放不出来，现在在"马甲"的保护下释放得很彻底。

吴怀尧 "马甲"一无是处？

于　坚 "马甲"也有好的一面，它使人敢于在语言上彻底地自我暴露，我们不知道"马甲"后面的真人是谁，这不重要，它暴露的是语言的毒素。现在作者比作品更重要。恶搞，搞不了作品，搞的是作者，作者可以依靠这个出名。低劣的作品再怎么搞还是低劣，所以，恶搞之后，出名的是作者而不是作品。作品微不足道，作者却暴得大名。自我表演最近在诗人中比较热闹，有些诗人其实不以写作为目的，出名才是目的，只要出名，怎么都行，恶名美名都无所谓了。这使写诗已经成为行为艺术的分支了。

吴怀尧 您怎么看待行为艺术和"恶搞行为"？

于　坚 行为艺术是空间性、横空出世的艺术，其诀窍在于切断与时间的联系，越标新立异越有市场。行为诗也是一样，越敢说越能哗众取宠。

　　诗人与艺术家比起来比较可怜。艺术家可以创造新的材料，在前无古人的空间里自由度很大。但诗人受语言限制，而语言是历史的，彻底地非历史、空间化就没有读者了。读者是经验、传统的保守者。

　　艺术的本质与商品有联系，而诗没有这种直接联系，诗与商品的联系是象征的、隐喻的，诗人只有依靠隐喻进入市场,最直接的隐喻就是名气。所以在诗人那里,要获得世俗的东西,只有靠名声。作者匿名于作品怎么行呢,作者必须出场表演,恶搞对名声的传播是很好的动力。其实如果作者自己不出场,恶搞是搞不起来的;我也经常被恶搞,但我沉默,拒绝出场,所以搞不起来。其实作者的匿名与自我表演是世界观的问题,在这方面,我的世界观比较传统,迷信酒好不怕巷子深。

吴怀尧　您说读者是经验和传统的保守者,在我看来读者是既抽象又具体的一群人。请问您如何看待作者和读者的关系?您会为他们写作吗?

于　坚　在内心深处,我其实不信任我同时代的读者,我是为父亲、祖先们写作的,我的写作方式是反传统的、非历史的。写白话诗是因为我这一代诗人必须顺天承命,但我的标准却在历史中,我希冀我的新说法获得历史的承认、链接,成为汉语传统的一部分。我与这时代的作者普遍为儿子、未来写作不同。

我一直很在乎父亲对我的作品的看法,他代表时间,我不喜欢那种"毛头小伙子"的东西。恕我直言,朦胧诗、海子、顾城……都是"毛头小伙子"的东西。我父亲他老人家耄耋之年,他完全肯定了我的写作。

有一天老人家谈起我的一篇散文,很赞赏。作为老牌读者,他根本不知道20世纪的先锋派这一套,不知道谁是卡夫卡、普鲁斯特、乔伊斯……但他知道《论语》、杜甫,这就够了。他代表的是正常的基本的汉语读者,是那些收藏《辞源》而不是《大不列颠百科全书》的读者。我们的写作,反叛、前卫什么的,你发现最后还是要回到杜甫中。在时间面前,先锋派、主义、观念、标新立异最终都要失效的,置身于喧嚣中你以为这是存在本身,在时间之流中你会发现这都是过眼云烟。

吴怀尧 在《棕皮手记》里,您曾写道:"西方隐藏着可怕的危险,西方的器皿只要换一个角度去理解,它们都是武器。"您为什么这么说?

于 坚 全球化很复杂。一方面,它带来了以技术、科学、贸易为基础的民主,网络就是一个民主的平台;但另一方面,全球化通过技术、科学、贸易而实质是市场的标准来量化、标准化世界,地方性面临着死亡,没有地方了,只有国际。

全球化就像历史上的十字军东征、印度化、秦的车同轨一样,这个"化"是大势所趋,所向无敌的。与历史上的"化"不同的是,这个"化"的上帝是物、科学、货币。它比世界神更得人心,它领导的是人类的欲望而不是精神生活。是的，全球化会给人们带来相对的"好日子"，但不会给人们带来灵魂。

中国人的心灵世界是在汉语中，汉语是天然的诗歌语言而不是贸易语言、科学语言。其模糊性、不确定性、象征系统本身就是追求量化、精确化的全球化的天然障碍。因此，它也是拯救的契机。汉语的灵魂是"道法自然"，这是与全面反自然的全球化完全不同的一个地方传统，全球化其实在汉语这里遇到了天敌。

我写诗取悦世界

吴怀尧　1985年，您和诗人韩东等人合办诗刊《他们》，强调口语写作的重要性，提出的"诗到语言为止"，至今仍在影响很多人的写作。您后来与《他们》逐渐疏远，原因何在？您当年所坚持的创作理念，现在有没有改变？

于　坚　《他们》从来没有强调口语写作。我也没有强调口语写作，我在1989年出版的《诗六十首》中就申明，"如果我在诗歌中使用了一种语言，那么，绝不是因为它是口语或因为它大巧若拙或别的什么，这仅仅因为它是我于坚自己的语言，是我的将生命灌注其中的有意味的形式"。《他们》不是在如何写诗上的共识,是一群害怕孤独的天才相依为命,彼此欣赏,惺惺相惜。

《他们》的朋友那是一生的朋友,有时候疏远,有时候密切,很正常。友谊比《他们》更重要。我的写作随物赋形,写作这件事一以贯之,以文字动心、传神一以贯之。三十年前,熟人在街上碰到我,"最近在忙什么?""写诗。"三十年后,再次碰到,"最近在忙什么?""写诗。"但在写作的内容、形式上,我没有既定的、一以贯之的方向。开个玩笑,20世纪90年代,我的写作可以叫作"知识分子"式的;而早年我是标准的抒情诗人,写的是"湖畔派"那一类。

我乐于成为一个矛盾体,以子之矛,攻子之盾,跟着心灵走。写作就是传神,神怎么传,你得不断地创造,这是写作上根本的先锋性。我的先锋性是在如何写,不是说什么,说什么相当保守,也就是"再使风俗淳"吧。

吴怀尧 《他们》创刊号目录前面有一首诗,一句话描述一个诗人,"南京韩东有钱上得了赌场往后全凭运气",而您则是"昆明于坚一辈子的奋斗就是想装得像个人"。您真正的奋斗目标是什么?已经实现了还是仍然在努力?

于　坚 我的写作不是一场有目标的奋斗,而是我自己选择的存在。年轻时会想到很具体的目标，现在越来越渺茫了，没有终点。知天命就是明白了那些具体目标的虚妄。我更希望的是读者被我的诗打动，我写诗取悦世界。

我想象的读者既是那些死者也是生者。写作是一个内在的以写作本身为目标的过程，也不见得就是所谓越写越好，而是越写越有感觉。我的感觉不是横向的空间扩展，而是自然而然地生长着。我真的很喜欢写，也许除了爱情，没有什么事情可以令我如此迷狂。

吴怀尧　您在《四月之城》这首诗里面写道"高蓝的天空""黄黄嫩嫩的阳光"，这样的四月之城今天已经很难寻觅，工地、汽车、喇叭声、灰尘和变化的物价，这些会影响您的心情和创作吗？

于　坚　会的，我的写作越来越有朝不保夕的感觉，我刚刚写下，世界就被连根拔去——不仅仅是世界，也包括那些古老的感情、基本的生活，那些根植于经验的象征系统。你甚至都不可能再像尤利西斯那样漂泊多年后回到童年时代的故乡，没有故乡了，也没有外祖母的房间了，全民在路上，全民都搬了家。"站在虚构的一边"已经全面胜利，虚拟就是现实本身，而现实倒像是一场场虚构。

一天早上，我走到家门口的大街上，一夜之间，那里已经出现了一排要长几十年才能那么高的大树，原来城市在搞绿化，这种反自然的事情到处都是。如果一夜之间，大树们无影无踪，我也不会奇怪。只是我的写作再没有经验和常识的基础了，写作依赖的是世界的不变性，依赖"年年岁岁花相似，岁岁年年人不同"的基本事物，如果盐巴都改变了味道，写作是很虚妄的。

我经常觉得自己是个说谎者。我的写作是热爱世界的，因此很背时。世界日新月异，我总是落后，我最后的靠山是汉语，而汉语也在落后、过时。

吴怀尧 您三十多岁时还写过一首名为《感谢父亲》的诗，现在回想，您对父亲的感情有没有新的变化和感悟？您父亲是古体诗歌的作者，您曾经说过他对您影响很大，这种影响主要体现在哪里？

于 坚 那首诗是我对父亲这一形象的虚构，根据的是我青年时代的经验。在我这一代人眼中，父亲通常代表的是国家、社会、组织，而不是"爸爸"。但这个形象在"文化大革命"后逐步改变了，父亲们在晚年回到了"爸爸"。广场上的"群众"也回到了"老百姓"，这是比较深刻的变化。我认识一些一辈子穿中山装的父亲，临终前的遗嘱要求换祖先的马褂长袍入土。这一代父亲很复杂,他们公开的一面代表着时代,暗藏着的一面却代表传统。他们是最后一批与中国传统保持自然联系的人,我这一代人与传统的联系就很不自然了,很做作,因为传统已经成为批判或复古的对象。

世界不存在,只有我和语言

吴怀尧　在诗歌之外,您的光头让人印象深刻,是因为脱发还是为了装酷?

于　坚　啊啊,我的光头20世纪90年代初就开始剃了。1993年夏天我在北京与牟森搞戏剧车间,天天去宽街附近的一个剧场里排练,天气很热,大家都剃了小平头。

那时候,长发正在中国前卫艺术家中风起云涌,我本来一直是长发披肩的,因为热,洗也不方便,那时候沐浴比较困难,我们就是一伙搞前卫戏剧的民工。事实上,我们的演员也请了一批民工(来当)。他们都是小平头。就这样,自然地剃头,越剃越短,索性刮光头了。

"牛仔裤到底牢不牢/现在可以试一试"(《作品第39号》),那时候什么都要试试。十年,把西方的三百年都试过了,我们那时候试的是格洛托夫斯基的"贫困戏剧"。戏剧车间的演员有金星、吴文光、小说家贺奕、诗人和导演朱文、诗人吕德安等等，舞人金星还在她的男性时代。哈哈，我是主角之一。我后来甚至登上了巴黎的舞台，够牛的吧，哈哈！

光头试验使我发现自己其实不适合留头发，头发使我一直很不自然，总是在模仿谁的样子，一点都不质朴——贫困戏剧也叫质朴戏剧——就一直剃下来了。我其实头发浓密，现在也很浓密。光头最大的好处是使我看起来与我的作品毫无共同之处，我可以完全隐匿，谁也不相信那些东西是这个长得像土司或者屠夫、毒枭的家伙写的。

当年去北京参加盘峰会议，上了大巴，有个北京编辑悄悄地问，这个工人跟着我们干什么？哈哈哈哈！剃光头其实在普通人中很正常，不像文艺圈子里以为是要鹤立鸡群。我剃光头不是为了鹤立鸡群，但我属于文艺圈子，没办法，都以为是装 × 了，就不管了。

吴怀尧　您已经写下了近千首诗，这里面，有多少诗是您自己写的时候满意现在依然喜欢的？您会一直写下去吗？如果将来不写诗了，会是什么原因？

于　坚　我每一首都写得很认真，在每一次写作上"事在人为""江郎才尽"，写到只能这样了，其他就是天命了。

每次写作都是一次生育，很痛苦，很迷狂，世界不存在了，只有我和语言。

写作是对语言的回忆。我不轻易写诗，这是招魂的事情。每一首都要经过多次修改，每次修改都要进入迷狂，我的诗大部分是修改的结果。

有一年，我曾经在云南中部红色高原的一个梨花盛开的村庄，看一位彝族的毕摩（巫师）为村庄召唤雨神、丰收之神。他默默念着咒语达数小时，这样念，那样念，这个方向，那个方向，他念得那样长，直到人们都不耐烦了。开始人们还戏剧化地围着他，后来不耐烦了，散了，吃睡去了，只剩他一个人继续念，孤独地念，直到他认为神灵已经到场。他其实也在不停地修改他的咒语。

我的写作会自然地写下去，像河流那样，随物赋形，我不会为了维持诗人或者作家的地位而写作。如果将来不写了，那是因为写够了，没有灵感了，对这个世界没感觉了。

吴怀尧　您的诗集《只有大海苍茫如幕》获第四届鲁迅文学奖诗歌奖，能说说您对这个奖和鲁迅的看法吗？在网上，我看到有不少人谴责您这个鲁奖得主曾骂鲁迅是"乌烟瘴气鸟导师"，批评他"误人子弟"，真是这样吗？

于　坚　批评鲁迅是十年前的事情了,韩东、朱文当时私下给一些朋友寄问卷,在当时的心境下我随便在问卷上写了几句,没想到他们拿去公开发表了,成了著名的"断裂"事件。

后来鄢烈山将我这几句——"我年轻时,读过他的书,在为人上受他影响。但后来,我一想到这位导师说什么'只读外国书,不读中国书''五千年只看见吃人',我就觉得他正是'乌烟瘴气鸟导师',误人子弟啊!"——在《南方周末》上发表文章批评。

"乌烟瘴气鸟导师"其实是鲁迅骂别人的话,我对他的十卷作品是很熟悉的。鲁迅是复杂的,我对他的认识也是有过程的。我青年时代一直迷信他对中国传统的激烈批判,但后来我开始重新思考。我与鲁迅处于完全不同的时代,"文化大革命"之后,你得重新思考鲁迅。他的作品值得从许多方面来思考,正说明他的丰富。我当然不会否定他,他是我文学上的启蒙老师之一。我少年时代有许多时间,是在阅读鲁迅作品中度过的。

作为20世纪中国新文化的旗手,鲁迅是一个伟大的变革者。鲁迅不仅仅是变革者,也是最杰出的作家。鲁迅们的写作使白话文的写作合法化了,在他和他那一代作家之后,用白话文写作,已经天经地义。

鲁迅为中国文学带来了人,对人的批判是他作品的一个伟大主题，文学因此成为中国生活的一面镜子。他是为人生的作家。中国文学已经有五千年以上的写作经验。文学并非横空出世。鲁迅不仅变革了文学，也重建了文学的常识。他的写作激活了汉语，激活了汉语自身的繁殖力，并且重建了汉语的青春气息、批判力、幽默感、讽刺力量、愤怒、悲剧精神以及对未来的信心，极大地丰富了汉语的表现空间。

作为1966年开始的读者，我的幸运是，通过对鲁迅的阅读，我意识到何谓中国新文学的经典。我意识到，写作必须有直面人生的勇气。

鲁迅是我写作的指南之一。我从1970年的冬天开始写作诗歌，我一直试图继承的是"为人生而艺术"——其实我不喜欢解释，别人爱怎么骂就怎么骂。左派诗人一直在攻击我，民间诗人也骂，算上知识分子写作，在中国我恐怕是被骂得最圆的一个了。呵呵！

葡萄酸不酸

吴怀尧　1977年，您参加高考，据说语文考了昆明第二，但是因为弱听没通过体检，未被录取。后来您在一篇文章中写道:"我一生因为耳朵深受歧视。我只是有点弱听，并不影响上课。"1980年，您终于被云南大学录取。进大学之后，您是否感觉日月一新？大学和您想象中的是否一样？大学期间您学到了什么？

于　坚　大学改变了我的人生方向，我曾经只想当个优秀的工匠，在工厂我一开始最想当的是木匠，我喜欢木头。后来开始写诗，很向往传说中的大学，大学在民间已经成为圣地，那时的中国，大学其实就是文庙。有时候听父母偶尔谈起他们的大学，很是向往，他们很自豪，仿佛藏传佛教里的出家人一样。

拿到录取通知书，我有从地狱奔天堂的感受，工厂有基层中国的许多朴素、自然、生动的方面，让我学到许多影响我一生的东西，但大工厂的劳作也令青春相当压抑。我十六岁就进工厂，出过多次工伤。当电焊工的时候整日眼睛被戕得流泪。

20世纪80年代的大学与今天的大学完全不同，有一种个人奋斗的集体氛围，理想主义，以天下为己任很普遍。学生很多都是那时代最优秀的青年精英，很多人是靠自学考上大学的，没有死记硬背的风气，思想相当自由、活跃，辩论、共同探讨是常事。我的思想力就是那时候成熟起来的。读书很自觉，许多人都是一流的读者、思想者，鲁迅式的人物很多。

你今天很难想象出现一本好书，同学之间争相传阅的事情。我记得有一天开全系大会，有人带来一本刚刚出版的《西方现代派文学作品选》，很快就传来传去，传到别班，失踪了。我就是这一次第一回读到了西方现代派诗歌，那是1981年。老师和学生一起探索思想解放，很像五四时期。我在大学获得了自由主义的思想精髓，这不是来自书本，而是来自现场，后来阅读自由主义的理论，很亲切。我记得那时候我深受萨特思想的影响。萨特对我青年时代接受的黑格尔式的思维方式是一个清算。

吴怀尧　我听说当年因为在古代汉语课上看《论法的精神》，您被老师斥为"粪土之墙不可圬也"，全班哄堂大笑，确有其事？

于　坚　有这回事情。老师说得对，讲古代汉语，看什么孟德斯鸠嘛。那时候的老师对学生很负责，直接批评或者表扬，不给面子，也不搞什么平衡的。我的写作课老师从我的第一篇作文到写作课结束，每次作文都给我全班最高分。最后一次作文他私下对我说，这次本来还是要给你最高分，但担心同学有意见，你就第二吧。我很感激他们，学校的这种风气很古典，很正常，对学生有很大影响。尚义街六号的朋友都是云大的学生，我们一直是诤友，在写作上彼此从来不讲假话，对彼此的作品喜欢就是喜欢，不喜欢就是不喜欢，不喜欢的恶毒攻击，喜欢的，决不吝惜大词。这也是后来《他们》这伙朋友之间的风气。一个作品，当年在尚义街六号或者《他们》，如果大家说好，那就是经典了。

吴怀尧　说到经典，我想起您那首入选《历代昆明十大文学名篇》的成名作《尚义街六号》，"法国式的房子，没有妓女的城市"，这首诗中所描述的生活现在已经很难寻觅了吧？

于　坚　是啊，这个时代人们没有时间，那种生活是精神贵族的生活，得有大量时间，得安贫乐道。我们那时候在昆明尚义街六号吴文光家讨论写作，交换读书心得，念诗，自办刊物。那时天天在搞，一下课就集合，长达三四年之久，真是很牛的年代。这不是我们发明的，我们是从《兰亭序》《饮中八仙歌》、聂鲁达的传记、莫泊桑、左拉们的"梅塘之夜"、龙萨们的七星诗社……学来的。市场、货币真是了得，摧毁一切地了得，它甚至可以摧毁"文化大革命"都没有摧毁的事情。有人写了一辈子，"文化大革命"时期都敢写，现在却下海了。我甚至可以理解现代化对滇池的毁灭，但可怕的是日常生活——那些文学生活——那些基本的价值观也毁灭了。

吴怀尧　有时候年龄大的人容易说昏话，您会不会晚节不保，变成自己曾经反感的人？

于　坚　什么是晚节？我很怀疑这种说法，前半生的"政治正确"？我是喜欢自我矛盾的人，我只对自己的感觉负责，我不喜欢遵循"既定方针"。

　　　　我其实一直都是保守主义者，坚持"常识"，只是这个时代"反常""无常""反自然"已经大面积泛滥，使我看起来像个所谓的"先锋派"。

吴怀尧　我看了您的《昆明记》，感觉昆明适合埋头写作，适合孤独。在这样一座四季如春的城池，创作对您来说，是随物赋形一气呵成，还是咬文嚼字反复推敲？

于　坚　各种情况都有。苏轼说"言止于达意……求物之妙，如系风捕影，能使是物了然于心"，就是这样。

吴怀尧　您曾经说，中国当代文化的活力在西部，这是您的个人感觉，还是有事实依据？

于　坚　是的，中国西部与自然、历史的关系还没有完全断裂，反自然的世界进步在这里还没有全面胜利。西部中国还有许多天然的、历史的障碍，比如信奉万物有灵、信奉诸神而不仅仅是唯物论、无神论，许多民族还坚持着古老、独特的生活方式。当然，这也岌岌可危。

吴怀尧　现在，许多人的写作已经放弃了文人的责任，知识分子成了一种职业，没有"文章为天地立心"的理想，"躲进小楼成一统"，甚至有人将正常的文化批评斥为"恶声"。在这种大的环境下，您是否也受了一定影响？有没有试图保持某种立场？

于　坚　我的写作当然是有立场的。这个立场就是"大雅久不作""再使风俗淳"。我是在"文化大革命"之后开始写作的，我的写作与过去完全不同，我一直都意识到这一点。

吴怀尧　关于诺贝尔文学奖，您有一个说法："我不认为这个奖有能力判断汉语文学，它当然不会比一个汉语本土的评委会（如果真的认真严肃起来的话）更有资格判断汉语文学。"有人说这是吃不到葡萄就说葡萄是酸的，我好奇这是不是您的肺腑之言？

于　坚　这不是葡萄酸不酸的问题，谁会为了得到奖励去写作呢？写作又不是奥林匹克运动的分会场。更高、更快、更强最后夺取金牌的写作，在我看来太可笑了。是有许多诗人在进行写诗的马拉松比赛，就像"文化大革命"中小靳庄的赛诗会，在我看来完全是笑话。

吴怀尧　有一次媒体报道您说"好的诗人都在外省，北京没有好诗人"，何出此言？

于　坚　我没说过这个话,北京有个记者采访我,夸张了我的说法,我说的是北京不是一个适合写作的地方,太热闹了,远离大地人间,但适合推销。人们在外省写东西,到北京去推销,对许多文学青年来说,这是一条捷径。

吴怀尧　您二十岁时阅读了《约翰·克利斯朵夫》,您说这部书对您的生命造成了巨大的影响,能说详细点吗?

于　坚　那就是个人奋斗。那时代是反对个人奋斗的,就是奋斗也没有前途。《约翰·克利斯朵夫》向我展开了一种丰富、美丽、激情而忧伤的生命,使我意识到世界美如斯。《约翰·克利斯朵夫》真是我青年时代最好的朋友之一。

青春写作是一种青春而不是写作

吴怀尧　"80后"作家群风生水起,但多数人的目光停留在少数偶像作家身上,对"80后"诗人的关注远远不及前者。在您的视线之内,有哪些"80后"诗人值得推荐和关注?他们的作品具有什么样的特质?

于　坚　如果"80后"就是几个挣了版税就以为是写得好的阔佬的话,这一代人的写作就太没有希望了。青春写作是一种青春而不是写作。我相信这一代人的大师还没有长大,他们需要时间和经验。我不喜欢"×后"之类的说法,好像年龄、时代是一种写作优势。

每一个人的写作面对的东西都是一样的,写作是古老的活计,如果世界上有什么可以以不变应万变的话,那就是写作。世界第一首诗的作者与今天的作者所面对的是一样的东西。依靠题材、生理上的优势对作家是致命的。我注意到一些年轻的诗人,但我不知道他们是不是"80后"。他们的写作与我这一代人没什么不同,好作品是没有年龄的。现在青年人好像潜在的写作意识里是追求流行、成功。写作必须有用,立即兑现。作家开着跑车才是作品成功的标志。流行、成功是市场的追求,这好像已经是世界性的趋势。像好莱坞编剧那样揣摩受众的趣味,这是反自然的写作潮流,反自然是我们时代的文化主流。

古典作家的写作是道法自然,"千秋万岁名,寂寞身后事"。我的写作一直是充分地意识到无用,我心安理得,不指望依靠这个谋生,这也是我三十年来一直在文联当小编辑、领薪水的原因。我真的是过时了,流行对于我的作品来说,那是灾难。

我相信年轻一代中将出现回到大道的作者，我已经看到了某些迹象。他们会重新意识到写作的无用这个最高层面，非经济的层面。"文化大革命"以来，歪门邪道、标新立异、不正常的、反自然的实用主义写作甚嚣尘上，我自己也受到这种时代潮流的影响。

记得20世纪80年代我收到一封约稿信，主编要求的内容就是"野怪黑乱"。"野怪黑乱"当然有其时代意义——相对于"文化大革命"时期的高音喇叭式的独白。但我们最后发现，这只是过眼云烟。未来主义、超现实主义，甚至新小说都是过眼云烟，而荷马、巴尔扎克、莎士比亚、歌德……永远是文明的正声。

历史已经为年轻一代人"大雅久不作"的使命奠定了基础，那种"搞到底"的写作已经到头了。没有魏晋那样的乖戾，就不会有唐的正声。魏晋是先锋派，唐却是回到文明的正声。李白说"大雅久不作"，杜甫说"再使风俗淳"，这是写作的大道。

吴怀尧　除了专业作家的身份，您还有很多头衔标签，这些是您想要的吗？您自己在意的是什么？

于　坚　我不是专业作家，我一直在当编辑，现在的职称是一级作家。这些头衔也许是对我的写作的一种肯定或者否定吧，这是我自己不能左右的。我担心的是这些头衔遮蔽了我的作品,现在的读者缺乏自我判断力,更重视作者的名气,他们的阅读趣味是跟着排行榜、获奖、名声这些东西走的。这与我青年时代的阅读完全不同,那是自己摸黑的,靠的是心灵、天性。

我什么都读,但最后影响我的是那些基本的光谱。我在生活中从来不扮演诗人这个角色,我不知道那人是谁。我很在意的是作为男子、丈夫、父亲、朋友、同事这些身份,我很重视友谊,痛恨告密、出卖、糟蹋朋友,我尤其对以某种"正确路线"为借口出卖朋友的家伙深恶痛绝。

吴怀尧　经历是作家的财富,如果时光可倒流,您是否愿意重过一次此前的人生?

于　坚　我还是愿意向将来走,白发苍苍的将来也有它的魅力啊。好不容易长到这一脸的沧桑,为什么要去整容呢。这一百年来的中国风气是青春崇拜,崇拜到今天,速生速朽已经成为时代的速度,青春崇拜已经成为破坏性的力量。过去有过无数美好的时光,我热爱生活,生活在过去,在当下,也在将来。时光可以倒流的话,我还是选择做我自己。

吴怀尧　您和您女儿关系怎么样?在教育子女方面有什么心得?

于　坚　我们比较平等,她是我的批评者。我真的不知道怎么教育孩子,"教育"是我不喜欢的词语之一。我不知道,我唯一知道的就是爱她,爱她,爱而不是溺爱也许是最好的教育。我从小告诉她生活的真相,多讲朋友讲的话,少讲大人、老师讲的话。在我的少年和青年时代,没有人告诉过我生活的真相。

吴怀尧　最后一个问题,若让您来给自己写墓志铭,您会写些什么?

于　坚　墓志铭吗?我一个字都不写。我已经写下这么多,这一句不能再多了。

时白林

— 黄梅戏精 —

无论如何也要忍辱活下去,
野蛮残酷的黑暗岁月肯定不会长久。

"树上的鸟儿成双对……夫妻双双把家还。"

这曲家喻户晓的黄梅戏《天仙配》，无数人看到词，脑海就会情不自禁响起熟悉的旋律。

黄梅戏原名"黄梅调"，是18世纪后期在皖、鄂、赣三省毗邻地区形成的一种民间小戏。其中一支逐渐东移到安徽省安庆市为中心的安庆地区，与当地民间艺术相结合，用当地语言歌唱、说白，形成了自己的特点。从前不为人知的地方小剧种，衍变成享誉海内外的艺术灵葩，这和许多人的努力密不可分。其中，时白林无疑是具有符号性的代表人物。

时白林，1927年生，曾担任中国戏曲音乐学会会长。其参与创作的《天仙配》《女驸马》《牛郎织女》《孟姜女》《江姐》《雷雨》《梁山伯与祝英台》等黄梅戏剧目，多年来在海内外广泛流传，已被公认为经典曲目。

写出《天仙配》，娶了"七仙女"

吴怀尧　时老，说起您，很多人并不是特别了解，但"树上的鸟儿成双对，绿水青山带笑颜"却妇孺皆知，看来您的作品比您的知名度要高。

时白林　1993年10月在合肥举办我的个人声乐作品音乐会时，我们的一位省委书记，很激动地到台上祝贺，他说他有很多话要讲，长话短说就两句，"黄梅戏成全了时白林，时白林创造了黄梅戏"。但我一直认为，是黄梅戏哺育了我——当然，还有其他民族音乐。

吴怀尧　说到黄梅戏，不得不说《天仙配》，这个戏不但倾注了您的大量心血，而且成就一段姻缘佳话。您的妻子丁俊美，小您十岁，曾是严凤英的舞台姐妹，在电影《天仙配》中扮演过四姐一角。你们在一起半个多世纪，是什么让你们相濡以沫执手至今？

时白林　我对我的夫人，始终保持一种仰慕之情。1954年我到黄梅戏剧团的时候，她才十七岁，非常漂亮。我是她的老师，带音乐课，教乐理常识。她二十岁时嫁给我，我有义务和权利去疼爱她，任何非分想法都是不允许的。

吴怀尧　有点师生恋的感觉。在黄梅戏的创作上，丁老师对您也有帮助？

时白林　那是当然，我有几个记黄梅戏唱腔的本子，第一篇记的就是她演唱的。回来我写唱腔，她是第一个听众，也是第一个把关者。我写文章，她是第一个读者，也是第一个参谋。

吴怀尧　十年"文化大革命"，您被打成"牛鬼蛇神"，批斗了七年，其间受了很多罪吧？

时白林　在万人瞩目下被殴打、唾骂、践踏，是痛苦而悲哀但很常见的事情，由于残酷的武斗，我两次当场休克，后来留下脑血管痉挛症和神经性头痛等后遗症。

吴怀尧　相对身体的创伤，精神的打击只怕更让人心灰意冷，有没有万念俱灰的时候？

时白林　年复一年的批斗和非人的折磨，曾经让我动了寻死的念头。有一次游完街回到家中，我们住的院子里有一棵大榕树，当时正开满了漂亮的榕花，那个美丽啊，和人类世界的丑恶完全不相干。晚上我站在树下看了好久的榕花，想着如果吊死在这棵树上，应该也挺美的吧。

吴怀尧　跟活着相比，再诗意的死亡都不值得向往。最后是谁挽救了您，丁老师？

时白林　对，当她发现我的精神和举止不对劲后，哭着对我说："我相信你没有问题，要挺住。你到哪儿我们都跟你到哪儿，你要是想不开，我也不活了。可三个孩子怎么办？大的才十岁。"妻子的眼泪让我如万箭穿心，最终放弃了自杀的想法，决定无论如何也要忍辱活下去，相信那种颠倒是非、野蛮残酷的黑暗岁月肯定不会长久。

说不清梦到她多少回

吴怀尧　2008年4月8日，是黄梅戏表演名家严凤英逝世四十周年的日子，当年，她的一曲"为救李郎离家园，谁料皇榜中状元"风靡全中国。您和她还有王少舫不仅是合作伙伴，而且感情非同一般，能说说您的这两位挚友吗？

时白林　我进安徽黄梅戏剧团时二十七八岁，还是没有结婚的大小伙子，进团后就跟他们合作。严凤英小我三岁，她天资出众，十二岁学唱黄梅戏，十五岁登台表演引起轰动，却触犯了族规，被迫离家出走。

一年之后，因为美貌出众，被一个反动军官逼做四姨太太，她宁死不从。最后这个恶棍军官说："你一定要走也行，但以后不许唱戏，也不许再嫁，要是被我逮到，一枪崩了你！"严凤英被赶出门后，不敢回原来的戏班子，一路奔波直到大通、青阳。在青阳演出时又被当地豪门少爷强占，她以死相拼才保住清白……

正是因为中华人民共和国成立前受尽欺压的经历，她对新中国给予自己的机会和尊重无比珍惜，每一次演出都充满热情全力以赴，第一次为国家领导人演出之后，她激动得在后台哭了一个多小时。

王少舫长我七岁，他少年时期是一位京戏演员，在变声期的"倒仓"过程中嗓子曾经病变，由于保护和治疗得当，以及他坚持不懈的锻炼，终于练出了一副风格独特的好嗓子。我们仨一个单位，一天到晚在一起，上哪儿去都是三人行，偶尔我单独出差，回来后他们就会异口同声地说："总算回来啦！在一起老吵嘴，分开后想得慌。"

吴怀尧　你们并肩工作了十五个年头，合作过大小二十多部戏，在创作和表演方面，您怎么看待严凤英和王少舫的表演？

时白林　如果没有他们，黄梅戏肯定不会有今天的成就，严、王在我看来是天衣无缝的黄金搭档，他们在艺术上对自己的要求都极为严格。

吴怀尧　正因为这种亲密无间和完美组合,"文化大革命"时期,你们被戴上一顶吓人的大帽子"黄梅戏的三座大山——时严王",但游街的就您一个人,这是为什么?

时白林　那时严凤英名气最大,然后是王少舫,说时白林很多人都不知道。但是他们演的大部分作品都是我作的曲,而且当时我是剧团的业务团长,兼着副书记,还搞指挥,民兵营长也是我,我是"牛鬼蛇神"头子,不斗我斗谁呢?

吴怀尧　严凤英服毒自杀的噩耗,您是什么时候知道的?能不能说一说您记忆中的细节?

时白林　1968年4月8日凌晨5点刚过,天没大亮,我还在睡觉,忽然铃声就响了,然后大家起来排队,造反派头头背着手,来回踱着几步,然后大喝一声:"牛鬼蛇神你们听着!不齿于人类的狗屎堆——严凤英自杀了!任何人都不要向她学习,好好交代自己的问题……"

吴怀尧　过了很久您才知道事情的详情?

时白林　对。4月7日晚上,凤英服毒后没多久便被她的丈夫王冠亚发现,王冲出大门到军代表处求救,红卫兵们跑来之后不但不救人,反而围在她床前,手持语录怒骂教训她:"别装样了,你还在演戏……"好容易送到医院后，医院还因为凤英的身份，由拒绝接收到消极抢救。终因抢救时间延误，次日凌晨，凤英停止了呼吸。死后，她还被打开腹腔，造反派们寻找臆想的"特务发报机"……"文化大革命"结束后，我才第一次看到严凤英当时留下的遗书："革命小将们，人言可畏，谨防政治扒手……"

吴怀尧　《红楼梦》中有两句诗："揉碎桃花红满地，玉山倾倒再难扶"，我猜想它们也概括不了您当时的感受。

时白林　是呀，这些事过去都几十年了，现在想起来还会伤心，说不清梦到她多少回，每次梦里的情景都差不多，有时是在小河边，有时候是在她家里，看见她向我走来。我在梦里问："凤英，你不是已经死了吗？"她笑着说："没有啊，后来我又被救活了。"

吴怀尧　换个轻松点的话题，继严凤英和王少舫之后，您觉得黄梅戏的最佳拍档是？

时白林　当然首推马兰和黄新德了，他们配合默契，表演到位，唱腔的韵味浓郁，声情并茂，又是一对黄金搭档，多好啊！

吴怀尧　马兰是您夫人培养的"黄梅戏五朵金花"之一，也曾演过您写的戏，但是2000年左右，她逐渐消失在舞台上，离开安徽，淡出人们的视野，其原因一直广受关注。有人说她之所以离开戏剧舞台是不想卷入权力斗争，真是这样吗？

时白林　这个事情可以说一说，但是不宜深聊，毕竟我离开剧院这么多年了，不是特别了解。马兰离开安徽黄梅戏剧团，我和我的夫人都感觉很惋惜。马兰是非常有才华的演员，形象好，形体漂亮，表演深入浅出，在表现人物方面更是有独到之处。

她离开的真正原因至今我也没弄明白，也许她的先生余秋雨最清楚。如果说是因为安徽文艺界的钩心斗角，对此我无法苟同。

没有继承谈革新只能是空谈

吴怀尧　您房门口悬挂的罗汉竹上刻着的对联"自信自尊复自否，学古学今更学新"是您的艺术观吗？

时白林　是艺术观也是人生观。我在音乐学院学的都是西洋音乐，那时候音乐学院整个体系基本上都是照搬欧洲的，很多搞西洋音乐的人瞧不起民族音乐，有些搞京剧的人又瞧不起地方戏，偏偏我从事的黄梅戏就是地方戏，而且是地方小戏。

这让我在开始时很苦恼，后来又想通了，既然我干这个工作，就要自信自尊，把它弄好，同时还要自我超越。当古也学了，今也学了，新的东西没学，还是要落后，因为观众对艺术是很挑剔的。

艺术贵在出新，所以还得"更学新"。

吴怀尧　在黄梅戏音乐史上，您是第一个采用总谱的，又是第一个使用了混编乐队，第一个用手和板交替指挥，在《夫妻双双把家还》中第一个利用了西洋男女声二重唱的形式。对于传统戏曲的传统与革新，您持什么样的观点？

时白林　没有继承谈革新只能是空谈。观众买票来看黄梅戏，就是要听黄梅戏的声腔和韵味，如果这些东西没有了，就是革新的失败。从作品和人物出发，不拘一格，力求达到继承与革新的和谐统一，这个是大方向。

吴怀尧　教育部曾在十个省市的二十所义务教育阶段学校确定了十五首京剧唱段（音乐课中加京剧曲目），其中九首是样板戏。独尊京剧与文化传统的传承，是否背道而驰？对此您怎么看？

时白林　我支持京剧进学堂，它是中国戏曲的一个代表，而且是集大成者，总要让后人知道一些。中国的戏曲艺术丰富多彩，它独特的个性、持久的生命力和受欢迎程度在全世界都是独一无二的。

吴怀尧　还有一种说法，京剧虽好，但样板戏内容多半表现暴力革命、敌我斗争，不应让学生从小就接触这些充满仇恨和冲突的东西。如果抛开这些因素，您觉得样板戏艺术水准如何？

时白林　样板戏虽然是江青插手创作出来为政治服务的，但经过一批音乐家的共同努力，样板戏的音乐写得非常漂亮，经得住推敲。我认为它推动了中国戏曲事业的发展，有些唱段已经是经典了。

　　　　有些在"文化大革命"当中受了迫害，受了打击，受了侮辱，受了摧残的人害怕听样板戏，听了容易想起自己当年被造反派往脸上吐痰、罚跪时的情景，这个可以理解，我自己也跪了好几年，膝盖都跪破了淌脓，但是我们不能因为政治的原因就否定它的艺术价值。

吴怀尧　艺术性是相对抽象的概念，您能不能说详细点呢？

时白林　我举几个例子，比如《智取威虎山》的"打虎上山"，开始管弦乐伴奏，杨子荣的打虎上山，音乐激动人心，结构复杂，创作技巧高，演唱也比较难，京戏传统里不可能有；比如《杜鹃山》中的"乱云飞""家住安源"，《海港》中的"细读了全会公报"，《红灯记》中的"学你爹心红胆壮志如钢"等，从作曲理论和技法上分析，都是相当高明的，好听，表现人物生动、准确。

没有争议才是坏事

吴怀尧　您会不会提倡让黄梅戏也进教材？

时白林　目前我正在编高中音乐教材，安徽的主要剧种都有入选，当然是以黄梅戏为主，有些唱腔的选段已由安徽文艺出版社出版，简谱、五线谱的都有，主旨是培养孩子们对传统戏曲的兴趣。

吴怀尧　这个教材是在安徽省内推行吗？如果孩子们不喜欢怎么办？是否担心惹争议？

时白林　对。中国的传统戏曲、民族音乐艺术让后人知道并传承下去是非常有必要的。以前的洋务运动、五四运动，其实都有些负面的影响，就是崇洋媚外。我是搞音乐的，有些人谈到音乐，张口贝多芬，闭口莫扎特，动辄就说中国没有音乐——胡闹！中国的民族音乐很丰富，多的是。

至于争议，我一直认为是好事，没有争议才是坏事。争鸣之后，肯定会留下有用的东西。

吴怀尧　刚才您说中国的民族音乐很丰富，我奇怪在当今音乐领域最具学术影响力和权威性的"百科全书"《新格罗夫音乐大辞典》中，关于中国音乐和乐器的介绍并不是很多。

时白林　主要是不被人了解，这些让我心酸，也很着急。你看里面的介绍，什么日本三味弦啊日本笙，这些东西其实都是中国的。春秋战国时期，教育家孔子教学生"六艺"，他把"乐"摆在第二位，他自己就是会吹笙的。三国时曹操在《短歌行》里面也说"我有嘉宾，鼓瑟吹笙"，吹的就是这种乐器。后来笙传到日本，传到韩国，都是中国式的笙；传到欧洲，人家从十六世纪开始搞工业革命，他们就根据中国笙簧的原理发明出口琴、风琴、手风琴，不管怎么变化，都是根据我们中国的笙簧发明出来的。

吴怀尧　回到黄梅戏，从现状来看，远虑是什么？

时白林　黄梅戏在前进的道路上，千万不能断代，希望后继有人。第一要素是要有演员，因为舞台的中心是演员，然后是编剧、作曲、导演，这些方面要是断代了，就很难衔接。

吴怀尧　有断代的危险？

时白林　有这种忧虑。现在招黄梅戏的演员，每次考试的时候，生源越来越少啊，因为很多人都讲究学历，唱黄梅戏了怎么去读大学呢？这个问题一时半会儿还无法解决。当务之急是从有实践经验的年轻人中挑选人才，把经验传授给他们。

吴怀尧　1954年秋天您发表了《对改革地方戏音乐的意见》，文中对黄梅戏音乐改革的见解引起了文艺界的关注。次年初您被调入安徽省黄梅戏剧团，专门从事音乐创作，到现在半个世纪过去了，您仍未停息，带研究生、参加研讨会、创作、写书、编书……我想知道，您还要工作多久？为什么如此拼搏？

时白林　我所崇拜的音乐家贺绿汀先生九十岁时还在写歌，我比起那些著名的作曲家，差距还是很大的。很多人对我的赞誉，我觉得过了，感到汗颜，那怎么办呢？只好继续努力，在我有生之年，只要身体还可以，会一直做下去，只要活着，就不会停止。

阎连科

—— 日光流年 ——

用自己的方式发出自己的声音，
目前我没有完全做到，需要进一步努力。

阎连科请我吃面。

这是盛夏的一天，午饭时间快到了。

"家常便饭，凑合一下。"阎连科端出两碗看上去有点像炸酱面的自制面条，面条是他太太亲手做的。

在他家客厅餐桌边，我们对坐开吃。面条味道不错，很快就光盘了。午餐过后，我们继续聊天。

阎连科，1958年出生于河南嵩县，1978年应征入伍，1979年开始写作，2004年转业。现为中国人民大学文学院教授、香港科技大学冼为坚中国文化客座教授。

他曾获第一、二届鲁迅文学奖及第三届老舍文学奖，第十二届马来西亚花踪世界华文文学奖，2014年卡夫卡国际文学奖，2015年日本推特文学奖，2016年第六届世界华文长篇小说奖（红楼梦奖），2021年第七届美国纽曼华语文学奖。

谈话持续了整整一下午。告辞时，阎连科站在黄昏的夕阳下，我看见他满头的白发，变成金色的火焰在燃烧。若干年后，倘若他获得诺贝尔文学奖，我也不会有丝毫意外。

依靠写作行走

吴怀尧　作为您的读者和朋友，我很尊敬您。但一旦录音笔打开，我的身份就是记录者，如果问到您不想回答或者不好回答的问题，您可以绕过去，我们聊下一个话题。

阎连科　没有问题。没有什么不可以问，也没有什么不便于答。随便是问答的精髓。

吴怀尧　先从您的作品《风雅颂》说起，这部小说出版后曾经引发了激烈的争议，一些来自北京大学的学者认为，小说借《风雅颂》之名"影射北京大学，诋毁高校人文传统，肆意将高校知识分子形象妖魔化"。有人看完后，义愤填膺地烧了这本书，原因是不看还行，一看就冒火："他写的就是北大！难道我们的老师真有阎连科说的那么龌龊吗？"……对于这些指责，您怎么看？在您以前的作品中，有没有因为读者对号入座而带来尴尬？

阎连科　还有一次。1987年，我以宋代理学家程颐、程颢的家乡为故事背景，写了中篇小说《两程故里》，结果人家全村二百号人，要来我所在的村子打架。这件事情发生在农村，不识字的农民对说祖宗坏话的人不依不饶，我还能理解。

但是，时隔二十年，如果高校教授认为这本小说挖了教育的祖坟，写了某某学校，这件事的荒谬，就超出了这部小说本身的荒谬。每个作家笔下的故事，都有其写作的环境和背景，就是说，故事的发生，脱离不开发生的场景。无论是今天的读者，还是北京大学的老师和朋友，我想，大家犯不上对这件事情这么认真。

如果硬说我是写了北京大学，北京大学有什么不可以让人写呢？又不是什么"重大题材"，你们何苦呢？再说，写北京大学的不是我一个人，而且我仅仅是写了个"清燕大学"，这不过是一个词语而已。仅仅因为一个词语就如此大动肝火，实在没有这个必要。你们都是教授，都是博士，应该有些文人的胸怀。应该明白，小说的好坏，不在你写了哪里，或像是哪里，不像哪里。好与坏，应该从文学的本身去讨论。不然，就会有些可笑和幼稚。

关于杨科这个形象，他无法概括所有的知识分子，但是这样的人物，在高校里其实并不少见。如果你可以正视，高校里边有很多很多事情比我写的还龌龊，只是大家不愿意去面对而已。

吴怀尧　您写这本书的原动力是什么？

阎连科　许多年来，我依靠写作行走，在北京建立了家庭，说起来我还是个作家，却连给我那些在乡村的侄男甥女安排打工的能力都欠缺。有时忽然觉得，我的前半生过得如此没有意义，除了收获一身的疲惫和疾病，就是那些招惹是非的文字，总感觉生活在一种不确定的"漂浮"中。一个人在家待着的时候，会经常想家，焦心。

这时候，走进脑子的"回家"两个字，就显得格外动情和让人思考。因此，自写完《受活》之后，就一直想以"回家"为灵魂写一部小说。

以我个人经历来说，我从二十岁离开家乡，在外边"奋斗""漂泊"，城市里有我的家，有我的户口，有我的妻子、孩子和房子，但这些和"家"似乎又没有关系。你总是坚定地认为，你的家乡，是河南乡村的某个地方、某块土地……可是真回到那块土地的乡村里去，你又发现，那也早已经不是你少年时期的乡村了。真的回到那里生活，也似乎有些不太可能。这就使你意识到，对我们这一代的许多离开土地出来的人，"家"，其实是上下不靠，左右不沾的。这说起来有些酸溜溜的，但事实就是如此。于是，我就有了挥之不去的以"回家"为精神脉络写一部小说的念头。当"回家"的意愿越积越厚，小说的轮廓也就越来越清晰。

吴怀尧　《风雅颂》的故事其实并不复杂，清燕大学的杨科副教授因发现妻子与副校长的私情而被送进学校的附属精神病院。在精神病院，杨科被指派给病人们讲解《诗经》，结果得到大学里从未有过的礼遇——病人们反响强烈，掌声雷动。后来杨科设法飞越疯人院，回到耙耧山深处的老家，县城的坐台小姐成了他的学生和知己……再后来，杨科在一座古城中发现了一首首被孔子从《诗经》中删去的诗，他坐拥诗经古城，收纳各处不为世所容的专家、教授，一座世外桃源般的乌托邦就此诞生……

小说从"关雎"到"汉广"到"终风"，每个章节都以《诗经》中的一首诗名为题，这是一种创新还是另有深意？出版时，书名为什么从《回家》改成《风雅颂》了？

阎连科　对我来说，无论多好的故事，没有一个相对合适的结构，没有一个自己认为新鲜的文体，我可能就无法写作。"回家"这个意念，我一直想写，但苦于没有什么东西能把整部小说贯穿起来。在构思小说期间，有一次与朋友闲聊，他突然把话题转到了《诗经》上，一下子使我想到《诗经》不仅是文学上游的不竭之源，而且是中国人文化灵魂的归宿，是中国人用诗歌的形式书写的中国人的《圣经》。

那一瞬间，我茅塞顿开，如醍醐灌顶，忽然意识到，完全可以用《诗经》来结构这部小说，完全可以让主人公成为一个高校教《诗经》的教授或专家。

当《诗经》成了小说的一个线索后,还可以与小说本身的故事形成互文效果。

最重要的是,我的家乡河南那个地方,曾经和《诗经》有那么亲密的联系。这时候,小说还没有开头和故事的发展,故事的结尾就天窗大开般来到了我的头脑之中。我隐隐看见,故事结尾中的那个"诗经古城",已经无比辉煌地在向我的故事招手,要我的故事朝那里走去。

离开朋友后的第二天,我跑到中关村和西单图书大厦,买了很多关于《诗经》研究的书,回来学习、琢磨了一段时间,就很快动笔写作了。大约用了大半年时间,小说写完了。给一个好朋友王尧看了初稿,他说这部小说的内容,远远不是"回家"二字可以支撑起来的,如果用"回家"为题,就是新酒装进了老瓶里,回到了旧哲学的道路上。《华语文学》在发表这部小说时,林建法先生建议把它改名为"风雅颂"。现在看来,可能叫"风雅颂"是比"回家"贴切得多。

吴怀尧　主人公的身份可以有很多选择,杨科为何偏偏是在大学里教授《诗经》的教授?

阎连科　其实,当初在选择小说主人公的身份时,我也顾虑重重。既然我把它作为我的"精神自传",那么选择主人公的身份为作家吧,就显得我很自恋。

如果让主人公的身份是我比较熟悉的大学中的教现当代文学的教授或者说理论家,我又怕惹出许多麻烦来。思前想后,就让他以大学教授和《诗经》研究专家的面目出现了。

吴怀尧　您刚才说这部小说可以看作是您的"精神自传",您是杨科式的人吗?

阎连科　小说中的生活与我的现实生活没有什么对应关系,但精神逻辑完全是我个人的。

我不算知识分子,可我懦弱、浮夸、崇拜权力,很少承担,躲闪落下的灾难,逃避应承担的责任,甚至对生活中那些敢作敢为的嫖客和盗贼都怀有一份敬畏之心。我知道,和我熟悉的那些同行、朋友,还有那些博学的知识分子相比,他们有的缺点我有,他们没有的缺点,我也有。

从精神方面来讲,我的人生情境大致与杨科相仿,面对世界、面对社会、面对乡村、面对爱情,杨科的一切,都处于妥协和懦弱的人生状态,他是一种战战兢兢的人生态度和处世之法。

吴怀尧　《风雅颂》单行本和在《西部·华语文学》上首发的版本相比，除了"无名湖"改成了"荷湖"，还有哪些修改？为什么要修改？

阎连科　变动比较大，《华语文学》发的是初稿，出版前我修改了五六次。最重要的修改，是集中在关于院校这一部分。初稿这一部分我写得有些啰唆，单行本删去了许多，也更换了一些重要的情节。还有一处最重要的改动，是小说的结尾。这一结尾，还吸收了著名批评家、上海大学教授王光东的建议。

迟早重写艾滋病题材

吴怀尧　据我所知，《风雅颂》的出版也不是很顺畅，辗转了五六家出版社才得以问世。以您现在的知名度，出版社拒绝的理由是什么？

阎连科　他们拒绝的理由很简单，我个人非常理解。因为你阎连科是非常敏感又备受争议的作家，就像定时炸弹。谁都不知道出版我的小说将是什么样的结果。

另一方面，你的《风雅颂》写得如此荒诞，对知识分子是如此的不够尊敬，他们不愿意为此承担什么。当然，如果我是出版社的领导，也许我也会对这部小说婉言谢绝，不予出版。也有出版社对这部小说很感兴趣，但希望修改。修改意见写得非常认真、细致，我为此感动。而且，相当一部分是正确的，是我应该修改的，但个别有那么一条两条，我无法修改。比如说你的小说阴暗面比较多，调子灰暗和小说里没有正面人物，你说这样的意见让我如何修改？

吴怀尧 　关于艾滋病题材的长篇小说《丁庄梦》，引发各界热议。这部作品您构思长达十年，其间七次现场采访，回头看《丁庄梦》，您自己是否满意？

阎连科 　今天大家看到的《丁庄梦》确实不是我当初想写的《丁庄梦》。前前后后，几年间我去过河南某艾滋病村有十次之多，也在那里做了不少事情。按原计划，我是要写一部纪实作品，然后再沉静下来，花几年时间，好好写一部虚构作品。

今天大家看到的《丁庄梦》，我觉得它太过温和，没有完全表达出那种真实的惨烈和震撼，还有我在艺术上"没有边界的想象"。就为了这些，我想，我必须把我在艾滋病村看到、听到和了解到的那些人们闻所未闻的东西在合适的时候写出来。不为了出版，只为了心安。

现在的问题是，写作了现在的《丁庄梦》，在这一题材上，我的写作激情调动不起来了。这需要我重新开始对这一题材进行新的酝酿和激情与愤怒的积累。但是，无论早晚，我一定会有一次关于艾滋病的新的写作。

我的小说中确实充满荒诞

吴怀尧　在您看来，文学作品最可贵的品质是什么？您的作品具备这些品质吗？

阎连科　对我来说，最可贵的品质就是绝对的个性化，用自己的方式发出自己的声音，目前我还没有完全做到这一点，以后的写作还要进一步努力。

吴怀尧　对于同年代一些作家的作品，您看得多吗？您判断作品好坏的标准是什么？

阎连科　看了不少，但不会那么及时去看，一般都是喧闹之后找来看。我判断小说的标准非常狭隘，非常不可取。关于一部小说的优劣，对我来说，是你小说中有哪些部分和文学元素，是我无法取代的，是我经过努力也无法完成的。就是说，我喜欢看那些我的写作无法表现和无法达到的作品。我认为，我无法完成的作品，对我来说，都是好作品。

莫言、余华、李锐、王安忆、贾平凹、史铁生、韩少功等,他们在艺术上都有不可取代的地方。莫言的《酒国》,里面红烧小孩当然是虚幻的想象,但他这种充满了奇特欢乐景象的想象,我做不到;看《长恨歌》,字里行间那种简洁、准确和适宜,以及扑面而来的诗意,我是做不到的;《许三观卖血记》那种悲痛下面的温暖我也做不到……这些好作品都有我无法做到的地方,这种作家你就得尊敬他。因为在他的作品里有你无法完成的元素。我判断作品好坏只有这一个标准,就是他能做到,我不能做到。

吴怀尧　您现在阅读情况如何?能不能分享一下您的读书经验?

阎连科　我有充分的条件和时间来读书,欣赏各样的小说、各样的书籍,可惜已经没有了少年时狼吞虎咽的精力和胃口。读书变得挑剔而又刻薄。甚至,读书在许多时候,会成为一种负担。读书似乎就是为了写作,每读一页,都期望从中抓捞到自己的所需。如果没有,就觉得是一次没有意义的阅读旅行。还有,总是试图把阅读变为自己生活的日常,而不是命运中的经历,可结果,一切的努力,都是徒劳。再有,如今书是越读越少,阅读人的灵魂,却反而越来越多;对阅读变得苛刻挑剔,而对人际世事，也愈发地苛刻和挑剔。总而言之，我现在的读书经验不可取，太功利了。

吴怀尧　20世纪80年代以后，尽管文学思潮早已散淡，但文学批评还是习惯于在命名中论述作家作品。对于您，文学评论家们更是绞尽脑汁，魔幻现实主义、狂想现实主义、幻想主义、黑色幽默、后现代、荒诞现实主义……如此的命名都和您发生过关系，您觉得它们能否概括您的写作？

阎连科　每一次命名，包括命名者本人在内，也不会觉得百分百贴切，但是他需要尝试，需要有一个命名来阐述自己的观点。今天说我是荒诞现实主义，是因为我的小说中确实充满荒诞，而且荒诞在很长一段时间内都是我的小说的重要元素，是我认识世界的一种方法。至于到底是什么主义，我想这不是最重要的，最重要的是我能否写出好的作品。

吴怀尧　您平时写作，是整体框架构思好才动笔，还是一边写一边想？

阎连科　无论长篇、中篇、短篇，对我来说最初就是一个念头，仿佛星星之火，漫长的构思就是燎原的过程，没有什么规矩可言，一般也没有写作提纲，但是会有一个大概的方向和路线图,在脑子里呈现,这个路线图更多的时候是故事和人物。

吴怀尧　在写作过程中有没有写不下去的时候?您会反复思考小说的开头吗?

阎连科　只要开了头,没有写不下去的时候。经常看我的小说的读者,可能会觉得第一句话非常平淡,没有什么了不起,但是恰恰这句话会想很久,它是一个线索,透露出整个小说的情感基调和语言基调。

吴怀尧　您不止一次表示,写作对您来说,已经不再是一件愉快的事情,除了故事本身给您带来痛苦,还和您的身体状态有很大关系吧?

阎连科　因为少年时的高强度劳动,加上后来长期伏案写作,使我的腰椎和颈椎都有病。早些年,写东西的时候,不是趴在床上,就是用一个特制的写作架和写作椅,或者腰上绑一个用钢板造的宽大腰带进行写作。不能在桌前写,就趴在床上写,结果又引发颈椎疼痛,最后只好到生产残疾人设备的机械厂订了一块斜板,稿纸夹在上面,像写毛笔字一样悬肘写作。

现在,身体好多了,已经可以每天坐下写作两个小时,也可以一口气坚持十天左右。但是,近年写作长篇,还是每年都会犯病。写长篇太耗神,这样就只好一边写作一边看病,很烦恼,这也是写作让我痛苦的原因之一。但是如果不写的话,有时会更痛苦。

我的生活其实非常有规律,每天上午八点坐下来开始写,写到十点半,差不多能写两千多字。但就是这样的效率我也坚持不了十天以上,到时候就会筋疲力尽,浑身不舒服。基本上,我上午要是不写完就不出门。下午不写,就出去见见朋友,聊聊天吃吃饭。走在小区里的时候,看见那些绿色的树枝,心里会很畅快,有时还会踮起脚尖,去够一够。

熬更守夜,母亲从来没说我浪费油

吴怀尧　您出生在河南嵩县田湖镇,嵩县一度是国家级贫困县,而田湖是宋代理学家程颐、程颢的故乡。这些年您的写作在形式和内容上屡有创新,但写来写去都是围绕那小片土地。尽管您在京城生活了这么多年,但对故土却有着深厚的感情。在您的写作中,故乡占什么样的地位?在村庄,您最初是如何与文学结缘并且开始创作的?当时家里支持您吗?

阎连科　三十多年前，在我老家那块偏穷之地，读书有些荒诞、奢侈和异类。因为我大姐常年有病卧床，不能下地劳动，不能到校读书，为了消磨时光，她的床头就总有小说压在枕下。她那块被窗光和油灯照着的床头，就成了我最早的书架和书库。《艳阳天》《金光大道》《青春之歌》《烈火金刚》《野火春风斗古城》等红色经典，那个年代能够在乡村出现的书籍，都会神奇地出现在她的床头，都会被我一页页翻阅，当然还有《西游记》《三国演义》这类古典文学。

这是我阅读的开始，每每回忆起来，都备感温馨。那个年代，让我发现，除了贫穷的现实世界之外，原来在那些文学作品中，还有一个与现实完全不同的世界。比如《红楼梦》，看到黛玉葬花、黛玉之死，我也会黯然伤神；看到贾宝玉出走，我会觉得活着真没意思。

我最初开始写作，是20世纪70年代中期，十七八岁的时候，我读到了张抗抗的《分界线》，这是对我影响最大的小说。张抗抗凭这部小说从北大荒被调到了哈尔滨，这对我是一个刺激和启发。当时，逃离土地的愿望是支持我奋斗的动力。我白天劳动，晚上在煤油灯下写作。父母完全不知道我在做什么，害怕我得了神经病，但又觉得这件事可能与众不同。从小我们家里晚上八九点钟母亲是要催着熄灯的,怕费油。家里对我最大的支持就是我写到深夜,母亲从来没说过我浪费油。

吴怀尧　刚才还提到贾宝玉,您看《红楼梦》时多大?当时的情景还记得吗?

阎连科　初中二年级吧,应该是十四五岁。那个时候,《红楼梦》书店是没有的。我的同学的哥哥是飞行员,他往家里寄了一套《红楼梦》,我非常想看。有一天,我的同学神秘兮兮地从书包里摸出一本书给我,我一看是《红楼梦》,脸都吓白了。偷偷跑到厕所再看,书的封底上写着"供内部参考"五个字,那时的激动和心跳无法形容。

吴怀尧　您上学的时候成绩怎么样?听说您也参加过高考,但是不幸落榜?

阎连科　刚开始很差,小学一年级考试,我的语文和数学分别是六十一分和六十二分,勉强升级。读二年级时突然好起来,这要感谢我的同桌。她长得特别漂亮,学习也好,经常考九十多分,让我心动不已,导致不自觉的努力,期中考试的时候,她九十四分,我九十三分,一分之差,只要再努力就可以赶超。

念到高中时,家里实在供不起,我有个叔叔在新乡水泥厂当工人,就介绍我去做工。那时我十七八岁,每天干八个小时,拉板车、运矿石,挣一块六毛钱,想再干八小时就得托关系找后门。叔叔给工头送个烟啊,请他们吃个饭啊,好让我每天干十六个小时。

有一天,家里突然来电报,只有两个字:速回。当时我父亲身体不好,姐姐卧病在床,我非常紧张,不知道家里到底发生了什么事情,急匆匆提着行李就回家去了,结果是高考恢复了,父亲让我去参考。我想这哪能考上啊,父亲说你初中时学习很好,考吧,即便考不上,回来当个村干部也行。我复习了四五天,就走进考场。

考完了,在家里天天等通知,等了一个月,盼啊盼啊,结果那年全校没一个考上的。

吴怀尧　是什么原因导致你们集体落榜?

阎连科　这个说起来也非常荒唐。那时候出的题目偏于初中,高中的有一部分,我在学校学习还可以,如果填一般的大学有可能被录取,但是没有人告诉我们应该怎么填志愿,我们的一个老师还说,你们可以报河南大学或者北京大学,报哪儿都行。这导致我们全部考生都写了北大,结果就是你说的集体落榜。

这就是命运,对于作家来说,其实,命运是真正的写作。如果那时我考上了大学,不要说大学,就是中专、大专，今天，我就不知道我会干什么了。很感谢，命运没有让我考上大学。

我在部队唯一的优势就是写作

吴怀尧　大学梦破灭，打工又很辛苦，所以您选择当兵？

阎连科　对。1978年底，我报名参军。当时我的户口簿上的出生日期还是空白。我究竟是哪一年出生的，父母也记不清，回想之下，断定我生在1958年，因为那年粮食大丰收，红薯多得吃不完。母亲说生我时天气特别热，我们大队会计就说那就8月吧。就这样，大队会计就"确定"我为1958年8月24日出生了。早知这样，让大队会计写个1960年，那我就是60年代生了，多牛呀，我就变成"60后"作家。

吴怀尧　铁打的营盘流水的兵，到部队后不久您就开始发表作品，说说其中的机缘吧。

阎连科　到了新兵连，连长让大家把各自的名字写在黑板上相互认识认识，看到我的字写得不错，他就让我去出黑板报。我们的教导员叫张英培，爱写古体诗，他看到我在黑板报上写的顺口溜诗歌，就把我叫去，问我是不是爱写诗歌，我说我爱写小说。他很惊讶，问小说在哪儿呢。我就赶快通知哥哥把那个在老家日夜写作的长篇寄过来。

不料，哥哥来信说，母亲在家里烧火做饭，把那东西烧掉了，就剩了中间一部分。这一部分，哥哥给寄了过来，我就没头没尾地拿给教导员看。

教导员觉得字数挺多，就把我调到营里当通讯员。那一年，第一次发小说是《天麻的故事》，发在武汉军区的《战斗报》上，大半版，震惊全团。那时候我目标很明确，当了兵就要提干，一定要留在部队，脱离土地，而我在部队唯一的优势就是写作。

1979年，武汉办了个文学创作学习班，教导员推荐我去。在那里，我第一次知道小说还分为长篇、中篇、短篇，第一次知道有两份杂志叫《人民文学》《解放军文艺》。

吴怀尧　后来如愿提干了吗？

阎连科　那时有个规定，从前线回来的人，立过功的都要提干，结果干部特别多。接着就有文件，说要重视文化，不再从战士中直接提干，提干必须通过考军事院校。而考军校，年龄又不能超过二十岁。我当兵时就已经是二十岁了。因此，提干梦破灭，我就想回家。村长告诉我父亲，我回去可以当支部书记。这样，当了三年兵，我领了一百一十七元退伍费、两个月的粮票，给自己和父母买了衣服，全副武装就准备回家了。已经上了火车，我们团长突然又开了一辆北京吉普，疯了一样开过来大喊："阎连科在哪个车厢？"见了我，团长告诉我，武汉军区参加全军战士业余演出队会演拿了第一名，其中有个独幕剧是我写的，为此上级给武汉军区分了二十多个提干指标，其中就有一个搞创作的指标落到了我头上。

在火车启动前，团长对我说，给你一个星期的时间回家，一个星期不回来，就说明你放弃了提干。回来，就是同意。

回去后，家里人特别高兴，等我把情况说明，大家又很犹豫，因为那时，毕竟越南前线还在打仗。在县城邮电局工作的哥哥知道了这事，下班后连夜跑了六十里路回来，说："一定要让连科回部队，他爱写东西，回家里一点用都没有，家里有多少困难我来支持。"由于哥哥做工作，于是，家里卖了头猪，让我还退伍费，我就拿着钱和粮票又回到部队。不久参加了一个文化骨干培训班，半年后就提干了。

吴怀尧　在部队您还干过图书管理员？

阎连科　对，在我当兵的第二年，组织上把我调到了师部的图书馆，当了图书馆的管理员。那是1980年，大家最愿意做的一件事情，就是读小说和写小说。我每天把自己反锁在用小礼堂改建的图书馆里，把巨大的黑布窗帘拉开一扇两扇，冬天让温暖的阳光透进来，夏天让凉爽的窗风吹进来，躺在用阅读桌拼起来的平台上，读托尔斯泰，读陀思妥耶夫斯基，读屠格涅夫。对图书馆中18—19世纪的长篇一一过目，爱不释手。

俄罗斯文学，我视为世界文学中最神圣的殿堂。屠格涅夫的《猎人笔记》中描写大自然风光的段落，如批阅文件一样，我整段整段地用笔画出波浪线，并把那些我喜欢的段落抄写在一个红皮本子上。

现在回忆起来，在图书馆做管理员那三年时光，有两件事情让我既感安慰又感后悔：一是引导我最初阅读的，是中国当代文学中20世纪50年代的那些小说，如北方人爱吃面食，又在饥饿中遇到整笼整笼雪白的馒头和整桌整桌的东北大菜一样，促使我胃口大开，狼吞虎咽。这就养坏了我有些粗糙的口味，乃至后来读到20世纪的经典著作，如《变形记》《城堡》等，使我压根无法顺畅地阅读下去，更不要说对这些作品的理解和心灵相通那样的高深之道。就是到了20世纪

90年代初,我对《喧哗与骚动》和《百年孤独》这些小说,也还仿佛北京人并不欣赏南方菜一样,总怀有一种本能的排斥。

吴怀尧　1989年,您已经三十一岁了,怎么想到去解放军艺术学院念书呢?

阎连科　1985年我就发表过两个中篇小说,那时候发表小说跟现在不一样,能迅速在部队成为苗子,不断参加部队的文学创作学习班。当时我还想在仕途上有所发展,但是和别人对比后,发现差距太大,就上学去了。

吴怀尧　1989年到1991年,您收获很大吧?写作情况怎么样?

阎连科　当时最大的愿望就是进一步成名成家,看到莫言红得发紫,心里很激动,成名欲和发表欲望更强,这就是大家说的我写作上的"中篇不过周,短篇不过夜"。当时,确实写得非常多,发表也很畅快。但写着写着,身体不行了,再也无法如以前那样拼命写作了,就落下这些毛病来。

我难成为一个好编剧，我不改电视剧

吴怀尧　在您的同辈作家中，相比苏童、刘恒、王朔、刘震云、王海鸰等作家的小说影视改编密度，您的作品很少被改编成影视，您觉得这是什么原因造成的？遗憾吗？

阎连科　关于改编，我没有任何遗憾。这恰恰说明了你的某种鲜明的写作个性，说明你的作品根本不适宜改编。不是说不适宜改编就是好作品，而是说，不适宜改编，也是作家写作的个性之一。

吴怀尧　有一种观点，剧本不是文学，由于对创作的限制太多，作家一旦写了剧本也就丧失了对文学的崇敬和起码的尊严。我知道您也做过编剧，写过一些电视剧，能谈谈您做编剧的体会吗？如果有机会，您会不会做自己作品的编剧？

阎连科　做编剧的体会，就是写电视剧比小说稿费高。我做编剧，说心里话，就是为了挣钱，弥补一下写小说稿费不足的生活之缺。如果小说的稿费可以填补我家的生活所需，我不会去做电视剧的编剧。因为电视剧不需要有文学，只需要有娱乐，这是我最讨厌的。同时，写电视剧久了，确实就有可能写不好小说，这是我必须警惕的。仅从挣钱这个角度讲，我就不是一个好编剧，也难成为一个好编剧。对于改编自己的作品，改电视剧我不会参加。如果改电影，如果是在我写小说的空当，也许，有机会我会试试。

吴怀尧　您现在基本也是靠稿费吃饭，在谈到作家是否应该享受免税特权时，您说作家应该回归平民，"那些街边卖油条的都还要纳税"。您怎么看待文学与金钱的关系？

阎连科　先说一个问题，作家在写作上不是应该回归平民，应该就是平民。这一点，我想在我的写作上必须牢牢记住。关于文学与钱的关系，谁都没有权力指责那些以文学挣钱的作者，以文学占领市场的作者。人首先是要活着，其次是要尽可能地活好。我们可以写电视剧挣钱，人家为什么不可以写小说挣钱？我的意思是，我只管自己写怎样的小说，并不管别人写怎样的小说。

吴怀尧　接下来几年您有什么规划吗？

阎连科　不管社会发生多大的事情，发生多大的变化，对我个人都没有什么影响，我更关心的是文学。其他的经济变化或者文化市场的变化，对我的刺激都没有那么直接。

在五十岁的时候，我最大的感慨是我最后的写作年龄已经没有多少，以乐观的态度计算，大约还有十年。我是说，六十岁之前，我还能写动长篇，六十岁之后，就力不从心了。

接下来的几年,我会把最主要的精力放在长篇上。无论写得好坏,我想在长篇上继续试试自己爬坡的能力。更具体和详细的计划暂时还没有,但我会在身体许可的情况下继续长篇的写作,继续一种"放肆",哪怕骂我的人越来越多,只要我以为表达了我的内心和灵魂。

老家我还是常常回去,但并不是一种放松。到了我这个年纪,已经无处可逃。回老家也有些烦恼,有更多的事情要处理。所以现在,我真是想要逃离,找个安静的地方闲散地待着。

吴怀尧 最后一个问题还是回归写作,每当新作问世,您最担心的情况是什么?

阎连科 我父母都是大字不识的农民,兄弟姐妹也都只有初中文化程度。每次回去,他们都说你成天写书,我们也没看到一本好看的。所以,我下一步准备为他们写一些他们看得懂的亲情散文。

一部小说出版后,对我来说最担心的有两种情况,一种是处处充满着表扬之声,一种是无声无息。

吴怀尧抖音号
使用抖音扫码,加我为好友

| 策　划 | 作家榜 |
| 出　品 | |

版权所有 ｜ 作家榜

产品经理 ｜ 谌　毓

责任编辑 ｜ 金荣良

美术编辑 ｜ 李柳燕

封面设计 ｜ 邵　飞

封面制作 ｜ 王贝贝

内文插图 ｜ 马文静

产品监制 ｜ 陈　俊

版权所有　|　大星文化

官方电话　|　021-60839180

作家榜官方网站　|　www.zuojiabang.cn

作家榜官方微博　|　@中国作家榜

经典就读作家榜
京东官方旗舰店

经典就读作家榜
当当官方旗舰店

经典就读作家榜
天猫官方旗舰店

经典就读作家榜
拼多多旗舰店

图书在版编目（CIP）数据

倾听力 / 吴怀尧著. -- 杭州：浙江文艺出版社，2021.11
ISBN 978-7-5339-6495-5

Ⅰ.①倾… Ⅱ.①吴… Ⅲ.①文化工作者—访问记—中国—现代 Ⅳ.①K825.4

中国版本图书馆CIP数据核字（2021）第199080号

责任编辑：金荣良

倾听力

吴怀尧 著

全案策划
大星（上海）文化传媒有限公司

出版发行
浙江文艺出版社
杭州市体育场路347号 邮编 310006
浙江省新华书店集团有限公司 经销
浙江新华数码印务有限公司 印刷

2021年11月第1版 2021年11月第1次印刷
889毫米×1194毫米 32开本 13印张 2插页
印数：1—20000 字数：269千字
书号：ISBN 978-7-5339-6495-5
定价：58.00元

版权所有 侵权必究
（如有印装质量问题影响阅读，请联系021-60839180调换）